工科院校经管类
人才培养模式创新研究

何楠 著

高等教育出版社·北京

图书在版编目(CIP)数据

工科院校经管类人才培养模式创新研究/何楠著. --北京:高等教育出版社,2020.1
ISBN 978-7-04-051331-8

Ⅰ.①工… Ⅱ.①何… Ⅲ.①高等学校-经济管理-人才培养-培养模式-研究-中国 Ⅳ.①F2-4

中国版本图书馆 CIP 数据核字(2019)第 025362 号

策划编辑 张 召　　责任编辑 张 召　　封面设计 张 志　　版式设计 杨 树
插图绘制 于 博　　责任校对 李大鹏　　责任印制 赵义民

出版发行 高等教育出版社
社 址 北京市西城区德外大街 4 号
邮政编码 100120
印 刷 北京盛通印刷股份有限公司
开 本 787 mm×1092 mm 1/16
印 张 11.5
字 数 260 千字
购书热线 010-58581118
咨询电话 400-810-0598
网 址 http://www.hep.edu.cn
http://www.hep.com.cn
网上订购 http://www.hepmall.com.cn
http://www.hepmall.com
http://www.hepmall.cn
版 次 2020 年 1 月第 1 版
印 次 2020 年 1 月第 1 次印刷
定 价 45.00 元

物 料 号 51331-00

创新经济管理类人才培养模式,主动融入服务地方经济发展

（代序）

华北水利水电大学是一所以水利电力为特色、以工科为主干,理、工、管、农、经、文、法、艺等多学科协调发展的大学,目前正努力朝着建设水利电力特色优势突出、工科理科基础雄厚、多学科协调发展的高水平教学研究型大学迈进。华北水利水电大学以满足河南区域经济社会和国家水利电力事业发展需求为导向,培养大量适应地方经济社会发展需求的高素质经管类应用型人才,为新常态下的河南区域经济发展提供强有力的人才支撑。当前,主动融入并对接地方经济社会发展对经管类应用型人才的需求,已成为华北水利水电大学经管类专业的生存之基和发展之源。

华北水利水电大学管理与经济学院建院二十多年来,紧紧围绕河南省经济社会发展和我国水利电力行业需要,充分依托华北水利水电大学工程学科的优势,逐步形成了经济和管理学科与工程学科交叉渗透,夯实经济学科、重点发展管理学科的发展思路。通过不断凝练学科方向、汇聚学科人才、构筑学科平台,学院各项事业得到快速发展,经管类人才培养也卓有成效。特别是通过开展顶岗实习、深入企业参观考察、邀请企业人员开展专题讲座、实习与毕业论文相结合等方式加强对学生实践应用能力的培养,使学生不仅具有扎实的理论基础、宽广的知识面,而且能够将专业基础理论直接用于与社会生产生活密切相关的实践领域。从招生和就业两方面来看,华北水利水电大学管理与经济学院经管类专业目前均呈现进口旺、出口畅、适应性强的显著特点。

该书作者是华北水利水电大学一名从教二十多年的资深教师,她立足于多年教学及教学管理经验的基础,从纵、横、面、点等维度对工科院校经管类人才培养模式进行了全面、整体的剖析,并以华北水利水电大学经管类人类培养为例,创新性地提出了构建“飞机型”人才培养模式的设想,从而较好地回答了新形势下工科院校经管类人才培养如何发展的问题,这对河南省乃至我国其他地区高校经管类人才培养都是大有裨益的。作者在书中既有对高等教育人才培养基本理论的探究,又有对工科院校人才培养模式现状的思考;既有对中外典型高校经管类人才培养模式的比较,又有对工科院校创新型经管类人才培养模式的阐释;最终在立足管理与经济学院办学及人才培养定位的基础上,提出了“飞机型”经管类人才培养模式调整与改革方案,并分别对“飞机型”经管类人才培养模式下的专业定位、培养目标、课程体系、教学安排进行了深入、系统的研究。这对于学校推行产教融合、校企合作的应用型人才和技术技能人才培养模式,推动专业设置、课程内容、教学方式与生产实践对接,均具有十分重要的示范、带动、引领作用。

《中华人民共和国国民经济和社会发展第十三个五年规划纲要》就创新人才培养模式明确指出:"改革院校创新型人才培养模式,引导推动人才培养链与产业链、创新链有机衔接。"中共中央印发的《关于深化人才发展体制机制改革的意见》也指出:"探索建立以创新创业为导向的人才培养机制"、"建立产教融合、校企合作的技术技能人才培养模式。"随着改革的不断深化,我国经济发展进入新常态。一方面,河南省经济社会发展长期积累的结构性矛盾依然存在,创新驱动能力还不够强,经济发展传统优势减弱而新的支撑力量尚未形成,保持经济高速增长的难度加大,潜在风险逐步显现。另一方面,我国大力推进"一带一路"建设,智能制造、"互联网+"、共享经济等新科技、新经济、新业态蕴含着巨大商机,国家大力推动"大众创业、万众创新",把培育中原城市群作为带动发展的新空间,加大扶贫开发支持力度,为河南省发展提供了重要契机。在这一背景下,因经管类专业的学科属性及其与经济社会发展的紧密贴合性,经管类人才培养的重要性也日益凸显。

人才培养是一项复杂的系统工程,人才培养模式改革也需要长期的实践探索。该书的价值就在于它深刻地总结了地方高校经济管理类专业人才培养的基本经验、探索了努力方向。它使我们有理由相信,只要抓住契机,根据地方经济社会发展的需要,遵循人才培养的基本规律,以创新型、应用型人才培养为目标,以优化、创新人才培养模式为抓手,地方高校经管类专业就能够在较短的时间内形成相对的办学优势,就能在服务地方经济社会发展方面有更大的作为。我作为长期在高校工作学习的过来人,对此充满信心。

是为序。

朱海风

2018年11月30日

目　录

导 言

教育是一项亘古的事业，有了人类就有了教育，也就有了人类对教育的认识；教育又是未来的事业，是为未来社会培养人才的实践，所以教育研究既要"温故"又要"知新"。时任清华大学经济管理学院院长钱颖一2015年5月22日在知行教育基金会慈善晚宴上演讲时，提出他的教育理念是："无用"知识的有用性；"好学"比"学好"更重要；"育人"比"育才"更根本。[①] 钱颖一的观点不仅一针见血地道出了我国高等教育中存在的根本问题，而且为高等教育改革指明了方向和路径。

改革开放以来，我国高等教育快速发展，取得了巨大成就，同时存在一些不容忽视的问题。急功近利是当前一些高校畸形发展的重要原因，个别学校盲目合并扩招，盲目追求高楼之大、校园之美；部分学生一味讲究学什么对考研和就业有利，很少考虑自己的兴趣爱好和未来发展。学校考量学生的主要标准是"学好"而不是"好学"，学生对自己的要求同样是"学好"而不是"好学"。"学好"仅仅是为了应付眼前的考试或分数，而"好学"则是学习的一种习惯、态度，是为了培养长期探索问题、追求真理的能力。中华文化的传统、中国教育的传统，从来都是重视人的传统。"四书"中《大学》开头便是"大学之道，在明明德，在亲民，在止于至善"[②]，讲的是教育的目的是育人，是人的道德，是人的善，但现在一些学校忽视了教育应该包括人文精神、人格养成和人生发展，忽视了人的世界观、人生观和价值观的培养；学生仅仅把大学作为人生的驿站或荣耀，而不是把大学作为反省人生的开始、思考人生的起步。

高等教育模式改革已成为当今我国改革的重中之重。作为一名从教二十多年的高校教师，我最大的心愿是把多年的教学及教学管理经验整理、归纳、总结成册，为华北水利水电大学及其他高校经管类人才培养尽微薄之力。本书主要回答了工科院校经管类人才如何培养的问题，分别研究了工科院校经管类人才培养的过去、现在和将来，并以工科院校经管类人才培养为载体，构建了"飞机型"人才培养模式，以达到描述事实、分析历史、总结经验、寻求规律、把握趋势、提高认识以及指导未来的目的。

全书分四篇九章。第1章为绪论。该章首先对我国高等教育及高校人才培养模式的现状、存在的问题等进行概述，提出研究命题的重要性及意义；其次，确定本书研究的目标、思路与方法；最后，对已有的研究成果进行综述，在充分肯定以往研究成果的基础上，找出其中存在的不足，提出本书研究的创新点。

---

① 钱颖一．教育的三个基本问题——在知行教育基金会慈善晚宴上的演讲[J]．教育研究与评论，2015(3)．

② 王国轩译注．大学中庸[M]．北京：中华书局，2006：3．

第2章为高等教育人才培养基本理论。该章首先对人才、人才培养、培养方案、人才培养模式等概念进行界定;其次对教育的内外部关系规律和人力资本理论、人才培养质量、主动发展与被动发展理论等进行研究;最后对国内外高等教育人才培养模式进行研究,将我国经管类人才培养模式概括为沉潜阶段、发展阶段、科学化阶段,以期对我国高等教育人才培养模式进行深入思考。

第3章为工科院校经管类人才培养现状。该章首先从工科院校的内涵及特点入手,分析工科院校增设经管类学科的缘由;然后在此基础上对工科院校经管类人才培养模式存在的问题及其成因进行深入、系统、全面分析。

第4章为中外高校经管类专业人才培养模式。该章首先从专业设置、培养目标、课程体系、教学安排四个方面对中外高校经管类专业人才培养模式进行研究;然后在此基础上选取我国典型高校经管类专业人才培养模式,对其专业设置、培养目标、课程体系、教学安排等进行对比研究,指出我国高校本科经管类人才培养模式改革的重要性和紧迫性。

第5章为工科院校"飞机型"经管类人才培养模式建立与分析。该章首先对国外创新型经管类人才培养的特点和经验进行阐释;其次对工科院校经管类专业的特点和人才培养目标及策略进行研究,在此基础上揭示"飞机型"经管类人才培养模式构想;最后构建了基于素质教育的"飞机型"经管类人才培养模式和基于职业生涯的"飞机型"经管类人才培养模式,并对这两种模式的设计原则及实施等进行了更深入、全面、系统研究。

第6章为工科院校"飞机型"经管类人才培养模式实施。该章首先提出实施工科院校"飞机型"经管类人才培养模式的六大原则,并对各个原则进行分析;然后在此基础上,对实施过程中学生、学校(学院)发展路径两大主体进行研究,确保研究模式切实可行,并能获得良好效果。

第7章为"飞机型"模式下华北水利水电大学经管类人才培养现状。该章从华北水利水电大学及管理与经济学院本科教学现状入手,通过问卷调查的形式,从在校生、毕业生、学生家长角度对华北水利水电大学经管类人才培养中存在的问题及其成因进行研究,在此基础上提出解决问题的对策。

第8章为华北水利水电大学"飞机型"经管类人才培养模式应用。该章从高等院校人才培养定位入手,对华北水利水电大学管理与经济学院办学及人才培养定位进行分述,在此基础上提出"飞机型"经管类人才培养模式调整与改革方案,分别对"飞机型"模式下的专业设置、培养目标、课程体系、教学安排进行深入、系统研究。

第9章为结论。该章对研究的观点和结论进行总结,并简述研究中的缺憾与不足,明确进一步研究的方向和目标。

有兴趣阅读此书的读者,大多为关心、关注、志在探究高等教育问题的朋友、同人和专家。尽管本人非常热爱、倾心、专注于教育事业,有心、用心、尽心为教育事业尽微薄之力,但由于精力和时间有限,研究中还存在诸多缺憾,再加上水平和能力有限,书中难免有些疏漏与不足,请读者不吝赐教。

何 楠

2016年1月

绪　论　篇

第1章

绪　论

随着高等院校办学规模不断扩大,我国高等教育也由精英化逐渐转向大众化,在此背景下,大部分高校不再拘泥于自身的办学特色,竞相开设新专业,日益复杂的教育环境给高校人才培养带来了新的挑战。因此,高校人才培养模式也应不断进行改革与创新,既要考虑本学科专业人才的培养要求,又要结合学校的办学特色。本书以工科院校经管类人才培养为主要研究对象,紧紧围绕人才培养模式这一论题,采用文献法、比较法、历史法、案例法等,概述了工科院校经管类人才培养的过去、现在和将来,对人才培养的基本理论、历史演进、典型案例和发展模型等进行了深入研究。本书的目标是:提出工科院校经管类人才培养的创新模式,为此类院校的内涵建设及未来发展提供参考。

第一节　问题的提出

人才是教育的根基,立德树人是大学的重要使命,但现实中的一些高校忽视了这一使命。这些大学为追求门类齐全,盲目扩招、增加专业,甚至不合情理地合并;大学之间比的不是人才培养质量,而是校园大小、楼层高低;一些教师把当官作为职业追求,比的不是谁的学问做得好,而是谁的官当得大;个别学生为了就业而升学,为了升职而求学,为了拿文凭而混学。事实证明,大学要发展,大学教师和学生必须发展,并且其发展要遵循基本原则,要合乎规律、讲究科学。人才质量是大学立命之基、生存之本,也就是说大学应坚持以学生为本的理念,把学生的成长与成才作为使命和目标。大学不能为了自身的发展而盲目追求扩招、收费;教师更不能为了科研而科研,为了职称而教学,为了名利而误人子弟;学生必须以学为主,兼学别样,德才兼备,全面发展。

在我国经济社会转型的关键期,政府发出了"大众创业、万众创新"①的号召,提出了以德树人的素质教育理念,把高等教育改革推向了全面改革的风口浪尖。如何在迎接知识经济到来的同时培养适应未来社会需要的经管类人才,应当培养学生哪些方面的能力和素质,这些都是经管类人才培养中需要考虑的问题。

---

① 李克强最早在2014年9月的夏季达沃斯论坛上提出此概念,后在2015年的政府工作报告中正式提出"大众创业、万众创新"的号召。

对学校来说,应根据学校定位、师资力量和地方人才需求等因素设计不同的人才培养模式。比如综合性大学的经管类人才培养应以"宽口径,厚基础"为原则[①];而财经类大学应当将培养经管类核心人才作为培养目标;工科院校的经管类人才培养则应扬长避短,发挥其学科优势、实践教学体系完备优势、与行业和地方企业联系紧密优势等,促进专业间的交叉融合,不断提升学生的实践创新能力;应坚持开放办学,走产学研合作培养之路,最终形成具有工科特色的经管类人才培养模式。

华北水利水电大学(简称"华水")是一所以水利电力专业为龙头的工科院校,在全国享有较高的知名度和美誉度,因学生就业出路较好,其本科招生录取分数线逐年攀升,这让华水人感到骄傲和自豪,同时也给华水人带来了压力。带有鲜明水利电力特色的华水经管类人才培养,应结合水利电力行业特色、生源素质、地方经济社会发展的需要,在强调基础性、综合性的同时注重应用性和社会实践性的培养,形成具有华水特色的教学和人才培养方式。

作为一所地方工科院校,在经管类人才培养方面,不应一味地参照重点大学或其他同类院校,而应充分借助华水的优势,确定自己的目标定位,制定体现华水特色的经管类人才培养模式,并且应结合河南省经济社会发展要求,提高毕业生的就业契合度。在培养内容上应注意四个方面问题。一是课程安排上应发挥重实践、重应用的工科优势。二是在教学方案设置上适当缩减理论课程,增加学生自主学习和实践类课。三是要加大综合实验、社会实习等教学的投入。四是在培养方法上注重改革与创新。华水经管类专业应在充分利用工科专业的教学资源的基础上,分析和借鉴综合性大学和财经类高校的办学经验,结合自身实际改进培养方法和手段,引进具有工科背景的专业教师,增加实践与案例分析课时,做到教学方式依托教材但高于教材。笔者认为工科院校经管类人才培养应走特色发展之路。

作为华水经管类人才培养的主要见证者,笔者对经管类人才培养感触颇深。每当看到怀揣期盼的家长和稚嫩而聪慧的学生,作为一名人民教师,深感责任的重大和艰巨。教书育人是良心活,只有用心致力于人才培养及教学研究,才能不断提高自身教书育人水平,才能更好地为教育事业及人才培养做出贡献。

第二节 研究的目标与意义

一、研究的目标

(一)廓清概念,理清脉络

明确人才及人才培养的基本内涵;界定经管类人才及其培养模式的基本概念;阐释工科院校

---

① 陈莹. 学科交叉背景下经管类专业人才培养模式研究[J]. 郧阳师范高等专科学校学报,2013(3).

经管类人才培养的基本特征及要求；梳理国内外工科院校经管类人才培养模式的发展脉络；明晰自主发展与被动发展在工科院校经管类人才培养过程中的地位及关系等。

（二）提出工科院校经管类人才培养的创新模式

在对当前工科院校经管类人才培养模式基本现状研究的基础上，坚持理论教学、实践教学、素质教育、创新教育相协调的发展理念，构建基于职业生涯规划和素质教育的“飞机型”经管类人才培养模式，并进一步探究该模式下的经管类人才培养方案。

（三）致力于理论研究与实践应用的有机结合

运用本研究提出的创新模式，对华北水利水电大学经管类人才培养中存在的问题及成因进行分析，对其人才培养方案提出短期调整措施和长期调整方向，实现理论研究与实际应用的有机结合。

二、研究的意义

高等教育改革的重要内容之一就是人才培养模式的改革。人才培养模式的优劣决定人才培养质量和水平的高低，这在一定程度上能决定一所高校发展的前途和命运。工科院校经管类专业如何与其优势特色专业协调发展是一个值得思考和探索的理论和实践命题。

（一）理论意义

从已有的研究成果看，对经管类人才培养模式进行研究的有但是不多，针对工科院校经管类人才培养模式研究的更少。本研究旨在破解工科院校经管类人才培养的困惑，探究其发展的优势和劣势，构建工科特色经管类人才培养模型，为工科院校经管类人才培养提供理论指导。

（二）实践意义

笔者所在华北水利水电大学是一所典型的具有行业特色的工科背景院校。在国家创建双一流大学、河南省拟创特色骨干大学的今天，华水经管类专业如何依托水利电力优势专业，形成与其协调、协同、相得益彰的人才培养模式，是本研究的初心和实际出发点。

第三节　研究的基本思路与方法

一、研究的基本思路

本书围绕工科院校经管类人才培养模式这一论题，从基本理论、历史演进、现状、理想发展模型和实证研究五个方面进行了研究。首先，通过横向的理论研究，探讨人才培养相关概念、特征以及相互的关系等，分析人才培养模式的基本特征及基本趋势。其次，通过纵向研究，理清国内外高校人才培养模式的演进趋势，对比我国高校的人才培养模式与国外高校人才培养模式和基本规律的异同。再次，对工科类院校人才培养模式的现状进行面上研究，主要研究工科院校人才培养的专业设置、培养目标、课程设计、教学安排等，从中把握工科院校在人才培养模式上的特征、做法等。最后,根据现实条件与可能,对华水经管类人才培养模式进行系统、深入研究,分析其人才培养模式的基本做法与特征,进行点上的全面研究。同时以提高华水经管类人才培养模式的有效性为目的,应用“飞机型”经管类人才培养模式进行点上的接续与深化研究。

通过横、纵、面、点等维度的研究,本书对工科院校经管类人才培养模式进行了较为全面、细致的梳理,并总结和归纳了工科院校经管类人才培养过去的经验、现在的问题和未来的前景,在此基础上构建了工科院校“飞机型”经管类人才培养模式。本书以华水经管类人才培养为例,对“飞机型”经管类人才培养模式进行应用分析,实现提高认识、掌握规律、指导未来的研究目标。

二、研究方法

(一) 文献法

本书支撑文献共分三类:一是从中外高校人才培养模式的理论研究中归纳整理的学术研究成果等;二是记录中外高等教育人才培养实践方面的文献,如国外大学网站上人才培养实践的相关资料;三是邻近领域的理论研究文献等,如人才培养理论、主动发展与被动发展理论、高等教育人才培养模式演进理论等。

(二) 比较法

比较法是始终贯穿本书的研究方法,既包括具体的比较,也包括视野的比较,即在对工科院校的研究过程中,把我国高等教育的基本情况作为研究背景,潜在把握工科院校经管类人才培养的专业设置、培养目标、课程设计、教学安排等。

(三) 历史法

本书采用历史法简要勾勒出中外典型经管类人才培养模式的历史演进过程,在深入分析各个阶段历史背景的基础上,注重探究工科院校经管类人才培养模式的演进阶段,分析各时期的典型方式及主要特征,以达到全面掌握工科院校经管类人才培养模式发展历程的目的。

(四) 案例法

本书对部分带有典型特征的高校人才培养模式进行了分析和研究,以提高所得结论的针对性和客观性;分析其人才培养的基本情况与特点,以进一步阐释工科院校人才培养的基本做法与典型特征。在本书中,案例法的使用主要有两个方面:一是借助部分典型高校的观点和结论,如将斯坦福大学、卡内基-梅隆大学和上海交通大学安泰经济与管理学院、武汉大学等作为案例,阐释这些高校人才培养特色与人才培养模式改革等;二是以华水经管类人才培养模式为例,阐明人才培养模式的整体情况,论证水利电力专业的特色与优势,描述华水经管类人才培养模式的创新选择,并强调素质教育对人才培养模式创新的重要性。

第四节 文献综述

文献综述是研究的开始和进一步深入的基础。关于经管类人才培养模式的研究,不同学者有着不同见解，多集中在以下几个方面：人才培养目标、课程设计、教学方法和教学内容等。此外，还有部分研究是在实际调查中总结经管类人才培养模式存在的一些问题并提出相应改进建议。

一、对经管类人才培养的研究

2005年，熊会兵和郭志文在《对当前我国工商管理教育的若干思考》一文中提出，经管类人才培养模式的目标是为企业培养经管类人才，培养目标也应体现销售性与成本敏感性、团队协作精神、战略意识和权变思维等方面。① 2010年，焦微玲在《应用型本科院校经管类专业教学模式改革研究》中认为，经管类人才培养目标能否实现，取决于教学质量，而教学模式则是保证高层次教学质量的基础。② 2011年，陈绪敖在《以人才培养目标为导向构建地方高校经管类专业实践教学体系》中提出，地方高校经管类人才培养的目标是技术型应用人才，在进行人才培养时应注重加强实践教学环节，但地方高校经管类专业实践教学仍存在缺乏层次性、整体性、系统性，实践教学形式单一，教师缺乏实践教学的开发意识和能力等诸多问题。③ 2012年，俞建光在《工科院校经管类专业人才培养方案研究》中提出，经管类人才培养分为两类，学术型和应用型。工科院校对经管类人才培养的目标定位可以是进行理论研究的科研人才，也可以是高级应用型专门人才，两种定位的人才都是复合型专门人才。④ 2013年，陈莹在《学科交叉背景下经管类专业人才培养模式研究》中提出，作为文科专业的经管类教育，企业在对求职者的考量上还会注重其学科背景，如能否一专多能，能否适应职业群的要求等；培养"宽口径、厚基础"的人才是经管类人才培养的目标，包括对素质结构、能力结构和知识结构三个方面的要求。⑤

二、对经管类专业教学内容和课程设置的研究

2007年，戴淑燕和黄新建在《工商管理专业人才培养的教学内容改革的思考》中提出，教学内容应分为基础理论、功能性管理和综合管理等内容，基础理论包括管理学、数学、经济学、公共外语以及与自然科学相关的内容，功能性管理主要包括人力资源、定量分析技术、会计、营销等一些部门经济学方面的内容，综合管理包括经济管理、战略管理、决策科学等，综合管理研究了各种管理功能之间的关系及相互配合问题。⑥ 2008年，周萍在《从课程体系建设看工商管理人才培养》中提出，课程设计应该与教学过程和教学方式的改革紧密结合，建成带有特色的全方位经管类专业课程体系，对专业必修课和选修课进行精选，以提升课程的实用性和专业性。⑦ 2010年，

---

① 熊会兵，郭志文．对当前我国工商管理教育的若干思考[J]．经济师，2005(5)．

② 焦微玲．应用型本科院校经管类专业教学模式改革研究[J]．考试周刊，2010(48)．

③ 陈绪敖．以人才培养目标为导向构建地方高校经管类专业实践教学体系[J]．安康学院学报，2011(2)．

④ 俞建光．工科院校经管类专业人才培养方案研究[J]．黑龙江教育(高教研究与评估)，2012(2)．

⑤ 陈莹．学科交叉背景下经管类专业人才培养模式研究[J]．郧阳师范高等专科学校学报，2013(3)．

⑥ 戴淑燕，黄新建．工商管理专业人才培养的教学内容改革的思考[J]．科技广场，2007(10)．

⑦ 周萍．从课程体系建设看工商管理人才培养[J]．中国高等教育，2008(1)．

程仲鸣在《地方普通本科院校经管类专业应用型人才培养模式的研究》中提出，应对地方高校的经管类人才培养模式进行改革，更侧重学生应用能力的培养，并创新性地提出了“两平台三能力”型的人才培养模式，其中“两平台”分别是理论教学平台和实践教学平台，“三能力”分别是指动手能力、实践能力和就业的竞争能力。① 2013 年，黄莺、苟建华、傅昌銮在《国际化应用型经管类专业人才培养问题——以浙江高校为例》中认为，人才培养应在依赖课程结构和教学组织的教学过程中实现，实现教育国际化，必须要有与国际接轨的科学合理的课程体系、教学内容，还需要对国际上经管类应用型人才的核心价值有深刻认识。可以从以下四方面来促进教学教育的国际化：一是加强课程结构的国际化，二是强化课程内容的国际化，三是强化课程合作的国际化，四是强化更多的人文内容与课程内容。② 2015 年，张美丽和魏昀妍在《应用型高校经管类专业人才培养模式研究与构建》中认为，应用型本科院校的课程体系要破除以往教师教授知识、课堂教学为中心的传统课程实施体系，增加实践性教学环节，通过讨论和案例分析等课程安排以及渗透教学、项目驱动等教学方法提高学生学习的积极性和主动性，培养学生独立探索问题的能力，不断提高教学效果。③

三、对经管类人才教学方法与实践能力培养的研究

关于教学方法，绝大部分学者都反对填鸭式教学，提倡和鼓励通过企业经济管理实践等课程安排，启发学生创新思维，培养其综合能力。此外，通过诸如网络课程等多媒体课程形式引发学生思考。2002 年，李正俊在《工商管理专业人才培养的几点思考》中提出，教学应增加角色模拟、团体讨论、课外辅导和学生评价环节，为达到效果，课外辅导应确保合理安排课堂和课外时间，师生比例也要合理界定；学生评价应方式多样，注重学生实践和应用能力的考核。④ 2010 年，王卫在《应用型本科高校工商管理专业人才培养模式研究》中提出了班导师制、团队教学和实践教学的概念。他认为配备班导师能够为学生专业学习指明方向，有助于学生专业能力的培养；团队教学由多名各具经验和特点的教师组成的教师团队共同参与讲授同一门课程，能够给学生带来更多的知识；在实践教学方面，多数学者提倡在校内建实验室，在校外则与合作企业建立实践基地。⑤ 2015 年，任志安在《经管类专业校企合作人才培养模式的产学契合问题研究》中提出，要通过高校与企业共建实习基地的方式促进二者形成全方位的长效合作机制，使校内外的多种教学资源能够整合到经管类人才培养上来，并依据合作领域、紧密程度和运行特点，将校企合作人才培养归结为浅层合作、专项深度合作和全面深度合作三个层次；提倡实现可推广的校企联合培养

---

① 程仲鸣．地方普通本科院校经管类专业应用型人才培养模式的研究[J]．咸宁学院学报，2010(4)．

② 黄莺，苟建华，傅昌銮．国际化应用型经管类专业人才培养问题——以浙江高校为例[J]．湖州师范学院学报，2013(2)．

③ 张美丽，魏昀妍．应用型高校经管类专业人才培养模式研究与构建[J]．现代商贸工业，2015(11)．

④ 李正俊．工商管理专业人才培养的几点思考[J]．连云港化工高等专科学校学报，2002(4)．

⑤ 王卫．应用型本科高校工商管理专业人才培养模式研究[J]．浙江树人大学学报，2010(1)．

模式的制度化、长效化，保证经管类人才培养的高质量。[①]

四、对经管类人才培养综合性的研究

2007 年，王玖河和李晓霞在《工商管理本科专业人才培养模式的探讨》中提出了三类人才模式：大类式、模块类和订单式。[②] 2010 年，李红英、李立新和李远辉在《工商管理专业“3+1”人才培养模式课程体系的构建》中提出了“3+1”的人才培养模式：即前三年进行理论教学，第四年在校外实践基地进行专业能力的培训。该模式的核心在于课程体系的设计。[③] 2011 年，谢和平在《四川大学教育的思考与实践》中介绍了四川大学“323+X”的创新人才培养体系。“323+X”分别指：3 类创新人才培养，2 阶段培养工程（基础教育和个性教育两阶段），3 类面向学生个性化教育阶段的课程体系（学术研究型、创新探索型、实践应用型）；X 是支撑 323 体系的具体项目或是支持教学创新改革的计划。这种模式反映的是全面发展的、个性化的教育，更体现了一所大学应有的平台和条件以及办学内涵。[④] 2012 年，刘永、赵洪明、柳红星在《工商管理专业人才培养模式研究——基于构建“一体四翼”应用型本科教育视角》中提出“一体四翼”的经管类人才培养模式，“四翼”为校园理论导向教学、大型案例模拟规划及分析、企业现场实践、学生独立自主学习，“一体”则是适应生产、管理、建设和服务需要的综合能力的培养。[⑤] 2013 年，谈哲敏在《重构大学本科教育：南京大学“三三制”本科教学改革》中提出“三三制”。“三三制”中的两个“三”分别指通过大类招生，经过大类通识培养阶段、专业基础培养阶段和多元提升培养阶段“三”个培养阶段，形成专业学术类、交叉复合类和就业创业类“三”条发展路径。“三三制”教学改革中最具代表性的是“三层次批判性思维训练课程体系”，由新生讨论课、通识教育课和学科前沿课构成，多采用研究性教学方法和研讨式教学形式。根据“三三制”课程体系的一系列改革措施，为学生全面、个性发展提供保障，使人才培养质量得到普遍提升。[⑥]

第五节 研究的创新点

本书的创新点主要体现在以下几个方面。

第一，本书把自改革开放以来我国经管类人才培养发展的演进过程分为沉潜、发展、科学化三阶段，大致研究了我国经管类人才培养模式的历史演变过程，描绘了我国高校经管类人才培养

---

① 任志安．经管类专业校企合作人才培养模式的产学契合问题研究[J]．民族高等教育研究，2015(1)．

② 王玖河，李晓霞．工商管理本科专业人才培养模式的探讨[J]．教学研究，2007(1)．

③ 李红英，李立新，李远辉．工商管理专业“3+1”人才培养模式课程体系的构建[J]．教育教学论坛，2010(6)．

④ 谢和平．四川大学教育的思考与实践[J]．科学中国人，2011(18)．

⑤ 刘永，赵洪明，柳红星．工商管理专业人才培养模式研究——基于构建“一体四翼”应用型本科教育视角[J]．科技创业月刊，2012(4)．

⑥ 谈哲敏．重构大学本科教育：南京大学“三三制”本科教学改革[J]．创新人才教育，2013(1)．

模式的历史轨迹。

第二,本书在分析国内外部分典型高校经管类人才培养模式的基础上,总结了工科院校经管类人才培养的专业设置、培养目标、课程安排等,以及中外高校经管类人才培养模式方面的差异和创新方向。

第三,本书初步构建了工科院校经管类人才培养的理想模式,即经管类人才培养的“飞机型”基本构想模式:基于素质教育的“飞机型”经管类人才培养模式和基于职业生涯规划的“飞机型”经管类人才培养模式。

理论研究篇

第 2 章

高等教育人才培养基本理论

本章首先对人才培养及本科的概念进行界定,然后对人才培养理论、主动发展与被动发展理论进行阐释,进而对中外人才培养模式的演进理论进行研究。本章是本书其他章节研究的基础。

第一节　基 本 概 念

一、人才培养相关概念的界定

(一) 人才

对于人才的概念,不同领域有着不同的界定,综合来看共有三种。一是学校和教育部门的界定,指接受中专及以上教育并且在德智体美等方面达到国家要求,能够初步满足某项专门工作要求的人;二是人才预测部门的界定,《国务院批转国家计划委员会关于制定长远规划工作安排的通知》把人才分为两类:具备中专及以上学历者和具备初级专业技术职务的人;三是学者的界定,研究人才学的学者把人才定义为以其创造性的劳动为人类和社会进步做出巨大贡献的人。① 本书所指的人才仅指接受过高等教育的人。

(二) 人才培养

人才培养指对人进行教育、培训的过程。被选拔的人一般都需经过培养训练,才能成为各种职业和岗位需要的专门人才。人才培养的目标是培养具有良好人文、科学素质和社会责任感,学科基础扎实,具有自我学习能力、创新精神和创新能力的一流人才。具体包含以下几个方面:得到基础研究和应用研究的训练,具有扎实的基础理论知识和实践技能,动手能力强、综合素质好;掌握科学的思维方法,具备较强的获取知识的能力,具有探索精神、创新能力和优秀的科学品质。人才培养的形式有多种,除在各级各类学校中进行系统教育外,还可采用业余教育,如脱产或不脱产的培训班、研讨班等形式。人才培养不是一朝一夕的事情,而是一项宏大的系统工程。

(三) 培养方案

在本书中,培养方案是指高校依据专业培养目标和对象的需要而制订实施的涵盖课程体系、

① 张丽波. 人才培养和流动与区域经济发展的关系研究[D]. 东北师范大学硕士学位论文,2007.

学历学时和教学内容及方法等方面内容的人才培养方案、计划，也是高校组织和管理教学的纲领性文件。培养方案的制订要考虑多方面因素，如经济社会发展水平、政治制度、高校传统、师资力量和生源特点等。

（四）人才培养模式

学者对人才培养模式的定义有不同见解。王前新、陈艳提出，人才培养模式是包括专业设计、课程设计、课程体系、实践教学和师资队伍等的高校培养过程和运行方式。① 曾令奇、张希胜认为，人才培养模式是以培养目标为指导，通过教学内容、管理制度、课程安排等来实施人才培养的方式。② 李志国等提出的人才培养模式是在教育理念和经济社会需求的指导下，教师依据学校办学条件，在一定时间内培养学生具备一定规格的能力和素质的过程。③ 综上所述，国内学者对人才培养模式的定义是将培养目标、规格和方式的教育思想和教学运行方式进行融合，其外延是教学体系、课程设置和专业安排。

人才培养模式在整个人才培养的过程中处于主导地位，贯穿过程始终。培养目标是指对人才培养效果的预测，它对人才培养活动起着指导和规范作用，也是人才培养的核心。④ 培养规格主要涉及人才的素质和能力等。课程体系是按培养目标的要求，将教学进程和内容组织起来，通过分析编排，将各部分串联整合起来的总和。培养措施是依照培养方案采取的措施和办法，主要包括对课堂教学和实践教学环节的管理和实施。教学安排是人才培养模式的必备要素，良好的教学安排是实现人才培养模式科学有序的关键，也是提升教学效率的必备要素。培养评价是与培养目标、培养方案、培养过程相适应的评价标准和方法，以保证培养目标的落实。⑤ 人才培养模式的作用主要有两方面：一是看培养活动是否达到人才培养目标；二是有效监督人才培养活动中的偏差并及时纠正。

二、“本科”概念的界定及本科教育与专科教育的差异

本科是高等教育的一个层次，要求学生在一定时间内达到规定标准而授予学士学位，多数的本科学制为四年，某些专业的本科学制为五年。本科阶段的教育主要侧重于学科基础理论、知识和技能，培养具备从事研究和承担专门技术工作初级能力的人才。本科教育与专科教育不同，其差异如下。

（一）结构功能不同

新时期本科教育的四大功能是人才培养、科学研究、服务社会和文化传承，其中人才培养是核心，文化传承是人才培养的灵魂，科学研究是人才培养的重要载体，服务社会是人才培养和科学研究功能的延伸。专科教育是我国高等教育体系的组成部分，但其结构功能的侧重点与大学不同，其

---

① 王前新，陈艳．文化德育视野下的通识教育[J]．教育发展研究，2006(24)．
② 曾令奇，张希胜．我国高等职教人才培养模式理论研究综述[J]．职教论坛，2006(5)．
③ 李志国，刘一可，陈晓梅，等．以就业创业为导向培养高素质应用型人才的途径[J]．求知导刊，2015(5)．
④ 张相乐．关于本科专业人才培养模式改革的思考[J]．石油教育，2004(1)．
⑤ 林健．“卓越工程师教育培养计划”专业培养方案研究[J]．清华大学教育研究，2011(2)．

人才培养是以实用性为目标,主要培养技术型和技能型人才,对科学研究功能的要求相对较低。

(二)培养目标、学业年限和标准不同

在培养目标上,本科高校主要培养学生初步的理论研究能力和实践应用能力,专科院校则以培养学生的专业技能、动手应用能力为主,相比较而言,本科高校理论基础课程较多,专科院校的应用课程较多。学业年限上,本科高校多为四至五年,专科院校则多为二至三年。学业标准上,本科高校培养学生掌握专业基础理论,使学生具备初步的研究能力和专业能力;专科院校培养学生掌握最基本的知识,使学生具备实际工作的基本技能。

(三)教学方法不同

本科高校的课堂教学除了专业基础知识的教授,还涵盖学科热点、学术流派等一系列需要深入研究和探讨的问题。专科院校课堂教学对理论知识的深度和广度要求均不高,只需传授课程的基本体系和相关概念。

(四)培养质量标准不同

本科高校侧重人才综合素质的培养,以学习能力、就业能力和创业能力的培养为主。专科院校侧重学生社会适应能力、专业技术能力和沟通协调能力的培养,主要提升学生实践和创新能力。

(五)改革侧重点不同

本科高校的改革侧重点是培养学生创新精神。具体来说:调整必修课和选修课的比例,扩大学生的知识面,提高学生的学习兴趣,增加社会实践活动。专科院校改革的侧重点是提高教学活动的实践性和开放性,校内培训和实践考核要相结合,适应市场和职业的需要,逐步探索以项目为导向、顶岗实习和工学交替等实践教学模式。①

(六)教学模块不同

本科高校的教学模块一般包括课堂教学、学术研讨、社团活动、社会实践等,专科院校教学模块则主要由课堂教学和社会实践组成。

综上所述,本科高校的办学理念、培养方案、课程设计一定要有别于专科院校,绝对不能持本科的牌子培养专科的人才。

第二节 支撑理论

一、人才培养的相关理论

(一)教育的内外部关系规律

本书中教育内部外部关系规律是相对于人才培养质量来说的。人才质量评价分为高校自身

① 陈燕,石昊昱,余燕,等. 在示范建设中实践工学结合人才培养模式[J]. 昆明冶金高等专科学校学报,2010(4).

和市场对高校教育的评价两种。高校自身评价,就是看学生是否达到其规定要求,市场对高校教育的评价则是看毕业生能否适应工作需要。可见,高校提升人才培养质量,不仅要培养学生符合本校规定要求,而且要使培养出来的学生符合市场的需要。教育内部规律就是通过高校教育培养符合国家教育方针和学校自身规定的学生。教育受时代和社会发展的制约,教育也影响着社会和时代的发展。对人才培养模式进行改革,使毕业生质量符合社会需要,这是教育的外部规律。

(二)人力资本理论

"人力资本"的概念最先由欧文·费雪提出,他认为人同样是可以带来收入的资本。[①] 学界对人力资本的定义有两种:一是根据舒尔茨的人的能力知识等人力资本对经济增长的贡献比物质或劳动力数量增加要多的观点,很多学者据此认为人力资本就是在教育、健康、职业技能等方面的投资。[②] 二是部分学者认为人力资本是人类生产知识的技能和存量。人力资本把人作为投资对象,通过人的活动来实现价值增值,这里的价值代表的是人身上的某些素质。综上,人力资本的定义是:凝结在劳动者身上的能够产生经济价值的知识能力和综合素质。人力资本的主要构成要素包括教育资本、技术知识资本、迁移流动资本及培训等,核心是教育资本、技术知识资本。

人力资本理论认为人力资本投资和物力投资都是生产性投资的重要组成,但在现代经济条件下,人力资本的作用要比物力资本大。作为人力资本核心的教育资本,其投资回报率要比物力投资回报率高,因此,资本积累的重点要从物力资本转变成人力资本。人力资本理论强调的是人力资本对经济的促进作用。

(三)人才培养质量

高等教育的质量体现在高校人才培养、科学研究和社会服务三大功能上。[③] 高校人才培养质量高,可以为科学研究提供更好的基础,从而更好地服务社会。因此,人才培养质量还会间接地影响科学研究和社会服务的质量。

雅克·德洛尔认为,教学改革不会更改现有的主要功能,它的可持续发展取决于其针对性和质量保持。联合国教科文组织《关于高等教育的变革与发展的政策性文件》将高等教育质量问题归结为世界高等教育面临的三大挑战之一,指出高等教育质量已成为人们特别关注的问题,由于招生数量大、课程门类多,加上教育经费不足,人才培养质量是高等教育发展中的一个大问题。[④] 自1999年高校扩招以来,我国的高等教育实现了跨越式发展,招生规模扩大,数量增加。《国家中长期教育改革和发展规划纲要(2010—2020年)》明确指出:"提高质量是高等教育发展的核心任务,是建设高等教育强国的基本要求。"[⑤]怎样应对时代的挑战,培养具有创新能力的人

---

① [美]欧文·费雪. 资本的性质和收入[M]. 谷宏伟,卢欣,译. 北京:商务印书馆,2017.

② [美]西奥多·W. 舒尔茨. 论人力资本投资[M]. 吴珠华,陈剑波,张伟,等,译. 北京:北京经济学院出版社,1990.

③ 赵世超. 高等教育应坚持科学教育与人文教育的整合[J]. 教育研究,2002(11).

④ 联合国教科文组织. 教育:财富蕴藏其中[M]. 联合国教科文组织总部中文科,译. 北京:教育科学出版社,1996.

⑤ 2010年7月29日,备受关注的《国家中长期教育改革和发展规划纲要(2010—2020年)》正式发布,这是中国进入21世纪之后的第一个教育规划,是今后一个时期指导全国教育改革和发展的纲领性文件。

才,是我国高等教育发展面临的重大课题之一。

知识经济时代,教育是基础,人才是关键,科技是核心。这个时代对人才质量提出了更高的要求。高等教育的可持续发展和社会主义市场经济的发展都要求人才质量的不断提升,同时人才培养质量要与社会主义市场经济的特性相适应。因此,市场经济背景下,高等教育要为社会发展培养具有综合竞争能力的人才,要创新发展人才培养模式,确保人才培养质量的提高。

二、主动发展与被动发展理论

高校人才培养中无论采用何种模式,都应以调动学生主动发展为目标,换句话说,就是人才培养模式必须与人才主动发展相适宜,否则将会收效甚微或事与愿违。动机是学生发展研究的基本维度和初始问题,贯穿学生发展的整个过程。按动机的不同,可将大学生发展分为被动发展与主动发展。这是对大学生发展的形式与状态的常见的描述。

(一)动机与大学生发展

人的任何活动都是由一定的内在动机所激发的,动机是指引发并维持行为活动的动力。[①]动机是人们行动的理由,大学生的发展也是由动机激发并维持的。它能够解释三方面的原因:一是大学生发展发起的原因;二是大学生发展指向目的的原因;三是大学生发展得以维持的原因。

大学生发展的动机主要源于三个方面:一是源于学生自身;二是源于大学;三是源于外部社会。第一种情况属于内部动机,后两种则为外部动机。当学生发展动机源于自身时,其发展就是主动发展。当学生发展动机源于大学或外部社会时,大学和社会为学生提供了有利的资源条件,如果学生能自愿参与,也称作主动发展;如果是被迫或是被要求,则属于被动发展。主动发展和被动发展是学生发展的最常见形式,但并非仅有的两种,还有过渡状态。

(二)被动发展与主动发展

1. 概念

被动发展指大学生发展的动机源自外部,学生消极、非自愿地参与活动。主动发展的动机来自学生自身,学生自愿、积极地参与活动。主动发展的学生还自己参与设计、策划、组织活动,它的动机来自内部,而且理性、持久。

大学生发展的动机转换与变化是一个连续系统,主动发展与被动发展处于该连续系统的两端。大学生主动发展与被动发展之间的区别比较明显,主要体现在以下三个方面:一是发展动机,这是二者最实质的区别。二是态度与状态的区别。被动发展往往是“等待、按部就班、消极怠工”;主动发展往往是积极探索、主动出击、突破创新。[②] 三是发展效果的区别。主动发展的效果明显地高于被动发展,这是值得关注和探讨的问题。

2. 效果

心理学家马斯洛认为,人确实是由内在激励驱动进而去挖掘自身潜能的,并提出了著名的需

---

① 陈琦,刘儒德. 当代教育心理学[M]. 北京:北京师范大学出版社,1997.

② 吴振利. 美国大学教师教学发展研究[M]. 北京:教育科学出版社,2012.

要层次理论。[①] 欧文斯认为:"领导者应该在组织中创造一种氛围,以帮助组织成员在心智与情感上不断成熟,进而增加他们的内在动机。行为主义者不再认为动机是外加的,而是通过创造推动成长的环境,从而引起人们的内在驱动。"[②]学校领导也应该创造一种氛围,促使大学生自由地追寻自身发展和生命的意义,但是他们很难强迫大学生发展,至少很难强迫其持久地发展。正如有句西方谚语所说,"You can lead a horse to water, but you can't make him drink(牵马河边易,逼马饮水难)"。[③] 上述观点表明,大学生发展主要是内部驱动的结果,外部动机往往也是通过引发或转化为内部动机而起作用,并且意义充盈、持久的发展通常都需要内部动机驱动。如果没有内部动机,仅仅由外部动机驱动的发展,其效果往往不会很好,有时甚至连参加发展活动本身都无法保证。阿德勒坚持认为,大学生学习必须是自愿的,他指出,你不能强迫成人参加一门课程的研究或学习,如果你能做到的话,那就意味着他不是成人。[④] 无论能不能强迫大学生发展,都不能改变一个基本事实,那就是对于大学生发展而言,发展的是大学生,只有大学生自己想改变学习状态,那么他才能真正改变学习状态。当主动发展时,大学生就会自己努力改变学习状态,并积极配合外部的努力,其发展的效果通常会比较好。

外部动机在学生发展上产生的最好效果就是短期遵从,最坏的效果往往会使学生失去兴趣和热情。维莫认为,外部动机会促使学生学习知识,但所学仅保持到课程考试结束,考试结束后就所剩无几。因此,如果动机是源自学生外部,则学生的学习效果就难以持久有效,态度也会趋于消极。[⑤]

对大学生发展有效性的研究都表明,提高学生发展效果,必须要营造一种安全、支持的氛围,并充分调动学生的自愿性和主动性。当学生被动发展时其效果往往不好,主动发展是学生发展的基本保证。兰德尔也有相似的看法,他认为最为理想的发展效果,通常来源于内部动机的驱动。一些诸如证书、奖励等外部动机也是推进学生发展的动力。虽然内部动机非常有效,但内部动机并不会无端产生,内外动机的划分也非绝对,二者会在一定条件下转化。[⑥]

3. 被动发展与主动发展的关系

严格地讲,单独由内部动机或外部动机驱动的发展几乎不存在,多数的发展是以外部动机推动或是以内部动机推动为主,被动发展与主动发展之间会相互转化。大学生被动发展与主动发展的关系本质上是外部动机与内部动机的关系。例如,大学生产生考研的强大动力,外部社会环

① [美]马斯洛. 马斯洛人本哲学[M]. 唐译,编译. 长春:吉林出版集团有限责任公司,2013.

② Owens R G, Valesky T C. *Organizational Behavior in Education*[M]. Eaglewood Cliffs, N J: Prentice Hall, 2001.

③ Wallin D L. Motivation and Faculty Development: A Three-state Study of Presidential Perceptions of Faculty Professional Development Needs[J]. *Community College Journal of Research and Practice*, 2003(27).

④ Adler M. *Great Issues in Education*[M]. Chicago: Great Books Foundation, 1956.

⑤ Weimer M. *Improving College Teaching: Strategies for Developing Instructional Effectiveness*[M]. San Francisco: Jossey-Bass, 1990.

⑥ Randall L E. Rethinking Faculty Development: Toward Sustaining a Community of Learners[J]. *Senate Forum*, 2008(16).

境和周围他人也都认为考研有价值，产生强内部动机，即强外部动机、强内部动机；外部社会、大学和大学生周围的他人都认为相对于考研，大学生参与素质发展的价值不大，不是很重视素质发展，所以该大学生也如此认为，从而缺乏参加素质发展的强大动力，产生弱内部动机，即弱外部动机、弱内部动机；外部的社会环境和人们都认为考研有价值，并鼓励考研，而学生自身认为考研的价值不大，缺乏考研的动力，即产生强外部动机、弱内部动机；外部社会、大学和大学生周围的他人都认为相对于考研，大学生素质发展的价值不大，不是很重视素质培养，但该大学生认为素质发展非常有价值，能使人获得较强的满足感，从而产生参与素质发展的强大动力，产生强内部动机，即弱外部动机、强内部动机。在上述四种情况中，第一种与第二种情况是符合逻辑的，也比较常见；第三种与第四种情况不符合逻辑，比较少见。上述四种情况是当前大学生面对考研与就业的真实写照，面临竞争压力的学生普遍重视学业发展，而忽视素质的发展，这也说明了一个观点：内外部动机在逻辑上是一致的，外部动机引发内部动机的产生。

在过去一段时间，由于我国高等教育过于专业化，导致很多问题的出现，如培养的人才素质不高、基础薄弱、难以适应社会发展。现在从政府、社会到高校都认为高校人才培养模式已到了非改不可的地步。我国大学在重视学历提升的同时，开始重视大学生的素质培养和全面发展。于是，情况发生了变化。上述第二种情况变为：外部社会、大学和大学生周围的他人都认为素质培养的价值很大，重视素质培养和大学生素质发展，该大学生也如此认为，从而产生进行素质培养和发展素质教育的强大动力，产生强内部动机，即强外部动机、强内部动机。上述第四种情况变为：外部社会、大学和大学生周围的他人认为素质培养的价值很大，重视素质培养和大学生素质发展，但该大学生认为素质培养的价值非常有限，从而不重视素质培养和素质发展，产生弱内部动机，即强外部动机、弱内部动机。变化后，第二种情况合乎逻辑，比较常见，而第四种情况则不合乎逻辑，比较少见。这就是当前我国大学和大学生情况的真实写照，而且态势变化越来越明显。这又证明了另外一个观点：外部动机与内部动机都会变化，外部动机通常是内部动机变化的根本原因。

第三节　高等教育人才培养模式的演进

我国著名历史学家、教育学家章开沅曾言："史学是连接过去、现在与未来的桥梁。"①无独有偶，美国的高等教育学者伯顿·克拉克也曾说："历史学家们帮助我们理解历史事件的川流不息和过去怎样制约着现在。"②正所谓论从史出，所以对高等教育人才培养模式的历史演进轨迹的研究是十分重要的。本节对人才培养模式的演进研究从四个方面进行。

---

① 章开沅文集（第9卷）[M]. 武汉：华中师范大学出版社，2015：288.

② [美]伯顿·克拉克主编. 高等教育新论：多学科的研究[M]. 王承绪，徐辉，郑继伟，等，译. 杭州：杭州教育出版社，2001：3.

一、国外高等教育人才培养模式演进

不同社会历史发展阶段，人类社会对人才的要求也各异，因此不同时期的学校教育应适应不同时期社会对人才的需求，形成不同的人才培养模式。国外高等教育人才培养模式可划分为如下三个阶段。

第一个阶段，即前工业经济时期，以知识为导向的大学人才培养模式。

龙先琼认为，西方中世纪大学人才培养模式的特点是以神学为主要内容的古典人文教育，培养的多是宗教神职人员和文、法、医方面的绅士。①

12 世纪，在意大利、英国出现了多所大学，至 16 世纪，欧洲大陆的名校就达 80 所。② 西方的中世纪大学作为教师和学生的行会组织，是志趣相投的学者出于追求知识和执着学术精神的需要以及为这种需要的实现寻找保护而创立的。这些志趣相投的学者一开始就试图把大学构建成象牙塔。这一方面表明其自身对知识和学术的执着与超越，另一方面也是为了营造自我保护的环境。其实，所谓的象牙塔，无非是大学意欲保持自治与独立，抗拒来自社会现实的功利性诱惑的方式。这一时期，大学的理念主要表现为大学自治和对知识的无功利追求，体现在人才培养上，就是实行以神学学科为主的古典人文学科的专业教育，神学、文学、法学和医学等分学科讲习，执着于对学科知识的理性探索，而鄙视知识的实际运用，教导学生依据科目探索高深玄奥的纯理性知识。这种大学理念及其衍生的人才培养模式适应了当时社会的城市世俗化趋势下人们渴望了解知识真谛的社会心理，因此，中世纪大学在 12 世纪前半期获得了较快发展。

大学的理念、培养模式不能脱离社会经济的现实，必须适应社会变革的趋势。这一阶段的人才培养模式是在学科体系和职业分化都还未完善的背景下构建起来的初级专业教育，教授的是有限的几门初级学科。随着社会的进步和发展，文艺复兴和新大陆的发现使欧洲社会产生了变革，人文主义和自然科学走上舞台，此时的大学却已经沦为宗教的附庸，完全背离了社会实际。中世纪大学的人才培养模式已经走到尽头，急需进行改革。

第二个阶段，即工业经济时期，以学科专门化知识和技能为导向的大学人才培养。

龙先琼认为，这个阶段国外大学人才培养模式具备如下特征：内容上以自然科学知识为主，适应产业革命和职业、学科分化的社会需要，构建以培养技师、工程师、医生等专业化人才为目标的职业化教育。③

18 世纪末到 19 世纪初，有识之士对大学发展和变革进行了思考，威廉・冯・洪堡创办的德国柏林大学（后分成柏林自由大学和德国洪堡大学），以“学术自由”“教学与科研结合”作为大学

---

① 龙先琼．论大学人才培养模式的历史嬗变[J]．湖南师范大学教育科学学报，2006(1).

② 贺国庆，朱文富．外国教育史[M]．北京：高等教育出版社，2009.

③ 龙先琼．论大学人才培养模式的历史嬗变[J]．湖南师范大学教育科学学报，2006(1).

理念,拓展了学校的职能。① 他还主张大学教学价值取向由科学达至修养。② 1853 年,英国牛津大学的约翰·亨利·纽曼在其著作《大学的理念》一书中,主张通过教学来培养人的心智和能力,以从更高的层次上回应社会的现实需要。③

19 世纪中后期,大学在工业化的大背景下,已经开始对接社会现实,英国新大学运动和美国赠地学院运动表明,大学开拓了其在教学和科研外的第三大职能——社会服务。④ 大学开始投入地方经济和文化建设。首次提出和实践这一理念的是威斯康星大学校长查尔斯·范海斯。⑤ 他提出大学应该为地方服务,培养社会急需的专门技术人才。他的思想对日后高等教育的发展产生了深远影响。

在这一时期,大学纷纷增设应用技术类课程,并加强职业技能培训,以适应工业社会生产对人才在知识和技术上的需要。英国的许多著名大学都开设了机械、矿物、植物学、农学、天文学、几何学、解剖学、化学等新课程。美国的大学也增设了许多更加专门化的课程,诸如农庄经营、家具制造、车工、漆工、铸工、雕工、电报学、印刷等。

由此可见,随着社会分工和职业分化的日益加深,与社会分工相对应的学科已不断明晰,传统基础学科也已成型。此时的大学教育只有将人才培养模式适应社会分工和职业化发展的趋势,才能实现其教育的社会价值。此时期大学人才培养模式的构建依据的是职业定位,带有实用性、专才性的时代特征。

工业经济时期社会的各个行业都以利益为导向进行生产,社会对能够产生实际利润价值的职业化专门人才有着大量需求。伴随社会分工和工业化大生产的趋势,科学技术的发展也产生了分化,形成了不同的学科分类。大学教育的人才培养也相应地由注重理论知识探索转变为与职业相匹配的专业知识的教授,按职业所需的知识技术来开设实用性课程已经成为大学人才培养模式的关键。这一时期大学所培养的人才过分强调与职业相匹配,造成人才素质不均衡,虽迎合了社会经济发展的需求,但在某种程度上忽视了教书育人的内涵。

第三个阶段,即知识经济时期,以素质和能力为导向的大学人才培养模式。

从 20 世纪末开始,人类在享受高度发达的文明和物质财富的同时,也承受着由自己带来的各种灾难。制造业经济发展势头迅猛带来物质财富增加,人类居住的自然环境却越来越差。这到底是为什么?我们人类是否应该停下脚步,重塑认知,反省一下人与自然的关系?是否应该寻求和谐发展,坚持走可持续发展的道路来进行知识探索?科技的革新使学科不断交叉,在融会贯通中不断分裂、进化,产生新科学,这使得人类社会不断进步。随着人类智慧的不断叠加,我们也清晰地看到,知识时代已经悄然降临,这也说明我们对于培养高素质人才应该有新的评价指标。

---

① 陈盈. 威廉·冯·洪堡与德国洪堡大学[J]. 高校医学教学研究(电子版),2013(3).

② 熊华军. 洪堡的大学教学价值取向:由科学达至修养[J]. 大学(研究与评价),2008(1).

③ 卢晓中. 当代世界高等教育理念及对中国的影响[M]. 上海:上海教育出版社,2001.

④ 卢妙娜. 文化视野中的高等教育[M]. 南京:南京师范大学出版社,1999.

⑤ 查尔斯·范海斯(Charles Richard Van Hise,1857—1918)在校长就职演说以及后来的演讲和通信中阐释了他的"为社会服务"的大学理念。

现如今随着各类知识的涌入,人类在各个领域的开发能力大大增强,但只有坚持可持续发展的战略部署,培养大学生活到老学到老的终身学习理念,鼓励创新和改革的同时保留民族特色,坚持培养可持续发展的多元交叉的复合型人才,才可以让人类走得更远。这个时代需要全面发展的人才。随着时代的变迁,大学生教育模式在高校中也应与时俱进,在重点培养复合型人才的同时进行改革和创新,这也是全球范围内热议的话题之一。

20世纪中叶,新技术革命虽然使学科更加细化,但在各学科融会贯通的同时也弱化了学科之间的界限,使学科朝着更加综合化的方向发展。这些综合性学科的发展,不仅带来了科技发展的日新月异,也带来了种种问题。这些问题严重影响着人类本身,如环境被破坏、贫富差距过大、社会不公平等。尽管人类为了解决这些问题也付诸了很多行动,但教育事业才是可以撬动这个问题的杠杆。从20世纪末开始,国际上关于教育的重大会议举行了不下数十次,也发表了各种宣言或者决议。1992年6月,联合国环境与发展大会在巴西里约热内卢召开,大会提出:"教育(包括正规教育)、公众认识和培训是使人类和社会能够充分发挥潜力的途径,教育是促进可持续发展和提高人们解决环境和发展问题的关键。"①世界银行在1994年的报告《高等教育:经验中学习教训》中明确指出传统的欧洲高等教育已经没有办法完全符合当今多元化社会的需要,应当将高等教育中的多样化提上议程,并指出高等教育在经济转型中的回应能力应该大大增强。1998年10月,联合国教科文组织也为此召开首次世界高等教育大会,在发表的《21世纪的高等教育:展望和行动世界宣言》中明确指出:"'当前的社会已经逐渐发展成为知识型社会,因而高等教育和研究已成为个人、社区和国家的经济、文化以及环境可持续发展的重要组成部分','人们一直呼吁要对高等教育进行变革更新,现在到了非做不可的时候了,惟有如此,才能使我们这个正在经历一场深刻价值危机的社会可以超越单纯的经济价值,而注重更深层的道德与精神问题'。"②由此可以看出,可持续发展的战略要建立在全球人民都培养主动履行职责,转变固有老旧观念,培养新型思维的基础上才能顺利进行。培养合格的毕业生和能够满足人类各方面活动需要的负责任的公民也应作为我国高等教育的信念,推动我国教育模式的改革创新,并将创新和可持续等全新理念全面贯彻下去,进而通过新型的年轻人才来推动整个社会的发展。

在环境复杂、科技发达的当今社会,高校需要培养更多有着扎实基础,能够适应各种环境,具有自主创新能力和高素质的复合型人才来推动社会全面发展。以专业学科为导向的老旧人才培养方式已不再适用,改革创新刻不容缓。为了更深层次地体现其宗旨和职责,高校需要构建新的人才培养模式,一个可以以能力和素质为评价标准的人才培养新模式。

---

① 联合国环境与发展大会的宗旨是回顾第一次人类环境大会召开后20年来全球环境保护的历程,敦促各国政府和公众采取积极措施,协调合作,防止环境污染和生态恶化,为保护人类生存环境而共同做出努力。

② 联合国教科文组织于1998年10月5日至9日在巴黎总部举行世界高等教育大会,会上提出高等教育的使命和职责:教育、培训和开展研究的使命;伦理作用、自治、责任和预测功能的职责。会后通过《21世纪的高等教育:展望和行动世界宣言》。

二、我国高等教育人才培养模式演进

对我国高等教育人才培养模式的发展，学界有不同的划分方式，在对众多学者的观点进行分析后，本书采纳了以华中师范大学李治、杨杏芳为代表的观点，即按时间顺序将我国高等教育人才培养模式的演进划分为如下三个阶段。[①]

第一阶段：1989—1949 年的通才教育模式。

“通才教育”在清朝末年被提出后，成为当时的大学教育办学思想。清末内阁学士张百熙起草的《钦定京师大学堂章程》中有：“京师大学堂之设，所以激发忠爱，开通智慧，振兴实业。谨遵此次谕旨，端正趋向，造就通才，为全学之纲领。”[②]1912 年 10 月，“中华民国”南京临时政府颁布《大学令》，其中提出大学应该以“教授高深学术，养成硕学闳材，应国家需要”[③]为准则。这条原则说明早在民国时期，高等教育的推行就应该既有通识教育的成分，也应该有专业教育的成分。对人文科学以及自然科学双方都兼顾，避免使大学生的知识基础和能力过窄。而综合性的教育对于培养国家建设所必需的人才也显得十分重要。在那个时代所产生的共同科目必修表就是中华人民共和国成立前通识教育的具体反映。这就是民国时期的通才教育模式。

第二阶段：20 世纪 50 ~ 80 年代的专才教育模式。

中华人民共和国成立初期，我们国家的人才培养模式主要是以苏联的专才教育模式为标杆，以专业为导向培养专业人才。文辅相曾经将当时我国大学的专业教育模式评价为“四过”：“过弱的文化陶冶，使学生的人文素养和思想底蕴不够；过窄的专业教育，使学生的学科视野和学术氛围受到局限；过重的功利导向，使学生的全面素质培养和扎实的基础训练受到影响；过强的共性制约，使学生的个性发展受到抑制。”[④]

第三阶段：20 世纪 90 年代以来的专业教育与素质教育相结合的复合人才教育模式。

王伟廉、蔡映辉指出我国高校教育模式的阶段性变化：自改革开放以来，特别是在 20 世纪 80 年代的“宽专业，窄方向”这一阶段，主要是努力改变过去狭隘的专业教育模式。主要内容是：将有共同基础的狭窄专业知识和一些基础课程合并，把原先的某专业的某些主干课程变为一组专业方向课程。[⑤] 这可以拓宽学生的知识面，使学生更有可能成为社会和用人部门所需要的人才。这种以市场为导向的培养方式是我国大学教育模式在近期的一种革命性的尝试，也为彻底改变以苏联为标杆的教育模式和与国际先进教育模式接轨奠定了基础，是一次大胆的尝试。

1998 年起，文化素质教育进入推广和提高阶段。1998 年，国家出台了《关于加强大学生文化

---

① 李治，杨杏芳．我国大学人才培养模式历史演进的“四阶段论”——兼及“后素质教育阶段”的提出与开启[J]．黑龙江高教研究，2010(2)．

② 张兄武，陆丽，唐忠明．中国大学本科人才培养目标的历史演进与发展趋势[J]．现代教育管理，2011(4)．

③ 张百熙集[M]．长沙：岳麓书社，2008：115．

④ 文辅相．我国本科教育目标应当作战略性调整[J]．高等教育研究，1996(6)．

⑤ 王伟廉，蔡映辉．关于高等学校教学改革的几个问题——兼谈汕头大学教学改革的普遍意义[J]．大学教育科学，2005(6)．

素质教育的若干意见》。1999年,中共中央、国务院《关于深化教育改革全面推进素质教育的决定》颁布后,教育部先后出台了一系列推进高校文化素质教育工作的重要措施,加强文化素质教育、全面推进素质教育的工作在全国高校普遍展开。主要措施是采取大类招生,也就是在大学一二年级不分专业,开展通识教育下的公共课程,真正做到以素质教育为目的,对新入学的大学生进行德智体全面培养的教育。另外,在本科教育阶段,强调文理渗透,加强学科之间的交叉、渗透,重视个人能力培养,加强综合性人文素质教育;拓宽专业口径,让专业性更强,适用范围更广。在此模式下,学校更加重视学生共性和个性发展相结合的教育模式,也就是"平台+模块"的课程设计模式。这些措施还包括鼓励学制多样化,使其更具弹性,主要实行例如弹性学年学分制、选修制、硕博连读制、本硕连读制、主辅修制、双学位制等改革制度。建立灵活的学习制度,允许学生跨校、跨系、跨专业选课,培养学生的思维多样化。一系列措施使学校深刻意识到教育不仅是科学知识的培养,也是人性的培养。本科是一个以素质教育为导向的综合教育阶段。

三、我国高等教育经管类人才培养模式演进

改革开放40年来,我国高等教育发生了翻天覆地的变化。1977年参加高考的人数为570万,录取人数为27万,录取率为4.8%。2014年参加高考人数为939万,录取人数为697万,录取率为74.3%。2015年参加高考的人数达到942万,约700万人最终进入大学,高校录取率为74.3%。其中,本科约366万人,高职(专科)约334万人。1977—2015年全国参加高考人数及录取人数如表2.1和图2.1所示。

表2.1 1977—2015年全国参加高考人数及录取人数

时间(年)	参加高考人数(万人)	录取人数(万人)	录取率(%)
1977	570	27	4.8%
1978	610	40.2	7%
1979	468	28	6.1%
1980	333	28	8%
1981	259	28	11%
1982	187	32	17%
1983	167	39	23%
1984	164	48	29%
1985	176	62	35%
1986	191	57	30%
1987	228	62	27%
1988	272	67	25%
1989	266	60	23%
1990	283	61	22%
1991	296	62	21%
1992	303	75	25%
1993	286	98	34%
1994	251	90	36%

续表

时间(年)	参加高考人数(万人)	录取人数(万人)	录取率(%)
1995	253	93	37%
1996	241	97	40%
1997	278	100	36%
1998	320	108	34%
1999	288	160	56%
2000	375	221	59%
2001	454	268	59%
2002	510	320	63%
2003	613	382	62%
2004	729	447	61%
2005	877	504	57%
2006	950	546	57%
2007	1010	566	56%
2008	1050	599	57%
2009	1020	629	62%
2010	946	657	69%
2011	933	675	72%
2012	915	685	75%
2013	912	684	75%
2014	939	697	74.2%
2015	942	700	74.3%

注:数据来源于“中国教育在线”。

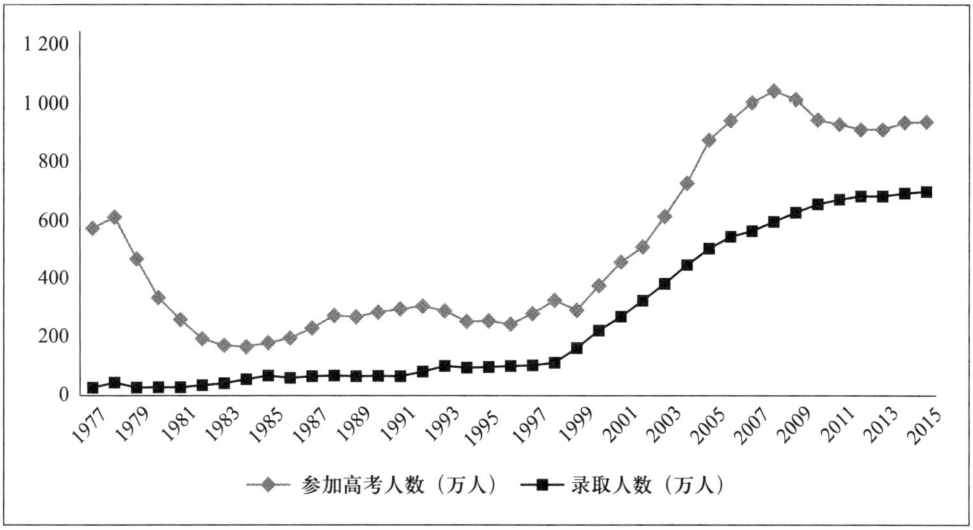

图 2.1　1977—2015 年全国参加高考人数和录取人数曲线图

不可否认,高等教育所培养的各级各类人才为我国经济的崛起和发展提供了强有力的智力支持。在我国高等教育的发展中经济管理类人才的培养增速很快,这与我国经济的快速发展密不可分,但近年来部分经管类专业人才显示出供过于求的态势。本书结合经管类人才培养的特点和国家经济社会发展的形势,综合深入分析后将经管类人才培养模式分为专才教育模式、通专结合模式和科学化模式,将人才培养阶段分为沉潜、发展和科学化三个阶段。

第一阶段:沉潜阶段。

该阶段即1977—1998年的专才教育模式阶段。在恢复高考初期,经管类人才培养分属国务院各部委,如商学院归属当时的商业部、财经学院归属财政部、经贸学院归属当时的经贸部等。以笔者就读的商学院为例,它是商业部直属的五所商学院之一,学校设有商业经济系、会计系、统计系、企业管理系、财政系、商业英语系等。从名称上看,这些系大都是现在经管类专业的具体课程名称,其培养目标是为各行各业培养专门的经管类人才。此外,随着经济管理类专科、中专学校相继成立,自考、电大、函授的经济管理类人才培训方式更是层出不穷。特殊时期的对口培养为飞速增长的中国经济和快速发展的各行各业提供了大量的经济管理类专门人才。

第二阶段:发展阶段。

该阶段即1999年至今,以素质教育思想为导向的通专结合模式阶段。1998年全国普通高校招生108万人。1999年第一次高考扩招,当时普通高校招生160万人,增幅达到48%,这是20世纪90年代以来,政府自主招生人数增幅最大的一次。2000—2005年高校招生人数每年递增分别为38%、21%、19%、19%、17%和13%,远远超出了国民经济的增长速度。2007年,全国普通高校约有1 900所,一半以上是新增学校,其中不乏从大中专学校升格的本科院校,这些高校在理念、制度、师资、设施等各方面都准备不足。这期间,先是综合类大学纷纷成立经济学院、管理学院,再后来几乎各类高等院校不管办学条件、师资力量如何,都陆续增设了经济管理专业,其原因是经管类专业人才培养投入产出率高。可以说,我国用10年时间走过了其他国家30年甚至50年高等教育的发展历程,实现了高等教育大众化。在高等教育快速发展的10年中,经管类人才的增速尤为突出,但发展效果却令人担忧。从2015年高考报志愿时通报的七大“黄牌专业”①看,国际经济与贸易、市场营销、公共事业管理等专业均在其中;在2015年之前公布的“黄牌专业”中,1/3属于经管类专业。因此,教育发展同其他事物的发展一样,必须遵守事物的发展规律,必须与经济社会发展相适应,必须与时代发展的步伐相协调,必须认识到,经管类人才的需求绝非无止境的。

全球化、知识化、信息化时代的到来与发展,迫使我国高等教育不得不改变专才教育的人才培养模式,提出以素质教育为导向的“通识教育+专才教育”的人才培养模式,其做法是:在专才教育的同时,增设非专业性教育,即高校全体学生应接受非专业性素质教育,旨在使学生能够积极参与社会生活、承担社会责任,使他们具备广泛的非功利性基本知识、技能和态度。

---

① 黄牌专业是指失业量较大、就业率较低、月收入较低且就业满意度较低的专业。

第三阶段：科学化阶段。

该阶段为未来的发展目标，即以素质教育为主导的多元科学化教育阶段。所谓以素质教育为主导，就是强调在高等教育人才培养中，以人类基本素质为前提，在尊重人类主体性和主动性的同时，以人性为基础，展开对人类潜能的开发，使人具有最基本的健全品格的教育模式。所谓多元科学化，就是将高等教育与人的性格特征、兴趣爱好结合起来，采用多种培养手段和方法，培养不同类型、不同规格的人才，真正实现人尽其才、才尽其用。多年来，我国在改革实践中不断对教育问题进行深刻反思，特别是对造成这些问题的原因进行反思，坚持推进素质教育办学理念。

本书认为以素质为主导的多元科学化教育理念对经管类人才培养尤为重要，其原因有二。一是，从 1995 年提倡实行大学素质教育改革至今已有二十多年，素质教育的效果却不尽如人意，素质教育的发展在人才培养模式中远远落后于其他方面，无法满足现代化人才培养的需要。尽管造成这些问题的原因多种多样，也非一蹴而就能够解决，但必须下决心扭转和改变，因此本书提出以素质教育为主导的观点；二是，我国经济发展进入新时期，需要更多更优秀的经管类人才去支撑发展，如果人才的素质教育跟不上，就可能给我国经济的进步增加阻力，因此要进一步加强大学生素质教育改革，调动年轻人的积极性和创造力，集结社会各界的力量与智慧，共同把高校人才培养模式向着更高、更远、更先进的方向推进，以满足现代化人才的需求。

四、对我国人才培养模式演进的思考

通过对国内外高等教育人才培养模式的梳理，并综合考虑当今时代人才培养需求多元化的情况，本书认为目前我国的高等教育人才培养模式与知识经济时代提倡的以素质教育为导向的模式还尚有差距。现实中大多数普通类本科院校仍采用的是以专业学科为导向的人才培养模式，过于强调目的性，看重实用性，把人才的使用作为人才培养的目的背离了高校教育的基本理念。重视自然科学教育，轻视社会科学教育使人们走入了“学好数理化，走遍天下都不怕”[①]的误区，忽视素质教育，使学生发展不平衡，社会也更不稳定。在结构上，过分强调学习的内容，反而对人才本身的素质不够重视。在教育过程中，教师占主体地位，学生则被动接受；重知识传授，轻综合能力开发培养。在效果上，过于专业化的教育模式弱化了高校整体教学质量和品质，有的甚至为了现实利益而教育。表现出来的结果就是人才的适应性差，知识面窄，创新能力差，综合素质低，形成了一种人力市场的需求与人才供应相矛盾的局面。

除了上述人才培养模式的导向差异，从中外高等教育人才培养模式的演进比较中还可以得到以下几点结论。

（一）高等教育人才培养模式具有历史性

自中世纪大学出现以来，人才培养模式随着经济的不断发展逐步演进，社会服务、科学研究、

---

① 钱伟长认为，数理化这三门课学得透彻了，就可以获得扎实的理论基础知识，但是后来，有人把钱伟长的培养模式误解为“学好数理化，走遍天下都不怕”。

人才培养已逐渐成为高等教育的三大主要功能，且人才培养是其核心功能。人才培养模式需随着人类文明程度的发展而调整，人才培养是高等教育永恒的任务。

（二）我国人才培养模式已无法满足经济社会发展需要

从人才市场的供求状况来看，人才供需很不平衡，一边是求才若渴的用人单位，一边是大量难就业的大学生。除了专业设置及学科门类不适合社会需求，大学生的素质缺乏问题已成为人才供需协调发展的桎梏。人生观、价值观不清，道德观念淡漠，以及专业知识匮乏等问题，倒逼我国高等教育不得不步入以提高人才质量和发展水平为主的新阶段，由以量求大战略向以质图强的战略转变。

（三）素质教育是我国高等教育改革的必然选择

我国正处于经济社会转型时期，种种社会问题的不断凸显，如环境问题、教育问题、价值观道德观缺失问题等，都需要人们深入反思并共同努力。高等教育改革则成为解决各类问题的“阿基米德支点”。新时代要求大学培养的是厚基础、适应面广、素质高和综合创新能力强的复合型人才。

第3章

工科院校经管类人才培养现状

本章首先对工科院校、工科教育、工科院校经管类人才培养模式的内涵及特点等进行研究，在此基础上深入探究工科院校增设经管类人才培养院系的缘由，进而对工科院校经管类人才培养模式存在的问题及其成因进行系统分析。

第一节　工科院校、工科教育的内涵及特点

工科院校，顾名思义就是以工科专业为主或工科专业占绝对优势的院校。工科院校具有以下特点：一是以自然科学学科为主，例如物理、化学、生物等专业性学科；二是注重实践，鼓励发挥个人主观能动性进行物质生产，设身处地地解决实际问题；三是注重技术和方法，着重培养学生的观察能力和分析能力，以及主动进行材料收集的能力和方法创新能力。

从教育教学的内容上看，工科教育包括两层含义：第一，注重科学方法和实用性，培养人的理性逻辑思维，以促进社会生产发展；第二，与人文科学互相辉映，使学校不仅是学生学习科学技术和文化知识的地方，也是提高修养，懂得如何在现实中处理实际问题的地方。

工科教育具有以下几个特点。首先，科学性强，即符合客观发展规律，将各科知识通过细化分类研究，逐渐形成完整的知识体系；其次，实用性强，工科院校的教育偏向实践应用；再次，创新性强，在扩展学生的科学知识的基础上，培养学生的创新及创造精神；最后，前沿性强，随着科技发展，现代学科高度细分与综合，并产生许多新兴及边缘学科，这就要求工科院校在学生培养中，开设更多供学生学习及参考的交叉学科课程，及时了解世界前沿的新科学、新知识，为未来更好、更快地适应社会奠定基础。

第二节　工科院校经管类人才培养认知

许多专家指出，人才培养模式是以人才培养为目标，在一定的思想和教育方针指导下，在教育过程中采取某种框架和运行组织方式来培养学生系统地掌握知识和方法的能力，即人才培养模式就是解决怎么样培养的问题。人才培养模式分为研究型人才培养模式和应用型人才培养模

式，本书结合工科院校的优势和特点，认为其经管类人才培养应该属于应用型人才培养。

应用型人才培养是指培养一些社会需要的，具备一定综合素质、知识结构和能力结构的复合型人才。[①] 按照党中央和教育部的要求，就是培养具有扎实的基础、宽广的知识面、较高素质，且具有较强创新精神的应用型人才。本书结合经管类人才培养中出现的问题，运用教育学理论和哲学辩证思想，在深入系统地研究以素质教育为前提的人才培养模式存在的问题基础上，提出经管类人才培养模式应该是以素质教育为主导的多元科学化模式，此观点尤其适用于工科院校经管类人才培养。

工科院校经管类人才培养模式应在坚持素质教育的前提下，将专业理论、培训和实践有机地融为一体，以点带面建立多层立体构架，这对全面提高大学生的个人素质、文化水平和专业能力有着积极影响和重要意义。著名气象学家、地理学家、教育家竺可桢认为大学的宗旨是："大学之使命有三：其一，希望造就完人。完人必具智仁勇三达德，而涵濡于六艺之中。仁者爱人，故其上者必其有所成仁，而忠恕次之……其二，学有专长，而于大学中植其基。大学学生对各项基本知识，固应多所明了……其三，养成自己能思想之人，而勿蕲教师逐字释义。"[②]工科院校经管类人才培养方案应在以素质教育为前提的原则下做到：①扎实基础知识，拓宽专业平台，构建经管学科专业应用课程体系；②开设多样化多层次的专业课程群，建立合理的经管类人才培养模式；③教学环节采取"综合—分解—再综合"的模式进行课程设计，有利于学生掌握专业知识的同时结合实际进行综合运用；④结合特殊情况，因地制宜地开展教学，鼓励交叉学科教育，丰富教学内容，加强教育机制管理，使经管类人才能够运用所学前沿知识切实思考并解决实际问题。

第三节　工科院校增设经管类学科的缘由

工科院校经管类专业大多是在20世纪八九十年代为了更好地服务国家经济社会发展和响应国家扩招号召而设立的。为了进一步佐证笔者提出的经管类人才培养应以素质教育为前提的多元科学化模式的合理性，本书将从教育本质、人才培养、科学文化建设、时代发展这几个层面对工科院校增设经管类学科进行系统研究。

一、教育本质的要求

本质两个字，英文为essence或substance，即事物内部最精华最初的部分，也即最基础的一部分。教育是人类活动，怎样才能找出人类活动的形而上源呢？生而为人，必修道，需人引导之，故教育出现。人应从学开始。学习，就是人类教育出现的主要原因，而且是水到渠成的发展过程中必不可少的一环。我们既然是人类，就要掌握事物的规律，但同时又要为变化、冲突和矛盾做好

① 寇红涛．基于"处方教学理论"的三本院校应用型人才培养模式[J]．山海经，2015(20)．

② 竺可桢全集(第2卷)[M]．上海：上海科技教育出版社，2004：563．

准备,未雨绸缪。从人道论教育和引导学生先为人,这才是合乎天道、发扬人道的途径,也是教育的本质所在。

《大学》云:“物有本末,事有始终,知所先后,则近道矣。”[①]这表明,人具有很强的可塑性。首先,教育所教的主体是人,所以学生要先学会如何做人;其次,相信人是有特殊天赋的,如果教给其一定的知识,可以发展出特殊才能。然而,才能运用得当则利人利己,否则害己害人,且后果难以预料。

教育的第一目的就是对人性的教育,而发展人性就要以道德伦理为前提。人应该有德行,德行就是秉乎天道而立人道。直到今天有正确认识的人仍然相信人生在世不能无德,这是人在生存中共同的需要。无德者在社会上会影响其他人的生活,一些本身好的民众就会因此对社会产生信任危机,最终导致整个社会无德。有德必有行,只有理论没有实践只是空谈,我们应该把学习到的知识、品德运用到生活中。首先,人应该诚实。其次,学会去爱,用爱心感染自己以及身边的人,从爱己升华到爱人。最后,品行要刚正不阿。如果说道德品质是种在人心底的种子,那么好的品行就是这颗种子发芽生长结出的果实。教育是一种行为,如何促使教育产生好的成果,有三个重点。一是以人性为前提进行教育。承认人与人之间的不同,与生俱来的情感无时无刻不在影响着人的心情和做事的方式。二是固有思维的改变。鼓励青年学生参加社会道德实践活动或公益活动,把诚实、友爱、正直的好品质发挥出来,并形成好的习惯,打破固有思维,最终形成新思维方式。三是树立标杆。人类对英雄或神灵都有崇拜心理。人们希望通过崇拜某个对象达到自己的愿望,以祈求内心的平静和身体上的保障。用现代的词语来描绘这类偶像即为标杆。如果缺少这些标杆人物,民众就会产生一种缺失感,一种难以表达的不满足感。正如埃里克森所说的,“缺乏同一性”[②]。这种缺失有时表现为茫然和不知所措。所以从人性角度来考虑,慎重选择一些楷模或者标杆是很有必要的。尤其是对于高等院校来说,在教育心智半成熟、可塑性强的青年人时,为他们选择合适的榜样,进行示范性教育是十分重要的,这就需要我们加强人文社会科学的教育。这一点华北水利水电大学做得很好,孟瑞鹏精神向华水及全国的莘莘学子传递了正能量。

教育的另外一个重要目的是为学生以后更好的生活打下基础。普及义务教育的最大影响就是使更多的学生有了读大学的机会。无论大学生自身知识如何丰富,学习还是为了凭借自己的能力来获得更多更好的就业机会,最终能够自由地选择喜欢的生活方式。但是职业并无高低贵贱之分,学生应该认识到百业并存必定有其合理性,应树立正确的择业观。同时,为了更好地适应各行各业的发展,必须要保证工科教育与人文社会学科的平衡发展,扭转人们长期以来重理轻文的错误观念,引导学生树立正确的价值观,促进工科与人文社会学科的有机融合。学生只有同时具备过硬的专业知识和深厚的人文社会科学知识,才能拥有幸福感更高的生活。

---

① 王国轩译注. 大学中庸[M]. 北京:中华书局,2006:3.

② [美]埃里克·H. 埃里克森. 同一性:青少年与危机[M]. 孙名之,译. 北京:中央编译出版社,2015.

二、人才培养的要求

从哲学的角度看,矛盾双方是对立统一的,不能从单方面来看问题。高校人才培养中的工科教育与人文社会学科教育是相辅相成的统一体,工科体现理性思维,人文社会学科强调情感、道德等思维,两者缺一不可。高校人才培养应该体现工科教育和人文社会学科的平衡发展。高等教育是为我国现代化事业建设培养各类人才的“大工厂”,二者不可偏废其一。[①]

中华人民共和国成立后,国家几代领导人都把人才培养工作放在重中之重的地位。1977年,邓小平提出:“尊重知识,尊重人才。”[②]2001年,江泽民指出:“当今世界,人才和人的能力建设,在综合国力竞争中越来越具有决定性的意义。人类有着无限的智慧和创造力,这是文明进步不竭的动力源泉。”[③]2003年,胡锦涛提出:“做好人才工作,落实好人才强国战略,必须以马克思主义为指导,从当代世界和中国深刻变化着的实际出发,根据党和国家事业发展的迫切需要,解放思想、实事求是、与时俱进,树立适应新形势新任务要求的科学人才观。”[④]2013年4月,习近平在给清华大学的贺信中指出:“教育决定着人类的今天,也决定着人类的未来。人类社会需要通过教育不断培养社会需要的人才,需要通过教育来传授已知、更新旧知、开掘新知、探索未知,从而使人们能够更好认识世界和改造世界、更好创造人类的美好未来。”[⑤]2014年5月4日,习近平在北京大学师生座谈会上的讲话中提道:“党的十八届三中全会吹响了全面深化改革的号角,也对深化我国高等教育改革提出了明确要求。现在,关键是把蓝图一步步变为现实。全国高等院校要走在教育改革前列,紧紧围绕立德树人的根本任务,加快构建充满活力、富有效率、更加开放、有利于学校科学发展的体制机制,当好教育改革排头兵。”[⑥]习近平的这些论述,不仅是对广大青年的教诲、对人民教师的嘱托,也向全国人民描绘了教育事业发展的宏大愿景。

在《中华人民共和国国民经济和社会发展第十个五年计划纲要》和《2002—2005年全国人才队伍建设规划纲要》中,人才能力建设作为我国人才队伍建设的指导方针被提出来,成为我国发展人才强国战略的基本要求。[⑦] 2010年发布的《国家中长期教育改革和发展规划纲要(2010—2020年)》明确规定:“牢固确立人才培养在高校工作中的中心地位,着力培养信念执着、品德优良、知识丰富、本领过硬的高素质专门人才和拔尖创新人才。”[⑧]其中强调了信念执

---

① 程仲鸣. 地方普通本科院校经管类专业应用型人才培养模式的研究[J]. 咸宁学院学报,2010(4).

② 邓小平文选(第2卷)[M]. 北京:人民出版社,1994:40.

③ 江泽民. 论社会主义市场经济[M]. 北京:中央文献出版社,2006:554.

④ 胡锦涛文选(第2卷)[M]. 北京:人民出版社,2016:129.

⑤ 清华大学苏世民学者项目启动仪式在京举行[N]. 光明日报,2013-4-22,第01版.

⑥ 习近平谈治国理政[M]. 北京:外文出版社,2014:175.

⑦ 吴江,苗月霞. 实施人才强国战略的基本经验——改革开放以来中国人才工作的回顾与展望[J]. 第一资源,2009(2).

⑧ 全国教育工作会议文件选编[M]. 北京:人民出版社,2010:73.

着、品德优良的重要作用，彰显了人文社科理念在高等教育中的基础作用，理工科高校也不能将其摒弃。

三、科学文化建设的需要

我国近现代史是一部血泪史，惨痛的历史经验告诉我们，落后就要挨打，要想屹立于世界民族之林，必须不断发展自身、完善自身。当今的经济社会瞬息万变，在新形势下，面对整个世界的发展趋势，要在吸收历史教训与经验的基础上不断努力用知识来武装自己，紧跟时代发展步伐，在高等教育人才培养和发展科学技术的道路上不遗余力。

改革开放以来，我国在科学技术领域取得了巨大的成就，但是由于急于求成，在发展方式上出现了一些不恰当的地方。在高等教育人才培养上，过于重视理工科的发展，而忽视了人文社会学科的发展，具体表现为学生普遍缺乏历史文化积淀，在职业发展中只重视技能的发展，而忽视了道德、人格、价值观的培养，由此引发了环境污染、资源浪费、利己主义等问题。同时，由于一味地强调经济发展，造成社会公众对知识的理解与认识发生了偏颇，只重视工科教育带来的功利性成果。因此，要摆正工科教育与人文社会学科的位置，两者的发展都不能放松。高校作为人才培养的重要阵地，只有两者共同发展、协调发展，才能培养出德才兼备的优秀人才，这样的人才才能具有高瞻远瞩的视野与思维，才能从人类长远发展的角度来考虑经济发展方向与规划，才能从根源上保证经济的健康发展。因此，在高校人才培养模式改革与发展中，要始终重视人文社会学科对学生潜移默化的影响与引导作用，帮助学生树立正确的世界观、人生观和价值观，用真实生动的案例感染学生，使其把爱国主义、集体主义精神内化于心，做有文化、有道德、有担当的经济社会发展的弄潮者。

四、时代发展的需要

在经济全球化背景下，人们逐渐意识到应将人文社会科学教育和工科教育有机结合，二者的融合是现代社会经济发展的必然趋势，也是时代的要求。目前在工科院校中，人文社会学科的教育是相对薄弱的一个环节。从某种意义上说，把两者有机结合起来也是重新构建人文社会学科教育的过程。

在历史发展的不同阶段，对人文社会学科内容的定义也是有差异的。在古代，人文社会学科教育对应的是落后的农耕文化，而在现代，人文社会学科教育对应的则是一个充满生机与活力的现代化、市场化的时代。在这个时代，知识经济蕴含在经济全球化中，两者互相影响、互相交织。在如此复杂的时代背景下，必须认清社会形势，紧跟时代脚步，与时俱进，在经济高度发达的现代社会经济中凝练出新时代新背景下的人文社会学科的概念与内涵。工科院校要在人文社会学科缺乏的背景下不断努力探索出新的高等教育人才培养思路，构建和谐、健康的人文社会学科发展氛围。将人文社会学科的理念融入大学生日常学习与生活中，促进人文社会学科与工科的有机融合，培养既具有扎实的专业技能，又具备深厚的人文社会科学积淀的高素质综合型经管类人才，以适应时代发展的需要。

第四节 工科院校经管类人才培养存在的问题及成因

工科院校经管类人才的培养从开始到现在已历经多年，在实际的经管类人才培养过程中，很多工科院校并没有结合自身特色来制订经管类人才培养计划，而是一味地模仿其他综合类大学或财经类专业院校的培养模式，在专业设置、培养目标、课程设计、教学安排上与这些院校趋于雷同，致使工科院校的经管类人才培养出现了如下问题。

一、对人格和价值观养成培养不够

教育的目的是提升人们的道德水平、科学文化水平、技术水平、精神境界等。《大学》开篇说："大学之道，在明德，在亲民，在止于至善。"[①]至善是要引导学生具备高尚的道德品行，立人是指培养学生具有健全的人格。[②] 这两句话在本质上是相同的，都强调教育对人的性格以及人格的影响。然而，长期以来，在我国工科院校的经管类专业本科人才培养中，知识和技术的传承是最被重视的部分，而人格的培养和正确价值观的建立相对被忽视了，这也是导致工科院校培养的经管类人才质量偏低的重要原因之一。在实际的生活中，很多时候用人单位最看重的不是求职者的专业能力，而是其人格是否健全、品行是否端正、价值观是否正确。但是，不少学生求职时在品行和价值观的考评中表现不佳，这也反映出工科院校在人才培养方面的漏洞，具体来说是与工科院校对人文社会科学教育重视不够密切相关。[③]

二、重共性要求，轻个体性发展

高校对人才培养目标必须要有清晰的定位，并且贯穿在具体的人才培养方案中。人才培养的内容包括知识能力与结构、专业素质等，人才培养目标的设定在整个人才培养模式中起决定作用，这是对人才培养本质的设定。而在传统的高校人才培养模式中，对人才培养目标的设定多为共性要求，没有把不同学生个体之间的差异以及学生主体性发展的需求放在足够重要的位置，这不利于学生主体性的发展。

我国教育界一直在探讨高等教育如何更加有效地培养出创新型的高素质、复合型人才这个议题，答案总是很一致，就是必须进行高校人才培养模式的改革。但是如何进行改革，则是一个难以回答的问题。在当前的人才培养模式下，学生的主体性依然很难得到发展，这极不利于学生

---

① 王国轩译注．大学中庸[M]．北京：中华书局，2006：3.

② 孙喜亭．教育问题的理论求索[M]．北京：人民教育出版社，2004.

③ 胡瑞，李忠云．大学生健全人格培养的探索与实践[J]．中国高教研究，2004(10).

的个性发展。因此,从努力培育学生的主体性入手应该是可行的一条路径。① 主体性能够使学生摆正自身在接受教育过程中的位置,也可以为我国高等教育的改革与发展提供一些思考。同时,在培育学生主体性的过程中,也不能操之过急,以防主体性过分膨胀,导致适得其反。从学生自身的发展来看,面对经济社会发展提出的新要求和新挑战,大学生必须要重视主体性的发展,充分调动自身学习的能动性、积极性和创造性。但是,目前高校所培养的大学生相对缺少内在的精神驱动,比如自主精神。② 所以,若想使学生的主体性得到激发,首先要转变高等教育观念。对工科院校经管类人才培养来说,工科优势专业的科学性是创新能力培养的基础,经管类专业的社会科学属性是创新能力实施的保障。

三、重知识、方法传授,轻智慧、思维培养

随着当今经济社会的发展,知识的更新速度让人们不敢有一丝懈怠。如果教师只是向学生传递知识,那么学生掌握的有些知识永远都是过时的,学生永远也不能适应时代的发展。因此,高等教育除了更重视方法的传授,对知识的灌输不应该只停留在表面上,还应关注对学生智慧的启发和思维方式的培养上,着重培养学生独立发现问题、分析问题并解决问题的能力。把高等院校的教育提升到内化智慧、扩展思维的高度。工科院校经管类人才培养有其得天独厚的基础和条件,如自然科学与社会科学思想的融合、拥有工科背景的师资条件及实验设备等,但因教学方法的滞后、考核评价体系的陈旧等原因,部分工科院校没能充分发挥二者结合的优势。

很多工科院校由于教学观念落后,在经管类人才培养中轻智慧和思维培养,这主要体现在教学方法上。教学方法的单一会影响学生想象力和创造性思维的发挥。从表面上看,师生关系似乎是一种给予与接受的关系,但这只是传统师生关系的特点,现代师生关系更多的是平等的关系,学生要主动寻求和探索知识。传统的、错误的师生观有三点需要突破。一是在了解学校的现有条件与环境的基础上,选择何种有益的教学方法以及如何更好地进行教学内容和教学环节的安排才能照顾到不同学生的特点,从而有效地激发学生的创造性思维。二是在当前学生在教学活动中往往处于被动地位,跟随教师的指导学习,被动地接受教师传递的知识,应采取方法打破教师在教学活动中处于中心地位的局面。三是在教学活动的组织形式上,多采用大班授课的形式,教师也大多是满堂灌,因此应采取多种教学方法与学生展开平等、自由的沟通与交流,发现不同学生个体的学习特点与习惯,激发学生的学习兴趣,让学生主动参与到教学活动中,创造有力的环境使学生保持对未知世界的好奇心与想象力。

---

① 钱民辉. 教育处在危机中变革势在必行——兼论“应试教育”的危害及潜在的负面影响[J]. 清华大学教育研究,2000(4).

② 孙喜亭. 教育原理(修订版)[M]. 北京:北京师范大学出版社,2003.

四、引导学生职业生涯规划不够

职业生涯规划(Career Planning),主要指个体根据自身的兴趣、爱好、特长等对自己进行综合剖析,并结合社会经济环境,为自己确定一个最佳的、可行的职业生涯目标,并为之不断付出与奋斗。很多工科类院校都将人才培养目标定位为应用型人才,却很少有院校结合自己学校专业优势和专业特点做出更加清晰的规划。本书对大学人才培养目标从人才类型、人才特征、服务对象、规划设计、实施步骤等方面进行了研究,并对高校人才培养目标与经管类本科人才培养目标进行了对比。

职业生涯规划可以帮助学生更加清晰地认识自我,确定自己的理想与人生目标并为之奋斗。国外一些著名高校已经把职业生涯规划的制订与实施情况归纳入学分管理体系。对工科院校经管类人才培养来说,引导学生进行职业生涯规划尤为重要,其原因是相比工科专业,经管类专业相对宽泛,对刚入校的大学生来说更是摸不着头脑,对专业的出路两眼一抹黑。职业生涯规划包括三大方面:自我认知、环境感知和行为决策。一般来说,大学生都对自我能力、就业环境以及专业就业前景的认知不足,因此许多学生不得不以钱的多少、得到的难易程度来验证自己所选的就业方向是否正确,这也会在无形中削弱学生提升自我竞争力的意识,导致学生不能积极地为就业做好准备。高校作为人才培养的重要阵地,应该在学生进行职业生涯规划和做出职业选择时给予正确指导。

五、专业设置与课程设置不够合理

(一)专业设置面窄,不利于大学生整体性培养

高等教育的目标是促进人的全面与协调发展。然而,在传统的专才型的人才培养模式下,高校专业设置的范围十分狭窄。新中国成立初期,为了服务经济建设,高校对已有专业进行了细分,这导致学生学习内容过于细化,阻碍了学生综合素质的提升以及创新思维的培养。在基础通识教育与专业基础教育之间如何找到平衡点,是高校人才培养模式改革中需要深入思考的问题。

高校的专业设置属于学科大类的细分,它是根据学科发展和相关产业结构的调整来设立的。专业设置的内容应包括专业设置的时间、方向、口径等要素。工科特色鲜明的大学,不同的专业包括经管类专业,培养出来的学生仍然是只了解本专业的知识,而对其他专业内容一无所知,其原因之一就是大学专业的设置没有考虑各专业之间的联系。换言之,学校不能在专业设置上有意识地体现工科专业或者强势专业特色。对于工科院校来说,大多数院校偏重于核心专业的发展,而容易忽视经济管理类专业的发展。由于学校对弱势学科和专业的教学资源投入有限,学生得到的学习与锻炼机会也就相对较少,因此,与校内优势专业的学生相比,经管类专业学生在就业市场中处于劣势地位。① 高校在进行专业设置时一定要结合经济社会的发展需求,注重培养

① 王育霞. 工科院校经管类毕业生就业影响因素分析[J]. 价值工程,2012(4).

具有主体性精神、创新思维的高素质、复合型人才。对于工科院校的经管类人才来讲，既要扎实掌握本专业的理论知识，又要对各学科都有广泛的涉猎，以提升自己的文化积淀与综合能力，这样才能适应经济全球化、知识化、信息化发展的共同需要。

（二）学生缺乏自主选择课程的空间

经济社会处在不断的发展中，不同的学科和专业也处在动态的发展中，因此课程的设置需要有其灵活性和适应性，以保证学生的发展不落后于经济社会的发展，提供给学生充分的自主性，并为学生能动性的发挥提供条件。高校的课程设置是人才培养的重要内容，因此，教学计划需要适应课程的设置方向。

在课程设置上，我国的教育传统是遵循高度统一的人才培养模式，认为只要是处于同一年级的学生，无论学生个性如何、学习情况如何、学习兴趣在哪里，都按照统一的要求和目标来培养，工科特色的高校也不例外。每个专业的课程设置在不同学校是基本相同的，学生很少有自主选择的机会，并且工科院校中经管类专业的课程设置一般也都没有体现工科特色，学生的可选择性小，能获得的知识面都比较窄。结果就是课程设置雷同，学生的学习进度、完成结果等受限于统一的规定，学生缺少自主选择的机会，更没有提出更改的可能。但是，随着现代企业发展，具有强烈的自主意识和较强的综合素质的人才才是企业所需要的。在目前的课程设置下，学生的主动性是很难得以发掘并自由发挥的，因此，需要增加课程设置的灵活性以及对现代经济社会发展的适应性，为学生提供更加多样化的课程选择。

（三）培养模式与培养方案模仿工科专业

普通工科院校在经管类专业的划分上偏向宏观，部分专业是为了设置而设置，在课程体系的设立上没有考虑与专业相关的行业需求，不符合现代企业对复合型人才的要求。在工科院校中，比较优秀的师资队伍一般存在于学校的特色专业和强势学科中，经管类专业与之比较而言，师资力量偏弱，在课程设置上也缺乏本专业的特点，培养出来的学生视野不够开阔，思维比较局限，因此在就业市场中竞争力不足。

（四）缺乏行业观念，经管类专业成为无根专业

随着高校主管部门的更替，工科院校与行业主管部门的关系也随之割裂，如华北水利水电大学的主管部门经历了几次改变。随着中央部属院校下放，华水由水利部管理为主调整为省部共建，以河南省管理为主，学校与相关行业所在企业的联系也逐渐由隶属关系转变为专业相关关系，学校其他工科专业也因此减少了与行业特色相关的核心课程的开设，新增的经、管、文、法类专业几乎与水电行业无关，这导致校内的经管类专业学生缺乏对行业的了解，进而缺乏对学校的归属感，也困惑于自己所学专业与就读学校的联系，致使学生认为所学专业是无根专业。

六、教学体系与内容创新不足，教学管理弹性不足

（一）教学体系和教学内容缺乏创新

虽然很多工科院校对教学体系和教学内容进行了改革，但改革内容依然徘徊在对固定的教学模块和课程体系的增减上，创新不够，没有从培养目标上深入思考人才培养模式应该前进的方

向,更没有根据社会经济发展的需求对教学内容和课程体系进行革新。不同层次高校之间的培养目标应具有很大差异,但实际是在课程体系的设置上趋于雷同,这样的人才培养模式与人才培养目标以及培养效果之间的互相支撑与互成体系则是缺乏说服力的。另外,教学体系和教学内容缺乏创新还体现为专业内导引课程学习内容安排上的模糊性。专业内导引课程是一个学科或专业学习之前的铺垫和基础,更是一个概览,它的作用在于帮助学生了解所学专业、找到学习兴趣,从而对未来的职业发展规划更加清晰,如果过于模糊,就不能对学生进行有效的指导,不利于学生做出正确的就业选择。

(二)教学管理缺乏弹性

在教学管理中,受学科背景和知识结构影响,部分工科院校的管理刚性太强,管理体系和管理方法缺乏灵活性,学生在学习和发展过程中会遇到制度上和体系上的重重限制。比较突出的是,学生在学校刚性的教学管理下,在学习的选择权上缺乏自由与自主权,不能自由地选择感兴趣的专业课程,跨专业学习的难度较大,这与先进的教育理念要求充分保障学生的学习自由是相违背的。

(三)缺乏社会实践

经管类专业作为实践性很强的专业,与工科院校其他的专业相比,由于发展年限和规模上的局限性,学生得到的实习、实践机会都比较少,效果也不明显。另外,毕业实习与认识实习大多流于形式,学校并不关注学生是否真正参与企业实践,也不关注实践的效果如何,而是以最后学生的实习报告中是否有实习单位的盖章为准。

综上,想要实现上述各类目标,就必须构建以素质教育为前提的多元科学化的教学管理体系。在目前的教学管理中,学生在跨专业学习方面存在着很多限制,学分制度也缺乏弹性,而跨学科学习对拓宽学生的知识面,培养学生的发散思维能力十分有帮助。因此,学校必须赋予学生选课上充分的自由与自主权,让每位学生可以根据自身的特点与爱好,在导师的指导与帮助下,选择真正感兴趣并且适合自己的课程,自主地分配学习时间与娱乐时间,这样有助于提高学生学习的积极性,也为学生主体性的发展提供良好的环境与氛围。在教学管理中要体现自由的原则,充分尊重学生的兴趣发展,给予学生发展自己特长的空间与机会,满足学生自主学习的愿望与诉求,这样不仅可以挖掘学生的潜能,也有利于学生形成健全的人格,同时,拓宽教学管理的思路,增加教学管理的弹性。

总而言之,要真正对经管类专业本科人才培养模式进行改革与创新,首先需要明确培养目标是什么,结合学校的实际情况与条件来制订具有工科院校特色的课程体系与培养方案。

第 4 章

中外高校经管类人才培养模式

为了更好地研究工科院校的经管类人才培养模式，本章对国内外几所在人才培养方面具有代表性的工科高校、财经类院校和综合类高校的经管类人才培养模式进行了对比分析，梳理了国内外人才培养模式的发展脉络，分别对其人才培养模式的发展历程进行阶段性划分研究，主要通过对国内外大学在专业设置、培养目标、课程体系、教学安排等方面的系统研究，总结中外高校经管类人才培养的差异，从中得到有益的启示。

第一节　国外高校经管类人才培养模式

一、专业设置

在西方国家，经济管理类院校一般不存在文科、理科之分，也不包含工程类的专业。以美国的学科和专业划分为例，美国高校主修专业共分为 38 个学科门类，下设 600 余个专业，其中经济管理类主修专业共有 49 个。[①] 经管类本科学士学位点数量较多的有企业管理、会计学、市场营销、人力资源管理等专业。

西欧国家的经管类本科教育也具有自己的特点，其高校学科和专业设置都可以自行决定，具体的经济管理类的专业设置有很大的相似性，但是也存在一些细微的差别。

英国的经管类高校设有一级的经济学院和商学院，其专业设置包括经济学、管理学、会计学、企业决策分析、财务金融、商业信息管理等。而在德国，一般设立经济类学科，如国民经济学和企业经济学，却没有专门的经管类院校。例如，英国目前大约有 40 所大学开设了本科及以上的市场营销专业，70 所高校开设了本科及以上的会计学专业。一般情况下，英国的经管类高等院校在专业设置上存在文科、理科之分，企业决策分析和生产管理等专业被划分到理工科的范畴，其余大部分还是被列入文科体系。这点与美国的经管类专业没有文理学科的划分有很大不同。

---

① 张振刚，向敛锐．美国高等教育学科专业分类目录的系统研究[J]．学位与研究生教育，2008(4)．

二、培养目标

本书所选取的美国大学(本科)在经管类人才培养目标的设定方面各有侧重,如表4.1所示。

表4.1　美国经管类(本科)人才培养目标

学校	培养目标
宾夕法尼亚大学沃顿商学院	培养未来的领导者,使学生掌握把自由和商务有机结合的艺术
斯坦福大学	教会学生自主地发现与学习新知识
卡内基-梅隆大学	培养学生自主解决问题的能力,侧重于培养学生采用定量分析方法来发现问题与制订方案
得克萨斯大学奥斯汀分校商学院	侧重于职业教育,使学生理解商业文化,培养学生正确的价值观

在英国,经管类专业本科人才培养的目标和研究生的培养目标是分别设定的。有技术类背景的一些高校在经管类本科人才培养上,主要侧重于对学生商业市场的适应能力与操作能力的培养,即培养目标为实务型的经济管理人才,而传统高校则更偏重于对学生的基础理论的培养。在对研究生的培养目标上,这些高校却趋于相同,多是致力于把学生培养成可以从事高校教学、科研工作,以及在政府部门和大型企业工作的优秀人才。

日本经管类人才的培养目标主要是为各类商社、贸易会社、第二产业及第三产业的中枢部门培养具有较强实际操作能力和专业技能的人才。根据日本教育部门的统计,有超过60%的本科毕业生任职于各类外贸企业、第二产业、第三产业以及金融类、保险类的管理部门。日本经管类专业本科人才培养目标可以细化为三个方面:一是为商社、各产业培养具备扎实的基础知识与实际操作技能的经济管理类人才;二是为政府部门培养经济管理类工作人员;三是培养优秀的经济管理类教育人员。根据培养目标的定位,日本经管类本科人才培养的要求体现在四个方面:一是能够掌握所学专业的基础理论与专业技能;二是具有较高的综合素质与人文素养;三是可较灵活地将理论联系实际;四是有全球意识与全球眼光。

三、课程体系

国外的经济管理类专业在课程设置上一般包括公共基础课程、专业基础课程与专业核心课程。本科培养阶段的学制一般都是4年,学生需要修够120~130学分。在课程开设上,有必修课、选修课和任意选修课三种形式。在本科阶段的人才培养中,专业选修课程多采用必修课的形式,占课程总量的50%,选修课与任意选修课共占总学分的50%。大一、大二两年学校会开设自然科学、哲学、人文艺术类课程作为必修课程,或者作为适当的专业基础课。学生在大二下学期或大三上学期开始自由选择系别和专业,学校再按照学生的选择结果开设专业必修课,主要包括经济学、管理学、会计学、统计学等课程。在修专业必修课程的同时学生还要修5门左右的专业核心课程。

美国宾夕法尼亚大学沃顿商学院(简称"沃顿商学院")作为世界一流的商学院,其人才培养模式以及教学管理模式为我国经管类高等教育的发展提供了一些启示和借鉴。宾夕法尼亚大学在课程体系设置上有三个鲜明特点:一是开设了比较全面的通识基础教育课程;二是专业教育目标十分明确;三是同专业所开设课程之间的关联性比较强。沃顿商学院通过系统的基础课程设置,为经管类本科专业学生的学习提供了基本条件,所开设的专业基础课程与广泛的通识基础课程共同构成了宾夕法尼亚大学的经管类专业本科人才培养课程教学框架。

(一) 经管类本科专业课程体系设计理念

沃顿商学院希望把学生培养成具备金融、法律等专业技能的高级人才,因此在课程体系设计上侧重于开设与金融专业领域的知识和技能关联度较高的课程。沃顿商学院的本科学生共需要完成 37 个课程单元的学分,这些课程单元的学分共涵盖 5 个模块:基础理解模块涵盖 4 个课程单元,此模块侧重于培养学生的数理分析能力以及团队交流与合作能力;基础构建模块涵盖 12 个课程单元,此模块偏重于教授经济、管理类学科的基础知识,使学生了解经济社会环境与企业发展环境对人才的要求;着重深度和广度研究模块涵盖 7 个课程单元,要求学生在广泛的商业范畴和金融专业领域进行研究与深入学习;文科和超越文科模块涵盖 9 个课程单元,突出了通识教育课程、写作和外语能力以及全球商业环境的要求;其他选修模块涵盖 5 个课程单元,有非商业和无限制的选修,鼓励学生多领域的学习和探索。推荐但不强制的课程包括独立研究、大四顶峰体验、海外经验或特定领域的选修课程等项目,为学生开展多种形式的学习、研究与实践提供宽阔的平台与充足的机会。

(二) 通识教育涉及学科领域广泛

由于美国本科教育重视培养学生的广泛兴趣及才智,因此其专业课程设置普遍重视通识教育,一般涉及语言、数学、自然科学、社会科学、美术、人文等多个学科。在沃顿商学院,金融学专业通识课程占总课程的 24% 。

(三) 学科基础广泛

以沃顿商学院的金融学专业为例,该专业强调宽厚的学科基础,注重数理统计工具的运用与定量分析能力的培养。沃顿商学院金融学专业学科基础课程包括 16 个课程单元,占全部课程单元的 43% ,涵盖了数学、统计、经济、会计、管理、法律等。

(四) 专业核心课程统一化和选修课程个性化

美国高校认为,开设专业课程是为了使学生掌握本专业在实际中的基本运作技能,并让学生在学习中更新这些技能。因此,无论是世界首屈一指的沃顿商学院还是普通州立大学的商学院,其经管类本科专业核心课程都规定了统一的核心课程,如金融学、风险管理等,并且各高校都只使用领域内的权威教材。

在实际中,经济领域尤其是金融领域的环境是瞬息万变的,因此,不能把学生的学习内容局限在他们所学的专业内,在金融学专业的课程体系设置中应有广度的要求。为了满足学生的个性发展需要,学校为学生提供了可供选择的丰富课程资源。例如,沃顿商学院要求学生在完成专业核心课程学习后,必须完成除所修的金融学专业以外的商业领域范围内至少 3 门选修课程。另外,沃顿商学院为了保证学生能够在更大的领域分析与收集信息,激发他们的学习兴趣,学校额外提出了5门选修课程要求，包括3门无限制选修课程与2门非商业选修课程，学生可以利用这5个课程单元完成其在感兴趣的领域的学习。仍以沃顿商学院金融系为例，该系拥有43名专职教授，为学生提供了20多门专业选修课程，如表4.2所示。①

表4.2　沃顿商学院金融系选修课程一览表

序号	课程名称	序号	课程名称
1	商业经济	12	资本市场
2	高级公司财务	13	金融工程
3	投资管理	14	创业资本与金融创新
4	金融衍生工具	15	收购与兼并的金融影响投资
5	公司估值	16	全球货币和金融的稳定政策
6	国际企业融资	17	固定收益投资组合管理
7	房地产投资	18	私募股权投资
8	国际金融市场	19	欧洲投资
9	城市财政政策	20	中东与北非金融
10	固定收益证券	21	金融研究
11	行为金融学		

（五）理论知识的实践化

在沃顿商学院，经管类各专业都开设了实践类课程和实践类项目，授课方式包括课堂形式和非课堂形式，只要可以达到让学生亲身经历、亲身实践、亲身感受知识的获取的目的，形式并不重要。例如，在实践类课程中有一门课程叫“沃顿挑战”，在实践类项目中有一个项目叫“大四顶峰体验”，这两个与实践密切相关的课程和项目使学生能够参与到实际企业中，在教师的指导下与企业经理一起探讨问题、分析问题并最终解决问题。②

（六）普遍化的国际视野

在经济全球化的背景下，美国高校越来越重视对学生国际化视野的培养。沃顿商学院在全球商业环境方面对学生有很高并且具体的要求，学生需要选修美国以外其他国家文化课程以及国际问题探讨相关课程，共包含3个课程单元。包括沃顿商学院在内，美国还有很多高校为学生提供了留学项目和海外学习、考察项目，这些高校与国外多家顶尖的商学院有长期的合作关系，学生可以根据自身条件，申请去不同的国家留学、调研和考察。

四、教学安排

在教学形式的安排上，最传统、最常见的是课堂教学形式，这是国内外进行经管类本科教学最基本的方法。美国推崇以学生为主体的教育理念，在该理念的指导下，为了丰富课堂形式，充

① 秦响应，杨伟坤，秦菊香．美国高校金融学本科专业课程体系的特点及启示[J]．中国大学教学，2014(03)．

② 秦响应，杨伟坤，秦菊香．美国高校金融学本科专业课程体系的特点及启示[J]．中国大学教学，2014(03)．

分激发学生的学习兴趣，培养学生学习的积极性与主动性，学校采用了多种新颖、有效的课堂形式。首先体现在课堂教学环境的变化，环境的改革又体现在硬件设施的更新上。例如，许多院系设立了专门用于实施案例教学的案例教室，老师与学生空间位置的设定更加方便师生间的交流和探讨；在教室结构上，院系提供了大小教室结合的新型教室，授课在大教室进行，而分组讨论可在旁边的小教室进行，教师还可在一边的观察室里随时观察学生讨论的情况。总之，在新的教学环境中，采取的各种教学形式都强调学生的参与，侧重对学生学习积极性和主动性的培养。

德国高校课堂组织形式普遍采用具有特色的研讨班。研讨班课程由三个步骤组成：第一步是根据专题撰写研究报告，第二步是上课，第三步是结课考试。在研讨班开始的前一学期，任课教师就会通知学生本期研讨班的授课计划和专题，学生需要在开课之前把自己选择的专题报给授课教师，如果各专题选择的人数悬殊比较大，就通过抽签的方式重新平衡选择结果。专题选定之后，学生根据自己的题目查找材料并撰写研究报告。在上课阶段，学生在课堂上宣讲自己撰写的研究报告，并在教师的指导下与同学展开讨论。在课堂形式完成后，就是结课考试，学生最终的成绩由研究报告的成绩和结课考试的成绩共同组成。

在英国，牛津大学将导师制度运用到课堂教学、实践教学和课外活动的每个环节中。导师制度是经管类专业本科人才培养的最主要方式。导师每周都会给学生列出必读书目和需要思考的问题，由学生自主搜集信息并以书面形式提交，学生要与导师当面沟通本周学习中遇到的问题以及感想，导师给出指导意见。这种紧凑、高效的学习形式有利于学生与导师之间的平等交流和沟通。除了这种形式，导师还会定期安排学术讲座。在讲座上，学生与导师之间可以更加平等、自由地讨论，这种形式可以充分激发学生的学习兴趣与主动思考的能力，对于学生创造性思维和批判性思维的培养十分有利。

在对学生的培养上，国外比较重视学生个体性的发展，也更加重视教师的社会经历与经验，这两点在培养学生的实践能力中十分重要。沃顿商学院积极支持学生主动参与各类社团活动，并且会定期给予这些社团活动经费，还会指派专门的教师为其提供专业化的培训与指导，在校内，这种形式对学生来说是特别高效的实践类活动。

在对经管类专业学生的考核方式上，国外与国内也有很大不同。起初，牛津大学多采用教师口头评价的方式对学生做出考核，学生以口头答辩的方式就可以顺利毕业。发展到后来，牛津大学逐渐开始采用笔试和口试相结合的考核方式。发展到今天，主要采用课上课下作业、课堂测试和学生个人陈述三者相结合的考核方式。课堂测试只是教师对本节课的内容进行随堂小测验，学生只要认真听课与思考都可以过关。学生个人陈述是在课程临近结课的时候，每位学生需要向导师和全班同学展示自己这门课的学习成果与学习心得，教师根据学生的实际学习效果以及随堂表现给出最终成绩。在德国，经管类专业本科学生的成绩包括出勤率、课下作业、案例分析、随堂测试和结课考试等方面的成绩，各部分权重由教师自行分配。学校对每门课程的考核都更为严格，学生所选的每门课程至少有 3 次中期考核，这在很大程度上可以提高学生对学习的重视程度，并且保持学习的连贯性。由此可见，德国高校的考核方式更加注重对学生整个学习过程的控制与检验，教师参与到学生学习的全过程，并实时给予指导与帮助。

在实践教学上，国外高校更加注重学生通过参与实习、实训等环节来增强实践锻炼，并且已经形成了一套比较成熟的实践课程体系。但是不同国家高校的经管类专业在实习、实训的时间、形式、学分等方面都有所不同。就时间安排而言，有些安排在学期中间，有些安排在学期末，有些安排在寒暑假期间，但相同的是学校对学生的实践过程与成果要求都很高，这种实习与实训并不是形式上的，而是要求学生在完成基础的认识实习之后，还要在实习基地或者实体企业中亲身操作，进行实践锻炼。以德国为例，高校的实习基地大多是与学校有长期稳定合作关系的企业，学生在企业进行实践的过程中，不仅教师要给予指导，企业的主管人员也要对学生的实践内容以及实践效果进行综合评价。在整个实践过程中，企业的地位要远远高于学校和教师的地位。我国香港理工大学由于长期受英国高等教育模式的影响，其经管类专业一直以来采用校企合作的方式培养学生。实习时间为学期中，学生会深入企业的运作，了解与本专业相关的内容，并且会得到亲身实践的机会。除了在香港特别行政区的企业，学校还会提供给学生到内地和国外的企业参观和接受培训的机会，这都是建立在香港理工大学与企业之间深厚并且稳固的关系之上的。

第二节　我国高校经管类人才培养模式

我国高校经管类人才培养模式差异不大，即不同类型高校的经管类专业人才培养缺乏自身特色。本书会在阐释现状的同时，列举典型高校进行佐证。

一、专业设置

在教育部颁发的《普通高等学校本科专业目录(2012 年)》中，普通高校本科的学科门类划分为哲学类、经济学类、法学类、教育学类、文学类、历史学类、理学类、工学类、农学类、医学类、管理学类、艺术学类共 12 大类。经济学大类细分为经济学类、金融学类、财经学类和经济与贸易类 4 类；管理学大类细分为管理科学与工程类、公共管理类、工业工程类、旅游管理类、工商管理类、物流管理与工程类、电子商务类 7 类。在不同的学科大类下又分设不同的专业，如工商管理类属于管理学科大类，共包括信息管理与信息系统、会计学、人力资源管理、市场营销、审计学、财务管理、资产评估、物业管理、国际商务和文化产业管理 10 个专业。我国大部分高校都设立了经管学院或经济管理系，学院或系分别设立不同的专业，除工商管理、会计学等专业外，有些高校把物流管理等专业也划进了经管学院，也有部分高校针对工商管理、经济学、会计学等单独设立学院。

二、培养目标

根据笔者查询到的资料来看，我国高校的本科专业的培养目标大体上趋同，但是也存在一些细微差别。以经管类专业的培养目标为例，大多数院校提到具备一定的计算机能力与外语能力，掌握专业的经济学与管理学理论知识，具有独立分析与解决问题的能力，具有良好的思想道德素质与人文素养，能够胜任政府部门、科研院所和企事业单位的经济管理类工作等。同时，各高校在进行人才培养目标定位时又都有所侧重，如上海交通大学侧重充分尊重学生专业选择意愿，强化复合型教育培养，学院提供的课程计划由通识课程、专业课程、研究实践类课程和个性化课程组成，学生第1—2年进行通识和专业基础教育，第3—4年进行专业深度教育和个性化教育，学生在二年级确定主修专业（专业不限人数），三年级确定辅修模块。为进一步明晰经管类专业人才培养目标的差异性，本书列举了国内几所典型高校的经管类专业人才培养目标，如表4.3所示。

表4.3 我国几所典型高校经管类专业人才培养目标

学校	培养目标
上海交通大学	旨在培养掌握管理基本知识和技能、了解中国经营环境和企业运作，具备国际视野、善于分析和解决问题并具有沟通技能和职业道德的复合型经管类人才
武汉大学	致力于培养理论基础扎实、知识口径宽厚、兼具良好人文素质及创造、创新、创业精神与实践能力的高级管理类应用型人才，亦致力于培养学术思想活跃、科研创新精神与科研创新能力兼具的高级管理类学术型人才，并始终将人才培养质量放在首位
南京大学	要求学生树立正确的价值观，培养学生的爱国心与民族认同感，侧重于把学生培养成具备很好的数理分析与应用能力、外语能力的经管类高级专门人才
华北水利水电大学	弘扬和而不同的人文精神，以商济天下为己任，注重师资队伍建设，致力于培养胸怀天下、善经营、会管理和具有较强竞争力的创新型经管类人才

高校的人才培养目标整体上体现了我国高等教育人才培养的具体要求。合理、正确、清晰地对人才培养目标进行定位，有利于高校理清办学思路，从而提升自身的核心竞争力。目前，我国高等教育已由精英化阶段进入大众化阶段，以前在精英化教育阶段下设定的大且全的指导思想与目标定位显然已经不适用于今天的环境，人才培养的目标单一、层次偏高、类型不清晰的现状需要改变。①

三、课程体系

本书选取上海交通大学、南京大学、武汉大学、上海财经大学、华北水利水电大学的经管类专业的课程设置来分析国内高校经管类专业的课程设置特点。上述大学的各类课程学分对比、专业通识基础课程对比、专业基础课程对比、专业核心课程对比如表4.4、表4.5、表4.6、表4.7所示。②

---

① 林伟连，伍醒，许为民．高校人才培养目标定位“同质化”的反思——兼论独立学院人才培养特色[J]．中国高教研究，2006(5)．

② 上海交通大学数据出自2017级工商管理专业本科教学计划；武汉大学数据出自2018级工商管理类专业本科教学计划；南京大学数据出自2018级工商管理专业本科教学计划；华北水利水电大学数据出自2016级市场营销专业本科教学计划。

表 4.4　我国典型高校经管类专业各类课程的学分对比

学校 \ 课程类别	通识基础课		专业基础课		专业核心课		实践和毕业论文	选修课
	必修课	选修课	必修课	选修课	必修课	选修课		
上海交通大学	22(13%)	28(16%)	52(31%)	16(9%)	21(12%)	6(4%)	26(15%)	50(29%)
武汉大学	40(29%)	16(12%)	27(19%)	34(24%)	13(9%)	0	10(7%)	50(36%)
南京大学	66(44%)	3(2%)	18(12%)	14(9%)	23(15%)	18(12%)	8(5%)	35(23%)
华北水利水电大学	49.5(29%)	8(5%)	34.5(20%)	18(11%)	0	27(16%)	32(19%)	53(31%)

表 4.5　我国典型高校经管类专业通识基础课程对比

学校	通识基础课名称
上海交通大学	思想道德修养与法律基础、中国近现代史纲要、毛泽东思想和中国特色社会主义理论体系概论、马克思主义基本原理、体育、军事理论、大学英语、人文学科、社会科学、自然科学、工程科学与技术、军训、个性化教育课程
武汉大学	马克思主义基本原理概论、毛泽东思想和中国特色社会主义理论体系概论、中国近现代史纲要、思想道德修养与法律基础、形势与政策、体育、军事理论与训练、大学英语、高等数学 C1、高等数学 C2、线性代数 C、概率论与数理统计 C、C 语言程序设计、人文社科经典导引、自然科学经典导引、中华文化与世界文明、艺术体验与审美鉴赏、科学精神与生命关怀
南京大学	大学英语、大学计算机应用、大学计算机信息技术、微积分Ⅰ、微积分Ⅱ、线性代数、概率论与数理统计、马克思主义基本原理概论、思想道德修养与法律基础、毛泽东思想和中国特色社会主义理论体系概论、中国近代史纲要、形势与政策、大学体育、军事理论与军事高科技、军训、设计与管理、创业概论、创业管理与行为博弈、投资决策的心理与行为
华北水利水电大学	思想道德修养与法律基础、中国近代史纲要、马克思主义基本原理、毛泽东思想和中国特色社会主义理论体系概论、形势与政策、英语读写译、英语视听说、高等数学 B、线性代数、概率统计、体育、军事理论、军训、创新创业基础、水利水电工程概论、文化素质类选修课

表 4.6　我国典型高校经管类专业基础课程对比

学校	专业基础课(必修)	专业基础课(选修)
上海交通大学	高等数学(A)、经济与管理精要、管理学原理(D 类)、会计学、经济学原理、线性代数(B 类)、概率统计、商务计算导论、财务管理、管理心理学、管理信息系统(B 类)、运筹学、市场营销学(B 类)、商务统计学、运营管理、研究选题与论文写作、战略管理	组织设计与发展、培训与开发、绩效与薪酬管理、招聘与选拔、新产品管理、定价策略、渠道管理(A 类)、广告策划、管理建模与仿真、采购和供应管理、计算机硬件与软件管理、C++程序设计、数据结构、计算机网络及应用

续表

学校	专业基础课(必修)	专业基础课(选修)
武汉大学	管理学、微观经济学、政治经济、宏观经济学、计量经济学、统计学、货币金融学、会计学、商业伦理与社会责任	财务管理、管理信息系统、市场营销、组织行为学、运营与供应链管理、R语言数据分析方法与实验、经济法、国际经济学、当代中国经济改革与发展、公共经济学、营销策划与商业模式、服务营销、电子商务、营销工程实验、组织营销、全球营销、营销英文文献选读、优化理论与方法、决策分析、多元统计分析、随机控制与动态优化、博弈论、商业大数据分析、高级微观经济学、数据库原理与应用、Python程序设计、自然语言处理、社交媒体建模与数据分析
南京大学	管理学、会计学、管理经济学(微观部分)、市场营销学、电子商务、组织行为学	培训与人力资源开发管理、经济法、货币银行学、现代广告学、国际贸易、国际金融、国际经济学、财政学、消费者行为学、从无到有:创新、创业、创造未来
华北水利水电大学	微观经济学、宏观经济学、管理学原理、基础会计学、财务管理、创新管理、市场营销学、统计学、电子商务、经济法、数据路技术(SQL)	企业管理、创业学、社交礼仪、零售学、渠道管理、项目管理、物流管理、管理信息系统、服务营销、社会心理学、工业品营销、战略管理、生产运作管理、公共关系学、供应链管理、营销创新专题讲座、文献检索及论文写作、人力资源管理、货币银行学

表 4.7　我国典型高校经管类专业核心课程对比

学校	专业核心课(必修)	专业核心课(选修)
上海交通大学	技术创新管理、人力资源管理、跨文化管理、数据库原理及应用、物流与供应链管理、消费者行为、市场调研、质量管理(A类)、信息系统分析与设计	投资与融资管理、技术经济学、项目管理、电子商务(B类)、专业实践与调研、风险管理、沟通技巧与领导力开发、战略性品牌管理(A类)、营销工程与营销模型、会展项目管理
武汉大学	企业战略管理、公司治理、国际企业管理、创业管理、管理研究方法	
南京大学	统计学、人力资源管理、管理科学、公司理财、生产运作管理、企业战略管理、管理沟通、国际企业管理、绩效与薪酬管理	人才测评与招聘管理、工作分析与组织设计、谈判与冲突、管理学研究技术与方法、组织理论与设计、计量经济学、商业调研与写作、经济学与管理学前沿、金融投资与风险防范、创业学和创新管理、管理咨询、宏观经济学、劳动关系学、领导技能与管理、经理人发展规划、服务业人力资源管理
华北水利水电大学		数学实践与建模、计算机与信息技术、消费者行为学、网络营销、客户关系管理、广告学、数据挖掘技术、市场调查、谈判与推销、国际市场营销、营销策划

由表4.4、表4.5、表4.6、表4.7可知,国内大学经管类专业课程设置中,选修课所占比例一般为30%左右,基础选修课、专业基础选修课以及专业核心选修课所占的学分比例也有所不同。国内基础课程中,数学、英语、计算机占比较大,数据分析、统计等工具性课程较少。

对表4.4、表4.5、表4.6、表4.7进行分析可知,国内高校经管类专业人才培养模式存在一个突出问题:实践类课程所占比例普遍较低。首先,我国经济管理类专业课程体系一般是遵循应用型指导思想而设置的,在课程设置中注重理论知识课程的设置,而没有足够重视实践环节的课程设置。其次,我国高校的实践教学环节普遍缺少企业的主动参与,这是一个比较突出的问题。因为人才培养最终是要面向社会的,是要服务于经济社会发展的,如果忽视了人才培养与企业需求之间的联系,没有将现代企业发展对人才的要求纳入高校人才培养体系中,即使学生具备了非常扎实的专业基础理论知识,在走上工作岗位之后,也往往无法灵活地运用所学知识指导具体工作,导致用人单位普遍认为经济管理专业学生动手能力差、职业能力薄弱。

四、教学安排

近年来,我国一些本科院校在经管类专业的实践教学环节也做了一些努力和尝试。例如,辽宁科技大学与鞍山钢铁集团有限公司、首钢集团有限公司等签订了长期的校企合作协议,希望能定期接纳学生到企业参与实习和实训,这样可以使学校和企业在人才培养过程中发挥各自的作用与优势,使学生更快地了解企业实际的生产与运作过程,从而提高学生的综合能力与综合素质,同时,也可以为企业注入新的活力。在协议中,除规定企业要接纳学生实习之外,企业还要允许经管类专业的优秀师资队伍进入企业进行实地调研,教师通过调研所取得的科研成果最终也会服务于企业发展。在这样的尝试中,学生可以得到完整的、系统的锻炼,专业技能的提升、实践能力的提高以及综合素质的提高都会更加快速。

华北水利水电大学近年来也鼓励教师到水利企业进行锻炼,积极通过签订校企联合培养协议获得实习基地,但因为种种原因,最终效果不佳。在此,可参考新加坡南洋理工学院的教学模式。该校实施了一种名为教学企业的全新实践教学模式,并且在很大程度上缓解了该校在实践教学上的困境。具体来说,是由学校建立企业并且投入实际运作,学生可在该企业进行实践锻炼。经管类院系共建立了两类教学企业,即商业服务中心和企业后勤部门,前者可为学生提供实际的项目训练实践活动,后者可使学生亲身参与到企业后勤部门的管理与运作中,在这种真实的环境下,学生的团队合作能力与实践能力都得到了很大提升。①

长期以来,教师的课堂教学多采用满堂灌方式,多媒体设备虽然已经十分普遍,但部分课件的制作质量有待提高。有些高校把学校的精品课程放到网络上供学生免费学习使用,但由于对学生缺乏吸引力导致利用率并不高。教师为了提高授课效果,也尝试采用案例教学法和小组讨论法等多种授课形式,试图改变以前传统的填鸭式教学,但案例陈旧、方式单一,效果不尽人意;启发式教学也一定程度地被运用到课堂教学中,一些教师渐渐开始采用引导式的问题,并逐渐引导学生给出开放性的答案,但实际效果并不十分理想,还需要更多的经验积累才能更好地将这些教学方法运用到课堂教学中使之收到良好的效果。

---

①　何平均,罗峦.独立学院经管类专业实践教学体系的构建与实施——以湖南农业大学东方科技学院为例[J].黑龙江教育(高教研究与评估),2012(2).

除改变教学方式之外，很多学校在建立各类实验室方面也投入了巨大的财力和物力，比如在经管类专业中较为常见的ERP实验室。另外，一些学校也积极地寻求和争取与校外企业的合作，为学生实习和实训提供更加充足的机会和更加广阔的平台，这样也有利于学生将所学的理论知识运用到实践中去，从而提升学生的综合能力。在对学生的考核方式上，成绩一般分为期中和期末两部分，期中成绩占30%左右，期末成绩占70%左右。上述情况说明，我国高等院校及教师已重视教学方式与方法的改革，但尚处于探索期。

第三节　国内外高校经管类人才培养模式对比

一、专业设置

国外的高校一般在校内设立商学院，学院内没有细分的专业，经济管理类的专业方向很多。国内的经济管理类专业有九大类，但与国外相比较少。与国外学院内专业不再细分相比，我国经济管理类学院设置的专业五花八门，不同学院内还下设不同专业，有些原本不属于经济管理类的专业也被纳入经管学院或经管系，如在国外被划分到机械工程学院的工业工程专业，还有些学校甚至把物流管理专业也划分到了经管系。在国外，本科学生一般是三年级才开始确定自己的专业与方向，而国内学生是入学时就已经选定了专业与方向，在不了解自己专业的情况下做出的选择带有盲目性，可能会对以后所从事的工作缺乏热情。从高校的角度看，国外的高校具有独立的法律地位，可以自由地更改本校的专业设置，对市场有很强的适应性，而国内高校的专业设置需要根据教育部给出的专业目录来设定，若要修改，则要向教育部门层层报批，可能会滞后于市场需求。

二、培养目标

国外在经管类专业人才培养目标的设定上，对本科生和研究生有明显的区别，本科生的培养目标多是应用型、实务型的经济管理人才，而研究生的培养目标则是科研人才。另外，不同类型高校对人才培养目标的定位也有所不同，有些侧重于培养学生的职业能力，有些注重培养学生的创新能力。国内经管类专业本科人才的培养目标基本类似，至少在表述上趋于雷同，大多数院校都会提到具备一定的计算机能力与外语能力，掌握专业的经济学与管理学理论知识，具有独立分析与解决问题的能力，具有良好的思想道德素质与人文素养，能够胜任政府部门、科研院所和企事业单位的经济管理类工作等。而在经管类人才的培养目标上，也很少有高校能一针见血地指出本校培养的本科生与研究生的本质区别在哪里。随着经济社会的不断发展，无论是国内还是国外，高校的人才培养模式都需要与时俱进，培养目标也需要逐渐趋向于复合型人才，而不是掌握某一门技能的单一型人才。

三、课程体系

国外经管类本科专业学生的总学分一般在130学分左右，而国内则为150学分左右，通常不超过180学分。在课程类型和开设形式上，国内外没有太大的区别，课程类型都包括基础通识课程、专业基础课程和专业核心课程三大类，课程的开设形式有必修、选修和任意选修三种形式。不同的是，国外高校选修课程所占比例很大，一般占总学分的50%左右，而国内略低，通常占总学分的20%～40%，并且可选择的范围十分有限，尤其是基础课程的选择范围有待扩大，专业基础课程和专业核心课程的选修范围也没有统一的标准，不同的高校有不同的设定。国内开设的基础课程中，计算机、外语、数学所占比例很大，而缺少工具类课程的开设。与国内相反，国外高校基础课程中，并没有把数学、外语列入必修课程，而是有更多的统计学和数据分析等工具类课程，这些课程可以帮助学生找到以后的职业方向，并且在实际工作中也会得到广泛应用，相比之下，国内高校没有或仅设有就业指导一门选修课程。在课程的关联度上，国外高校专业课程之间的关联程度比较紧密，每门课程在整个课程体系中都有其特定的作用，都是整个课程体系中的一环。而国内高校课程之间缺乏必要的联系，只是为了开设课程而开设，大多数时候是将与所开设专业相关的课程堆砌在一起构成课程体系，不利于学生知识体系的形成。

四、教学安排

（一）教学手段

由于西方发达国家的经济发展水平以及信息化水平较高，高校的一些授课硬件设施比国内先进和多样。比如，每个教室都配有足够的网络端口，学生和教师可随时随地实现资源的同步，教室内还有配套的打印机，授课内容可根据学生掌握情况随时打印。国内的多媒体设备在课堂上的使用率也非常高，但是部分课件制作的质量有待提高，我们可以多借鉴国外多样化的教学手段，丰富课堂形式，激发学生的学习兴趣。

（二）教学形式

国外经济管理类专业的课堂形式包括课上和课下两种形式，课堂组织形式也更加多样化。在课堂上，教师会在学校搭建的专门案例教室或者大小相结合的教室授课，在提高学生好奇心与兴趣的同时，可以使师生间的交流更加平等和自由，课堂气氛也会更加活跃。有些国家的高校采用课下研讨班的形式，增加了师生间一对一交流的机会，有助于增进学生与教师之间的交流，在学术的讨论与思维的碰撞中，开阔学生的视野，这对学生创造性思维的培养十分有利。而国内高校教学形式大多比较单一，多采用课堂授课的方式，教师与学生只是师生关系，见面时间也仅限于课堂之上，学生缺少与教师更多的交流机会。

（三）实践教学

国外高校较早地注重培养学生的实践能力，并将其纳入学分体系当中，从实践的时间、执行步骤、执行要求、效果评估等一系列环节都形成了比较成熟的经验。国内高校对实践教学环节的重视晚于国外高校，并且对实践教学环节的管理偏于粗放式，一些实践教学环节的安排已经流于形式,对实践教学的要求与效果评价都没有清晰的界定。从时间上来看,国外高校的实践教学环节时间较国内长,高校与企业之间的合作关系更加紧密与深入,而国内高校与合作企业的关系较为疏远,实践基地有时候只是名义上的,并没有真正起到锻炼学生的作用。但值得肯定的是,国内高校已经越来越重视实践教学环节,并一直在努力和尝试,只是还需要对符合我国人才培养现状的实践教学环节的设置进行更多的研究与创新。

(四)教学及考核方法

国外高校普遍采用案例教学法和启发式教学法等教学方法,运用也比较成熟。与国内采用案例教学法的不同之处在于,国外高校选取的案例一般都很新颖,而国内高校教师选取的案例虽然经典但偏陈旧,没有根据现代企业的发展及时更新案例内容。在考核方法上,国外高校采取的方式比较多样化,较早地把笔试、口试等因素纳入综合考评,学生的成绩构成不仅仅只参考期末考试成绩,而且与平时的课堂表现、提交的研究报告、出勤率等息息相关,国内高校在这方面做得也比较好,已经不再是以前的唯考试成绩至上,但在比例分配上还需要更多的经验积累。对比来看,国外高校在教学方法上更加注重学生平时学习,督促学生保持学习的连贯性与专注性,更加有利于提高学生的综合素质与整体能力。

第四节 中外高校经管类人才培养模式研究启示

人才培养模式的改进是高等教育的一项重要工作,是高等教育发展的重要内涵,也是高等教育改革的迫切需求。通过中外高校经管类人才培养模式对比研究得知:改革开放以来,我国的高等教育无论在数量上还是质量上都取得了很大的进步,但总体水平还明显滞后于发达国家。大学生素质教育是高校人才培养必须考虑的问题,很多高校的管理者和老师都认为当代大学生素质亟需提升。我国高等教育人才培养模式改革已成为急需解决的理论及现实命题。

(一)人才培养模式改革已成为世界高等教育改革的大趋势

随着经济、科技的飞速发展以及社会思潮的变化,使得高等教育面临的危机不断加剧,主要表现在教育思想和观念落后,并且长期以来学校重视智育而忽视德育、体育和美育。即使最为重视的智育也存在不少问题,如忽视学生自主性和创造性的培养;教学内容偏深偏难、陈旧重复,脱离生活和社会实践;在对教育成果的考核与评价上,奉行分数至上等。高校人才培养模式的弊端已经成为培养高素质、创新型人才的羁绊。当前的人才培养模式难以适应当今经济全球化对人才培养的要求,亟须进行改革和创新。

针对目前高等教育存在的危机和弊端,许多发达国家在高等教育的改革调整上做出了努力与尝试,比如开始重视学生的文化素质教育。各国基于不同角度和立场,都在逐渐地把大学生的人文社会科学教育纳入人才培养体系中,特别是价值观的教育。美国、日本等国家在制订教学计划时,越来越重视不同学科之间的融合,强调学科综合的重要性。

(二)人才培养模式改革是引导大学生确立正确价值观的需要

随着科学技术的进步,人们获取信息的手段越来越多样化,各种价值观念和思潮并存于世,充斥于大学生的生活与学习之中。青年学生作为思想十分活跃的群体，他们的价值观体系并未成熟，在面对复杂的环境与问题时，时常会陷入矛盾之中，比较容易受错误观念的影响甚至毒害。

大学生人文素质的缺乏会直接导致人格的不健全，而人文素养又体现在方方面面，因此，人文素质的培养不仅应该融入人才培养的每个环节，而且也应该外化到校园的各个角落。学校需要营造一个充满人文气息的良好氛围，引导大学生树立正确的价值观，将加强素质教育作为学校可持续发展、培养真正高素质人才的手段。

（三）人才培养模式改革是激发学生创造性思维的必由之路

创新意识是指人们根据社会和个体生活发展的需要，引起创造前所未有的事物或观念的动机，并在创造活动中表现出的意向、愿望和设想，是创造性思维和创造力的前提。① 所谓创新思维是相对于习常性思维而言的。它是一种具有开创意义的思维活动，是运用新的认识方法，开拓新的认识领域，开创新的认识成果的思维活动。具体来说，创新思维是以新颖独创的方法解决问题的思维过程，通过这种思维能突破常规思维的界限，以超常甚至反常规的方法、视角去思考问题，提出与众不同的解决方案，从而产生新颖的、独到的、有社会意义的思维成果。在大力提倡大众创业、万众创新的当今社会，高校必须将创新意识与创新性思维培养纳入人才培养模式，并积极执行。

① 孙敬全，孙柳燕．创新意识[M]．上海：上海科学技术出版社，2010.

模式构建篇

第 5 章

工科院校“飞机型”经管类人才培养模式建立与分析

高等教育的目的是培养具备较高的理论知识水平,可在推动经济社会发展和全人类的文明进步中发挥引领作用的优秀人才。高校肩负着人才培养的重任,而人才培养决定一个国家、一个民族的兴衰与成败。本章从“飞机型”经管类人才培养模式入手,循序渐进地阐释创新型经管类人才培养的特点,以素质教育理念为基础,基于大学生素质教育和职业生涯规划的“飞机型”经管类人才培养模式,为工科院校创新型经管类人才培养提供参考。

第一节　工科院校“飞机型”经管类人才培养概述

在当前经济全球化形势下,我国经济发展速度放缓,进入了战略调整的关键时期,更加迫切地需要一批具有创新意识的现代经济管理类人才。高等院校作为人才培养的重要场所,理应承担起为国家和社会培养优秀的经济管理类人才的使命。[①] 目前,我国已经开设经管类专业的高校约占本科院校的90%。在这种形势下,工科院校如何发挥自身强势专业的优势,构建特色鲜明的经管类人才培养模式,不仅关系到工科院校综合实力的发展,而且关系到工科院校经管类专业的招生及就业前景。

一、明确工科院校经管类人才培养模式的必要性

随着全球经济的发展,具备创新素质和创新思维的人才在世界范围内越来越受到重视,各高校更加重视理论知识传授与实践能力培养两者的结合,侧重于实践能力培养的教育理念也逐渐渗透到高校的办学方针与日常管理中。哈佛大学作为世界顶尖高等学府,其毕业生以显著的独立思考能力、分析和解决实际问题的能力以及富有批判精神而著称。其毕业生所具有的这些能力恰恰也是现代社会发展最需要高级经济管理类人才所必备的素质。著名英国教育学家约翰·亨利·纽曼认为,大学教育的最主要目的不在于传授知识,而在于教会学生掌握理性地分析和思

---

① 张修志,周霞. 基于创新素质体系的高校经管类人才培养研究[J]. 江西理工大学学报,2008(6).

考问题的能力。① 德国教育家雅斯贝尔斯也有类似观点，他认为，大学是在传授理论知识的基础上，着重挖掘学生主动性，培养学生的理解力、思考力、批判性思维。② 从以上观点可以看出，国外在创新型人才培养上的特点具有共性，即在强调学生要掌握基础理论知识的同时，也强调创新意识、创新思维和创新能力的培养，注重人的全面发展。

（一）通识教育与专业教育之间不平衡

学习的过程其实也是探究的过程，教师的作用不仅仅在于传递知识，也在于帮助和引导学生掌握学习方法、培养学生主动探寻知识和真理的能力。这种探究的过程在创新型人才培养过程中，着重体现在尊重个体的个性自由、全面发展，不限制思维的界限，这就需要学校设计一个内容足够广泛、学科范围足够宽泛的课程体系，实现通识教育与专业教育之间的平衡。③ 但从工科院校经管类人才培养模式的现实来看，存在过度注重专业教育，对通识教育重视不够的问题，具体体现在课程设置中，如选修课门数较少、范围过窄，远远不能满足学生个性自由、全面发展的要求。

（二）重理论知识传授，轻实践能力培养

理论教学是实践教学的基础，实践教学是理论教学的延伸与转化，理论教学与实践教学相辅相成、相得益彰。创新型经管类人才培养不仅要求学生具备扎实的专业理论知识，而且要有运用理论知识分析问题和解决问题的能力，即在人才培养模式的方案设置中应有一定比例的实践学时与实践环节，有意识地培养学生的创新意识及思维能力。然而，大多数工科院校的经管类人才培养模式中实践类学时在总学时中所占的比例不到10%。

（三）教学方法单一

在国外知名大学中，课堂授课多以课程的难点、重点为主，其余课堂时间都交给学生自学或者讨论，更加注重挖掘学生的自主学习与思考能力，主要采用启发式教学、探究式教学、苏格拉底教学法等教学方法。④ 教师在有限的学时和课堂时间内鼓励学生进行讨论，各抒己见，培养学生的独立思考能力，引导学生去独立获取知识并在此过程中得到快乐。然而，我国高等教育的传统模式是填鸭式教学，尤其是工科院校经管类专业的人才培养，因缺乏实验室、讨论室、实习基地等，大多采用单一的课堂教学模式。

二、工科院校经管类人才培养和目标

（一）工科院校经管类人才培养的特点

我国工科院校经管类专业的人才培养与理工科专业相比，带有自身的特色与优势，主要表现为以下三点。一是较深的文化积淀与较好的人文素养。在我国大部分本科院校中，经管类专业

---

① ［英］约翰·亨利·纽曼．大学的理念［M］．高师宁，何可人，何克勇，等，译．贵阳：贵州教育出版社，2006.

② ［德］卡尔·西奥多·雅斯贝尔斯．什么是教育［M］．邹进，译．北京：生活·读书·新知三联书店，1991.

③ 彭频，刘晓军，刘志刚，等．国内外工科院校人才培养模式的比较研究［J］．江西理工大学学报，2006(5).

④ 任钢建．中美一流研究型大学本科课程设置之比较［J］．比较教育研究，2006(12).

是文理兼收的专业，因此学生的知识体系既有经管类专业学生特有的良好的人文素养和活跃的思维，又带有工科院校学生知识体系的严谨性与技术性。二是学生综合素质要求高。工科院校的经济管理类课程设置更加注重学生的分析和决策能力、团队合作能力、处理实际问题能力等的培养。通过实施科学、合理的人才培养模式，使学生自身的综合素质和综合能力得到一定程度的提升，使经管类专业更加富有生命力。三是专业的实践性较强。知识分为隐性知识和显性知识，经管类专业中隐性知识占比较大，而实践活动是把隐性知识向显性知识转化的有效途径，如工科院校的会计专业更加看重学生对会计实务的实践能力，以满足学校所依托行业对会计人才实践能力的要求。

（二）工科院校经管类专业的人才培养目标

经管类专业的上述特点使用人单位对高校经管类人才培养提出了更高的要求。目前，工科院校经管类专业的人才培养目标定位普遍表述为：掌握扎实的经济、管理类专业理论知识，具备良好的人文素养和综合素质，具有分析和解决实际问题的能力，有能力在政府部门、企事业单位等担任日常经济、管理工作职务的高素质、应用型和创新型人才。①

通过对培养目标的描述可知，工科院校经管类人才培养目标也应依据经济和社会的发展做到与时俱进，并根据社会发展对人才提出的更高要求做出适时调整。但工科院校的自身情况不同，人才培养的质量也有差别，对经管类专业的设置、课程体系等也应做出适当调整，使之更加符合自己学校的特色。

三、工科院校“飞机型”经管类人才培养的要求

工科院校经管类人才的培养是一个长期的、动态的系统工程，需要学校在宏观上和微观上为之营造一个良好的实施氛围，还需要不断借鉴国外先进的人才培养经验与理念。在研究工科院校经管类专业的特点和培养目标的基础上，本书提出了新形势下具备高素质的创新型经管类人才的培养思路，具体如下。

（一）搭建科学、可行的课程体系

从目前我国本科工科院校经管类专业的课程设置来看，课程体系和教学安排上普遍存在过于专业化的问题，经管类人才培养的课程体系设置应在重视通识教育课程（思想道德课程、传统文化课程和哲学艺术等课程）的基础上，强化专业基础课程（如经济学、管理学等课程）的教育，同时还要兼顾实践类课程的开设（校内外实习、实训等），增加创新创业类课程的开设（如技术创新学等课程），这些都是经济管理类专业相关的课程，在此基础上，鼓励学生主动选修部分工科专业的基础课程，以开阔眼界和拓宽思维方式。科学、可行的课程体系不仅可以帮助学生搭建起较为全面的知识框架，更能帮助学生积淀一定的人文类知识，培养其实践能力和创新思维，从而形成健全的人格。

---

① 李红革，罗登辉．经管类创业型人才培养定位的理论分析[J]．淮北煤炭师范学院学报（哲学社会科学版），2008(3)．

（二）强调实践能力培养和个性培养

由于经管类专业具有明显的实践特征，因此，在教学过程中要把学生的实践能力、决策能力和团队合作能力的培养放到重要位置。实践教学往往是我国高校教学环节中较为薄弱的一环，但企业又对学生的实践能力要求很高，要缩小培养现状与用人单位需求之间的差距，就应加强经管类专业的实践教学环节，无论是校内还是校外，学校都要为学生实践能力的培养提供机会。① 在注重实践能力培养的同时，不能忽视学生个性的发展，要为学生的个性发展提供平台和机会，尊重学生的主动性与能动性以及批判性思维与意见，针对学生的个体特点，制订差异化、个性化的教学计划。

（三）支持学生参与创新创业类竞赛

在校内，积极参与各类创新创业类比赛是培养学生创新素质的有效方式。通过此类活动，可以充分激发学生的创新意识与创新思维，使学生亲身感受创新精神的感染与鼓舞。高校也可以把大学生参与创新创业活动或竞赛纳入学分体系，并提供大学生创新创业基金支持、大学生创新创业学分奖励和研究生推免加分条件等一系列激励措施，激发学生对创新创业活动的兴趣。

（四）努力营造有利于创新型经管类人才培养的氛围

学生创新意识的培养受到校内、校外多种因素的制约。在校内，学校、学院要从硬件设施、学术研究环境、教师素质等多个方面着手营造创新氛围；在校外，学校和学院要积极与企业取得联系，及时了解社会对人才的需求，共同营造良好的经管类人才培养的校外环境。

第二节 工科院校“飞机型”经管类人才培养模式构想

一、“飞机型”人才培养模式释义

采用什么方法能够将人才培养模式中的专业设置、培养目标、课程体系、教学安排等融为一体，将其中的知识结构、能力结构、素质结构的关联性及重要性阐释清楚是非常重要的。飞机结构模型（见图5.1），正是工科院校经管类专业人才培养所应遵循的模式。一般来说，工科院校的建校历史较长，具有各自的学科优势，如华北水利水电大学在全国大学综合排名中位列300名左右，是一所有66年校龄的老牌水利电力行业的特色院校。

如图5.1所示，飞机的主要结构为一体两翼、机头、尾翼。所谓的一体，好比人才培养的全过程，本书为其赋以更丰富的内涵，将素质教育比喻为整个机体。两翼就是理论教学与实践教学，既是人才培养这架飞机的翅膀，也是它的平衡仪，对飞机飞行的高度和距离起着关键作用。其中

---

① 课题组．试论21世纪我国高校金融人才培养[J]．江西理工大学学报，2006(2)．

两翼分别装配发动机，航行过程中需要不断补充燃料供发动机运转。对人才培养这架飞机来说，发动机是学生自主学习的能动性，燃料是理论知识和实践技能的不断传授，也就是说，高校不仅要给人才插上翅膀，而且要不断给予人才腾飞的能量，即理论知识和实践能力的传授培养，它们是决定高校办学水平和可持续发展的动力源泉。机头装配由机载雷达、操作系统和起落架构成，机载雷达就是高校人才培养的定位，操作系统就是高校领导的管理及教师教学的水平，起落架是学校所属的档次或层级。由此可见，机头的三个组成部分在人才培养中具有非常重要的战略地位，决定高校人才培养这架飞机的飞行方向、高度和距离。尾翼由两个水平机翼和垂直机翼组成，其中一个水平机翼象征高校毕业生对所在高校教学水平和素质培养能力的评价，即人才培养自我评价；另一个水平机翼则是用人单位对该校培养人才的实际能力的评价，两个水平翼是检验高校人才培养质量的天平，两者的评价分值双高，才能使高校这架飞机飞得又快又稳。尾翼的垂直机翼则象征高校人才培养质量的深度检验标准，即本科院校的考研率。一般来说，学校越好学生考研的数量和质量相应就越高，则该校在学生心中和社会上的认可度、知名度、美誉度就越高。具体的“飞机型”人才培养构想如图 5.2 所示。

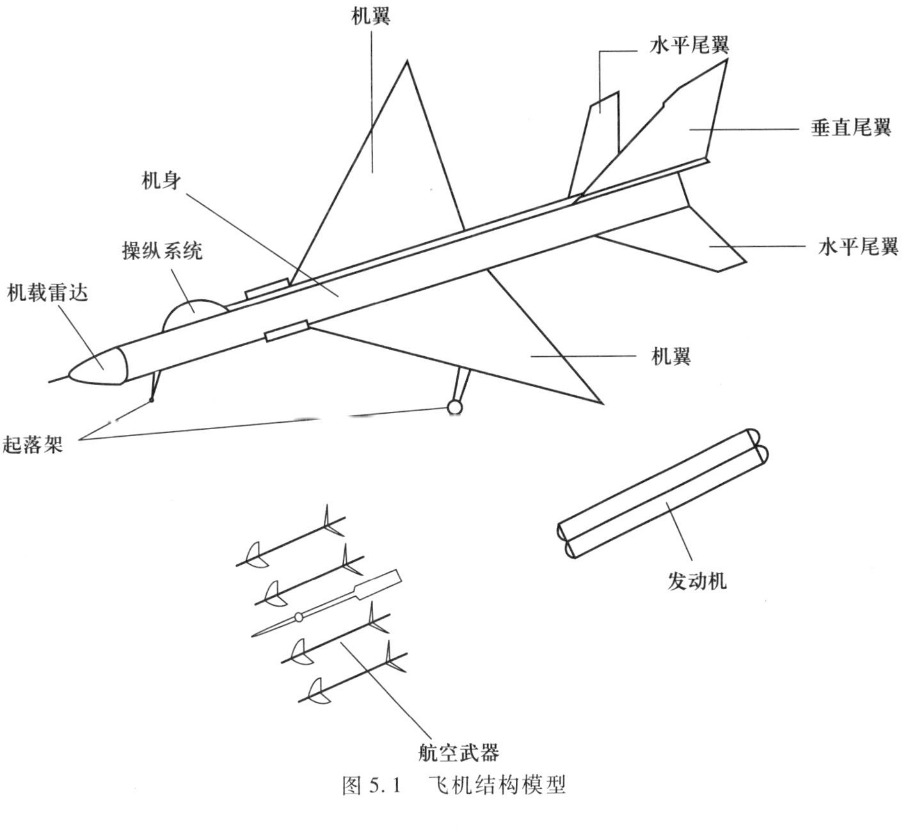

图 5.1 飞机结构模型

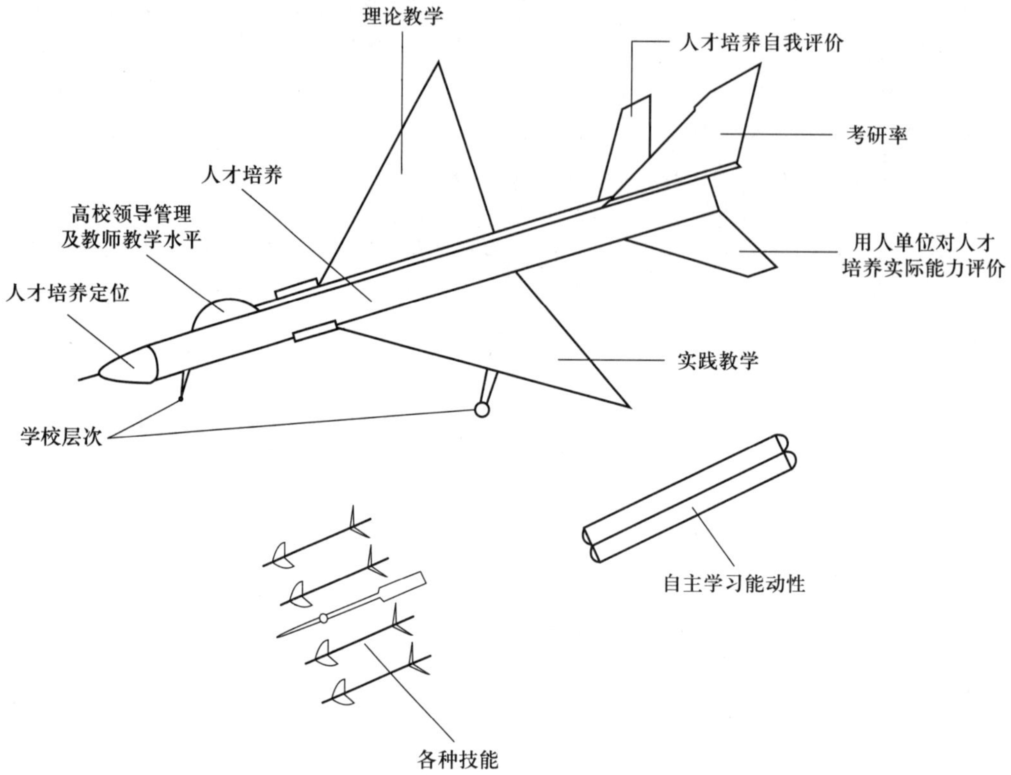

图5.2　“飞机型”人才培养构想

二、“飞机型”人才培养模式设计的原则

(一) 坚持“整分结合,系统规划”的原则

本书以“飞机型”为载体,按照飞机机头、机翼、尾翼三个组成部分,将人才培养过程相应地分为大一学年、大二与大三学年、大四学年三个阶段,结合大学阶段学生成长的特点,运用系统工程理论的思想,坚持重点突出的原则,系统规划工科院校经管类人才的培养模式。

(二) 坚持“以德树人,素质教育”为根本的原则

引领时代的高等教育机构应把素质教育作为自己的重要责任和使命,应有“先天下之忧而忧”的压力和担当。换句话说,必须在保证飞机安全的情况下才能起飞,否则飞得越高,对社会的危害越大。

(三) 坚持“理论教育与实践教育比翼齐飞”的原则

高等教育是人才走向社会的关键环节,人才培养质量的好坏、水平的高低,最终由用人单位来检验和评价。因此高校人才培养方案的设计,应将理论知识培养和实践能力培养视为飞机的两翼,只有二者兼顾,才能比翼齐飞。

（四）坚持“以学生为本”的原则

人才培养必须充分考虑人的性格、成长规律等。17～22岁的大学生正处于小大人阶段，所谓小大人，即自己认为自己已经成人，什么都懂，但其心智并未发育成熟，尤其是世界观、价值观尚处于不稳定期，需要通过高等教育进一步强化。因此，本书认为高校对大学一年级新生要做的第一件事，就是帮助其进行大学生涯规划，这是机头，决定着人才发展的方向。除此之外，本书结合大四学生的特点，根据尾翼的形状，提出大四学生应分类指导，旨在解决学生就业、创业、考研的实际需要问题。

第三节　基于素质教育的“飞机型”经管类人才培养模式

一、问题提出

改革开放40年来，我国高等教育发展取得了巨大成就，但高校人才培养模式仍然存在诸多问题。教育主管部门不断地提出改革措施和意见，社会各界也从各自的视角为高等教育的改革建言献策。

（一）人才培养理念需进一步调整

在我国，素质教育已经推行多年，在人才培养理念上一直较为推崇“社会本位”的理念，以及向“学生本位”模式转变的理念。“社会本位”理念认为人才的培养和人的发展与社会和国家的发展之间是辩证统一的关系，人的发展最终应该是促进社会和国家的发展。主张教育目的应根据社会要求来确立。教育的目的在于把受教育者培养成符合社会准则的公民，使受教育者社会化，保证社会生活的稳定与延续。学生本位是人的教育学中的重要命题，它的意义在于确立了学生是教育的原动力和根本。但是实际上，我国的人才培养理念多呈现的是与“社会本位”和“学生本位”理念相悖的“教师本位”和“管理者本位”的特点。[①] 这种特点在对人才培养之前太多已经有了自己设定的框架，没有真正地做到以“社会本位”理念为指引，也没有体现向“学生本位”模式的转变。因此，我国人才培养理念需进一步调整。

（二）通识教育与专业教育缺少结合

通识教育与专业教育的结合一般表现在三个方面。一是学科综合发展。具体来说，就是学校根据学科间的内在联系把不同学科融合在一起，从而形成一门新的学科。这样不仅可以增强学科之间的交流与融合，扩展单一学科的宽度与广度，而且可以促进学校通识教育与专业教育之间的结合。二是选课制度与学分制度综合发展。即学生在入学后不按专业分班，大一、大二两年没有固定的院系和专业，主要学习通识类课程，夯实学科基础，大三、大四两年，学生在对不同学

---

① 李治，杨杏芳．我国大学人才培养模式历史演进的“四阶段论”——兼及“后素质教育阶段”的提出与开启[J]．黑龙江高教研究，2010(2)．

科和专业有了充分了解的基础上，再根据自身兴趣做出专业选择。三是产、学、研综合发展。高校要积极寻求与科研院所、企业之间的合作机会，为学生的发展提供更广阔的平台，这样可以使学生所学知识与社会和企业的真实需求联系更加紧密，帮助学生提高自己的综合能力与素质，有助于使通识教育和专业教育真正结合。[①]

（三）人才培养缺少主体性教育理念引导

从哲学角度分析，社会决定着教育的方式与方向，而人才的培养效果如何又是社会环境与高校教育共同作用的结果。有人说，高校类似一个大工厂，每个入学的学生都是等待被生产和加工的产品，如果这个比喻成立，就说明学生在经济社会生活中、在受教育的过程中以及在自身的发展中缺乏自主性与能动性，学生只是等待被加工成成品的原材料而已，这样培养出来的学生缺乏鲜明的个性，对各种现象的看法必定是人云亦云，不具备独立思考与独自分析问题和解决问题的能力，更不可能具有批判性精神与怀疑精神。目前看来，让学生成为自主学习和自我发展的主人[②]，无论是在理论探究上，还是在现实的人才培养中，都还有很多工作要做。

二、模式设计

笔者在以素质教育为基础的人才培养模式指导下，结合自己多年来在工科院校教学及教务管理工作中的经验，以飞机形状为载体，对大学人才成长轨迹进行阶段划分，提出"飞机型"经管类人才素质教育模式。该模式以素质教育为机身，以理论素质类课程和实践素质类课程为两翼，以就业、创业、考研类素质教育为尾翼，其目的是将大学人才培养阶段与飞机结构相对应，划分为大一、大二和大三、大四三个阶段，并对应于机头、两翼和尾翼。根据飞机模型的形状，结合高等院校素质教育的需要，笔者提出"飞机型"人才培养素质教育三段论。所谓三段论，是以素质教育为主线，将飞机结构分为机头、机中、尾翼三部分，机头对应大一、机中对应大二和大三，尾翼对应大四。

三、模式分析

大学生的思想和心理不断发生变化，不同年级、不同专业的学生有不同的特点，他们在不同阶段面临的问题和思考的问题也不同，这些差异对学生的思维方式与人格塑造有着不同程度的影响。本书基于大学生四年内不同阶段的特点，将"飞机型"经管类人才素质教育模式划分为大一、大二与大三、大四三个阶段。

（一）第一阶段：大一

1. 大一学生的特点

大一学生刚刚从高中进入大学，思想普遍比较单纯，同时他们的可塑性也比较强。这个阶段学生的特点可以概括为：新奇、迷茫、渴望。

---

① 祝家麟，陈德敏. 大学通识教育与专业教育的矛盾冲突与融合[J]. 中国高教研究，2002(6).

② 王道俊，王汉澜. 教育学(新编本)[M]. 北京：人民教育出版社，1988.

所谓新奇,可以分开来讲。新即校园环境新和专业新,大一新生没有专业概念,对土木工程、机械制造、环境工程、会计学等专业的理解仅限于字面意思。奇有两种解释:一是大学生活与中学生活相比,再没有教师跟班和家长的叮嘱,校园到处都是社团招新的宣传台,自己可支配的时间和选择很多;二是教师授课方式与中学阶段大有不同。大学阶段每门课只有 32 学时或 48 学时,并且在每个学期的第 8 周或第 16 周就结课,教师对知识的讲解也更为灵活,不像中学时一个知识点要反复练习很多遍。

所谓迷茫,就是面对生活环境、教师、同学、学习方式等的改变,大一学生在学习环境、学习方式、人际关系的处理中很有可能会出现不同程度的不适应与不习惯,这些问题会使个别新生短期或较长时间处于苦闷、焦虑和不安的状态,有的学生甚至会出现心理障碍。还有一部分学生因为参加过多的社团而无法均衡学习与社团活动的时间严重影响学业。

渴望是因迷茫而起,大一新生需要老师帮助其了解专业相关知识及问题,如所学课程、就业前景等;需要老师帮助做出具体到“德、智、体、美、劳”的大学四年规划;还需要老师指导他们如何参加社团活动。另外,对大一新生影响最大的是其学长,友爱的学长向新生传递向上的、积极的生活态度和良好的学习习惯,而有些学长则会向新生传递一些消极、悲观的学习生活态度。

2. 大一学生素质教育的责任划分

从学校层面,素质教育是高校办学理念、使命和目标的体现,同时也是社会评价的重要指标。良好的校风来源于广大师生的共同维护,因此,学校应高度重视大一学生的素质教育,引导大一学生有一个好的开端,促使其良性发展。

从院系层面,应做好新生及家长见面会,向新生和家长宣传院系的办学理念、目标、定位,过去的成绩、现在的状况、未来的发展;组织做好专业介绍,让学生对学校各专业有一个感性的认识,一定要让学生了解专业的师资、往届学生的就业状况、未来的社会需求等,调动学生对所学专业的兴趣和信心。

从班导师和辅导员层面,班导师和辅导员要尽快了解每个学生的入学情况、性格特点、家庭状态等,帮助每位学生制订大学四年的学习、生活规划,并将素质教育内容融入规划。该规划由班导师、辅导员每人保存一份,作为每学期、每学年学生考核的依据。

3. 大一学生素质教育的课程设计

大一学生素质教育课程分为两部分。第一部分是开展读书活动,其目的是丰富学生的内涵,激励学生继续保持中学时期的学习劲头,沉淀学习的心智,在书中寻找精神食粮,激发其向上拼搏的斗志,为大学生涯规划(即机头)奠定基础。例如,学校可以列出几百部推荐阅读的优秀励志作品,要求大一新生每人从中至少选两部进行阅读,然后在全校范围内分别以院系、学校为单位汇总学生选读情况,并在学期末对读书情况进行考核。考核办法由学校参照毕业生优秀论文推举办法,按学生比例划分学校、院系优秀指标和一、二、三等奖指标,院系根据指标再对各专业的读书情况进行考核,评出学院内一、二、三等奖,由获得院系内一等奖的学生代表所在院系参加校级读书汇报。这样考核的目的是引导学生自主学习,在学校形成良好的读书氛围。第二部分是制订大学生涯规划。良好的开端等于成功的一半,大学生涯规划作为大学生培养的航向标,能够指引、鞭策学生朝着健康、向上的前程奔跑。大一学生的第一门素质课应该是大学生职业生涯规划课程,课程应安排在大一第一学期,课程性质为必修,考核方式为考查,考查内容为每人上交大学四年生涯规划。大学生职业生涯规划课程应由学校创新创业学院老师以专题形式举办讲座,考核结果同时备案各院系年级辅导员和班导师,作为今后指导学生的依据,学生每学期可以调整一次规划方案。开设大学生职业生涯规划课程有两个目的,一是引导学生做一个有理想、有道德、有计划的大学生,不至于碌碌无为,虚度时光,辜负社会、家长的期望。二是便于学生管理,时刻提醒学生要完成规划目标,当学生犯错误时辅导员也可以用规划书来鞭策他们。

(二)第二阶段:大二与大三

1. 大二与大三学生的特点

大二与大三学生的特点可以概括为:心态稳定、两极分化。该阶段的学生基本适应了大学的学习与生活,大部分学生开始对自身定位,有初步规划的发展目标,但是他们在发展上会表现出不同层级,其学习成果、学习目标、学习态度以及人际关系的处理等方面开始产生差异。大多数学生的思想可以保持在一个较为稳定的状态,由于他们感受到与周围更加优秀的同学之间的差异,因此会更加积极上进,自我表现和寻求进步的愿望非常强烈。但个别同学,因为大一时期调整不到位,养成逃课等不良习惯,最后因挂科过多而变得自暴自弃。

随着专业课的开设,学生慢慢对所学的专业有了更深的感悟,有了学习的目标,从而开始潜心专业学习。在这个阶段,学生的活动范围也更加宽泛,他们会热衷于参加各类社团活动,人际关系也变得更加复杂,与别人发生冲突的可能性也更大,与异性之间也有了更多的接触机会。

在学习上,随着奖学金的评定及英语四、六级等考核机制的实施,一批成绩优秀的学生脱颖而出。其中一部分学生开始有了考研、获得更高奖学金的愿望,学习的动力越来越足,表现越来越突出。同时,也有部分学生因为挂科过多,学分绩点过低,受到处分。其中一些学生对此感到苦恼、苦闷、精神压抑,严重的甚至出现心理疾病,这时如果不能得到及时、正确引导,后果不堪设想。

在思想上,在面对现实问题的时候,他们更加倾向于独立分析与思考,可以提出自己的见解,独立性和自主性得到增强,更加关注自己的个性与能力发展。在人生目标设定上,学生一般面临着考研、就业、创业和出国等不同道路。他们在确定自己的目标之后,会不断地采取方法去实施并且强化自己的理想与信念,提高自己的综合素质以达成目标。相对地,学生对集体活动的参与度会降低,集体意识也会减弱。在工作与社会实践中,大二与大三年级的学生一般可以在各类社团组织中担任主要成员,甚至成为学校和院系文体活动的主要组织者。

2. 大二与大三学生素质教育的责任划分

从学校层面,尽可能创造条件让学生有改过的机会,例如进行补考、重修。但还是要告知学生尽量做到防患于未然,亡羊补牢虽未晚,但时间成本和机会成本也是相当大的,需先衡量轻重缓急再做选择。学校应制订管理、激励政策,并将其实施到位。

从院系层面,应加强教学管理、学生管理,制定各种措施促使教师提高讲课质量与水平,指导学生创新创业训练,树立优秀教师的形象;在学生中开展优秀学习标兵班、优秀学习标兵个人的评选，建立一对一帮扶制度，形成良好的学习氛围；对个别存在问题的学生进行重点谈话，想办法、出措施，帮助他们走出困境，最大限度地拯救每位“问题”学生。

从辅导员、班导师层面，要求辅导员跟班听课，常到学生班级、宿舍走访，深入学生团体，了解学生需求，力争把学生问题解决在萌芽状态，做好学生思想工作。大二与大三班导师的中心任务是引导学生学好专业课，在业余时间为学生专业课学习排忧解难，并指导学生规划大四及以后的继续学习和就业创业问题。

3. 大二与大三学生素质教育的课程设计

大二与大三阶段的素质教育课程在强调“德、智、体、美、劳”全面发展的基础上，更突出“智”。一方面，读书活动应该继续坚持，但书目的内容和要求应稍做调整。书目应该由本学期开设主要专业课的老师把关，学期末由该专业课老师考核，考核结果可记入该课程平时成绩。大二与大三学生大部分有考研、考公务员或参加其他社会化考试倾向，在读书内容方面可给予推荐。另外，为了促进学生专业实践，应针对大二与大三学生开设创新创业类课程，鼓励并帮助学生积极申报大学生创新创业项目，为将来就业或考研做准备。

（三）第三阶段：大四

1. 大四学生的特点

大四学生的特点可以概括为焦虑、恐慌、压力大。大四学生思想较为成熟，对社会问题的观察和思维能力有很大提高。个别学生由于前三年虚度或浪费时间过多，回想起来什么都没学会或收效甚微，焦虑毕业后什么也不会做；选择考研的同学，或因着手较晚，准备不充分，或因考研的人数越来越多，录取分数线越来越高，心里没底，恐慌；选择就业的同学，因就业形势严峻，一场一场参加招聘会，简历投了不少，回复的却不多；参加社会招考的同学，要么报不上名，要么审核通不过，好不容易通过，笔试一关却过不了，即使艰难过了笔试，面试时强手如林，更是难上加难；选择创业的学生，由于没有资金、缺乏经验，小事不愿做，大事做不成。上述种种问题使学生的压力很大。大四学生在感情问题上也由原来的盲目、好奇走向冷静、理智，开始注重爱情与实际情况相结合，分析成功的可能性，从而选择继续或终止恋爱关系。

总之，大四学生与其他年级学生关注的重点不同，他们在心理上常常会陷入矛盾，对理想中的自己与现实中的自己之间的差距时常感到焦虑，部分同学会出现不同程度的心理问题。再加上临近毕业带来的就业压力，学生对自己的未来不能确定，对前途感到担忧和害怕，因此心情会有较大的起伏。大四学生的集体主义观念会出现弱化，对于社团活动的热情不似从前，同学之间也由于研究生推免名额、就业机会、考研等因素展开竞争；部分恋爱中的男女学生情感若即若离，充满恐慌；在临近毕业后期，大四学生又因为同窗情谊即将结束，彼此相互依恋，同学关系又渐渐趋于和谐状态。总之，部分大四学生会出现焦虑、恐慌、压力大的情况。

2. 大四学生素质教育的责任划分

从学校层面，其主要职责是搭建学习、就业平台，营造学习、就业氛围。学校有责任为学生就业、创业、考研、考公务员等进行大量宣传，提供尽可能全面的信息，举办就业招聘会，进行考研、就业、创业指导等。从华北水利水电大学往届毕业生反馈的意见看，学校很少举办针对文科类学院学生的就业招聘会，个别学院会举办专业对口招聘会，但影响有限，经管类专业学生的签约大多是通过其他高校举办的招聘会选择就业单位。

从院系层面，其主要职责是有针对性地对外自我宣传、自我推介。由于工科院校管理与经济院系大多成立时间较短，校友资源远远不及工科院系，因此院系主动自我推介、宣传的作用就显得十分重要。院系应主动联系校友所在单位，发动教师为学生提供就业信息；以院系名义召开经管类人才招聘会，集中宣传、推荐院内各专业学生；分类指导学生就业、创业、考研等。

另外，高不成低不就也是大学生就业困难的主要原因之一。院系应根据当年的就业形势，对学生进行就业教育，帮助学生进行就业定位、复位、到位。创业对学生来说不是一件容易的事，需要资金、经验、人脉的积累，院系应支持、指导学生理性创业，科学创业。考研对学生来说既是深造本专业的机会，也是二次选择专业的机会。有人说研究生就是“延就生”，也就是延迟就业的学生，此观点不无道理，但也不全部正确。知识改变命运，也许是现在也许是未来，也许是显性的也许是隐性的，这部分学生有上进心，想通过考研学到知识，想通过考研改变命运，院系应大力为考研学生提供指导，提供考研学习教室等。

从辅导员、班导师层面，他们的主要职责是鼓励、争取、服务。所谓鼓励就是鼓励学生结合自己的特点、优势，做出适合自己的就业、创业、考研选择，鼓励学生勇敢地朝着既定目标努力。所谓争取就是对学生提出的合理要求和需求积极向院系反映，在院系力所能及的条件下争取满足学生需求。所谓服务就是做好学生的后勤保障工作，辅导员要多关注学生的心理健康，给予学生精神支持，班导师要多关注学生的学业情况，帮助学生完成学业，做学生考研的咨询、指导老师。

3. 大四学生素质教育的课程设计

针对大四学生的特点，学校应根据学生需求，分阶段、有针对性地开设素质教育课程。对于就业创业的学生应开设大学生就业创业类课程，指导学生如何就业创业，这些课程不仅指就业创业一门课程，还应包括就业创业心理辅导、职业生涯规划等。对于考研学生应开设考研学习技巧、笔试和面试技巧、文献检索能力培养等指导，为学生日后的学习、就业等服务。大四第一学期，培养方案不适合再安排过多的理论授课。从以往的经验看，大四第一学期学生出勤率只有1/2～1/3，甚至更低，即使强迫学生到教室去，很多学生也无心听讲，就算坐在教室里也是学习考研、就业的资料。如果能结合学生的就业、创业、考研的需求，安排与之相关的课程，并把该课程记入培养方案的素质教育类积分，既能解决学校管理的难题，又能为学生就业、创业、考研提供帮助，即可实现学校、学生双赢。

第四节 基于职业生涯规划的“飞机型”经管类人才培养模式

一、模式构建

职业生涯规划是一个人成长的基石。对于大学生来说，他们虽然没有从事过具体的职业，但是需要为未来从事的职业做准备，这时引入职业生涯规划不仅能为大学人才培养指明方向，而且能激励大学生更科学、更合理、更充实地度过大学四年的学习生活。本书把经管类人才的特点、大学教育的特点与职业生涯规划理论结合在一起，将经管类专业人才培养模式设计成“飞机型”的构架，如图 5.3 所示。

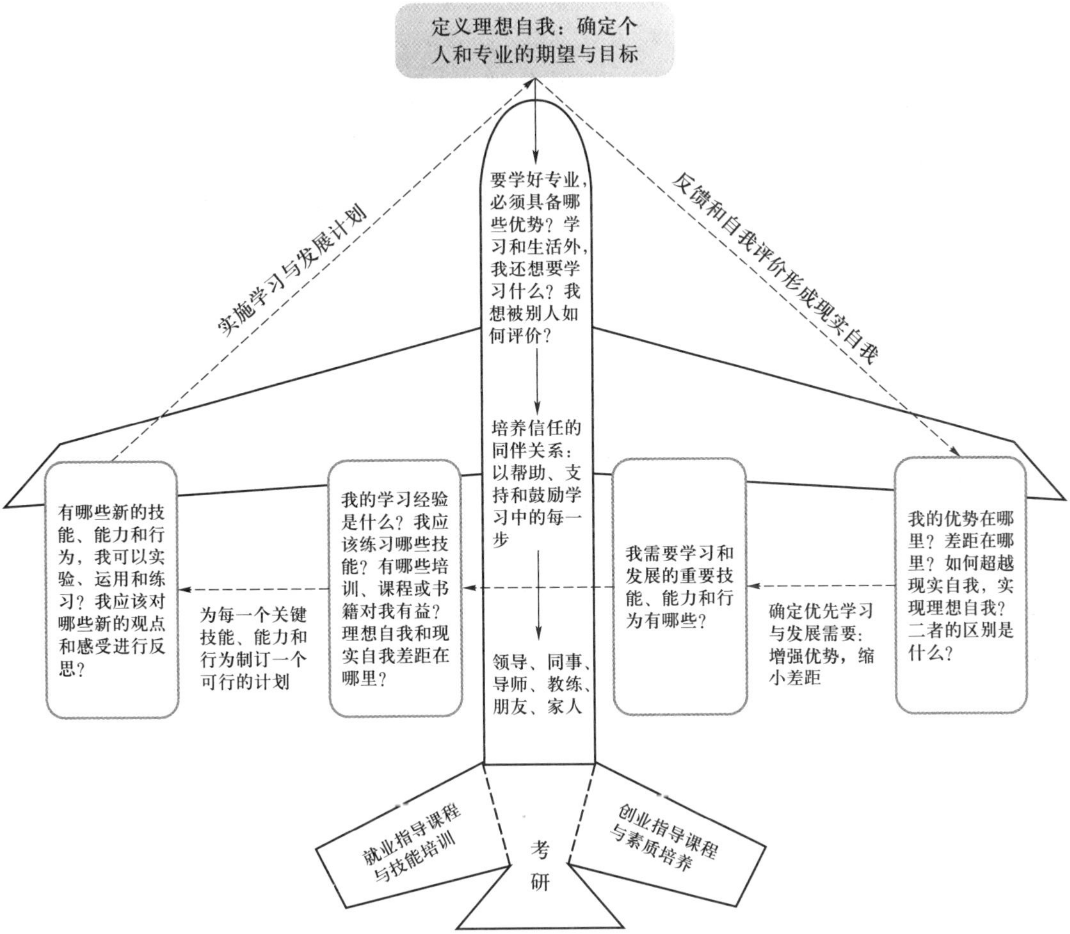

图 5.3　基于职业生涯规划的“飞机型”人才培养模型

图 5.3 中，机头是定义理想自我，确定个人和专业的期望与目标，即学生的学业及未来职业生涯规划。以该规划引导学生结合自身的优势，选定专业并激励其学习的积极性，根据学生的个人爱好及专业技术需求，有针对性地培养未来职业发展需要的素质及能力。

本书重点强调诚信培养。诚信对经管类人才培养尤为重要，诚信是做人、做事的基础，唯有诚信才能形成良好的生活态度、职业操守与团队合作精神等。因此，本书将诚信定义为基于职业生涯规划的“飞机型”经管类人才培养模型的机身或脊梁。

右翼为“自身优势在哪里?”学生以现实自我与理想自我的分析为起点,确定具体的学习与发展规划,即四年中应该达到的短期、中期、长期目标,并制订每个目标应该采取的对策或措施,通过实施不断反馈和自我评价形成现实自我,缩小现实自我与理想自我的差距,最终形成完整自我与真实自我。左翼为“哪些技能、能力和行为我可以实验、练习和运用?我应该对哪些新的观点和感觉进行反思?”尾翼是根据大四学生就业、创业、考研需要,以分类指导形式进行专题教育或讲座。这样一来,围绕机身形成左翼、右翼、机头三角环。

二、模式实施

职业生涯规划理念在国外已经经过了多年的实践与发展,在经管类的人才培养中引入该理念是可行且必要的。但职业生涯规划是一个长期的、动态的系统工程,在设计与实施过程中需要根据自身条件和环境的变化适时调整和完善。从实施的角度看,可从以下四个方面进行设计。

(一)培养模块的设计

长期以来,我国高校在人才培养模式上以课堂教学或课程学习为主,以实践类课程的培养为辅助。从笔者多年的教育教学与管理经验来看,该模式的弊端越发明显。在这种模式下,学校对学生的实践能力培养并没有设定目标,学生只是被动地接受学校或学院为其安排的课程,即使开设选修课,可选择的课程和学习内容也非常有限。引入职业生涯规划的理念,可改变传统的划分培养模块的局限性,以学生自己制定的职业生涯规划为依据,教师加以调整和修改,尽量保证每个模块之间联系紧密,逻辑性与可行性强。徐志培将人才培养素质教育设计分成以下几个培养模块:目标设定模块、自我认知模块、环境认知模块、能力养成模块、评估调整模块,每个模块中开设的课内外课程数量是学生需要修的学分1倍以上的相关课程让学生自由选择,这样才能充分照顾到不同学生个体之间的差异性,尊重学生的个性发展并给予平等地接受教育的机会。①

(二)课程体系与教学内容安排

在充分了解经管类各专业学生的自身需求与社会需求的基础上设计的培养模块,是基于职业生涯规划的经管类人才培养模式得以实施的基础,需要安排与之相适应的课程体系与具体的教学内容,这是该模式实施是否有效的关键所在。在设计经管类人才培养的课程体系与教学内容时,应先借鉴国内外的成功案例,根据校内学生的基本情况和知识掌握程度,结合社会与企业的实际需要,紧跟时代步伐。根据上述思路,构建的基于职业生涯规划的经管类人才培养模式课程体系,如表5.1所示。

表5.1　基于职业生涯规划的经管类人才培养模式课程体系

教学模块	教学方式	内容安排	培养目标
目标定位模块	课堂教学与非课堂教学	专业介绍、行业了解	树立短期职业目标
	体验实践教学	设定大一的短期目标	考评目标执行效果

① 徐志培．经管类应用型人才培养路径初探——基于职业生涯规划视角[J]．商业文化,2014(29).

续表

教学模块	教学方式	内容安排	培养目标
自我认知模块	课堂教学与非课堂教学	心理学、哲学、历史、职业规划、文学、情绪管理	用唯物、辩证的眼光客观评价自己
	体验实践教学	集体活动、社团活动、拓展训练、体育锻炼	作为经管人的自我认识
环境感知模块	课堂教学与非课堂教学	时事政策、经济学、科学技术基础、管理学、法律	从学校、社会等角度增强对环境的感知
	体验实践教学	岗位实习、跨学科跨专业学习	在实习、实训中培养对环境的感知力
能力培养模块	课堂教学与非课堂教学	自主性与独立性培养、语言能力课程、人际交往能力课程、创造创新能力课程	全面提升综合能力与综合素质
	体验实践教学	公关礼仪训练、大学生竞赛、职业资格考试	在能力培养中感受自己的差距与进步
评估调整模块	课堂教学与非课堂教学	信息收集与处理理论、战略规划理论、目标管理理论	掌握评估与调整规划的方法
	体验实践教学	毕业前开展专项培训	提供毕业前的调整机会

根据不同的教学模块设计的课程体系与教学内容的安排，在实施过程中各个模块之间要遵循信息和教学成果合作、共享的原则。华北水利水电大学管理与经济学院共开设了经济学、会计学、工业工程、市场营销、物流管理、国际经济与贸易、信息管理与信息系统7个本科专业。在课程体系上各个专业并不是孤立存在的，课程之间有很强的关联性，信息与教学经验之间是共享的，而不是7个专业各自为政。这样可以对教师、教学经验、教学资源等进行最大限度地整合，这对该模式的实施十分有益。

（三）考核体系设计

在教学模块、课程体系和教学内容达成一致的情况下，合理有效的考核机制是监督和促进该模式实施的有效措施和必要保障。传统的考核方式大多采用考试或考查形式，在这种方式下，教师的主观性与学生的偏好程度会影响考评结果，缺乏客观真实性，因此，需采用多种有效的考核形式。另外，工科院校经管类专业的素质类课程应充分发挥文理工多学科交叉的优势，如工科优势专业基本知识采用考查形式、数学建模采用比赛形式、名著阅读采用演讲形式、创新创业采用实地考察形式等。职业规划导向的经管类本科创新型人才考核更应该体现考核的效果和目标性。本书借鉴徐志培提出的基于职业生涯的经管类人才培养模式考核体系①，如表5.2所示。

① 徐志培．经管类应用型人才培养路径初探——基于职业生涯规划视角[J]．商业文化，2014(29)．

表5.2　基于职业生涯的经管类人才培养模式考核体系

教学模块	考核方法
目标定位	根据学生现阶段发展情况和入校时的规划进行对比
自我认知	课程论文、读书笔记、同学互评、导师考核
环境感知	每周学习、心理记录、热点解读
能力培养	闭卷考试、开卷考试、小组作业、调研报告
评估和调整	实习单位反馈意见、自我分析报告、成员互评报告

可根据需要灵活选择各课程考核方式，但需要做到客观公正、各个指标明细具体、执行统一、激发学生学习热情、提高学生自学能力。

（四）营造良好的培养环境

经管类本科创新型人才培养要“道、势、术”并重。所谓“道”是用以说明世界的本原、本体、规律或原理。所谓“术”是指技艺、技术、学术以及方法、策略。① 所谓“势”通常可以表示静态的或动态的事物演变趋向。“道、势、术”三者的关系是：术是具体的、实践的道，道是基本原理，术是方法论，而势则是动态变化的趋势，借助道认识势，通过术改变势。由此可见，“道”与“术”字面意思很容易理解。经管类人才培养中的“势”主要指经济管理类学科和专业涉及的行业与企业的发展趋势，以及与经济管理类学科与专业涵盖的与企业发展具有密不可分关系的社会、经济、文化发展的大趋势。②

学生进行职业生涯规划过程中，环境的分析是十分重要的一环，要想使基于职业生涯规划的人才培养模式生效，学校就要对传统的、不合时宜的教学环境进行改变与替换。这种改变主要可从学校与学院顶层设计、师资队伍建设、人员配备三个方面进行考虑。高校教学模式的改革是一项牵一发而动全身的系统工程。对学校、院系的顶层设计来说，并不是依靠一两位领导或者教师的努力就能实现的，要在学校、院系领导班子的高度支持下和正确领导下，加上一批优秀的教师队伍倾注心力地付出才可以完成。在师资队伍建设上，学校、院系应该深刻理解学校的人才培养目标定位，在此基础上，鼓励广大教师加大对教育教学的投入，而不是将大部分的精力放到科研项目上而忽略了教学的本职任务。学校也不应唯科研成果至上，应对教师考评体系做出适当调整，引导教师树立正确的价值取向，让教师们感受到职业的使命感与荣誉感。在人员配备上，工科院校经管类专业应有意引进或配备理工科背景的教师，为复合型经管类人才培养奠定基础。除此之外，在以职业生涯规划为导向的经管类人才培养模式实施中，院系要组建起一支专业水平高、对教育事业忠诚度高的优秀教师队伍。因为在以职业生涯规划为导向的人才培养模式中，课堂教学可能仅需几个或十几个学时，课下跟踪活动需要投入很多时间与精力，需要有一定水平和经验并且具有责任心的教师根据学生对规划的执行情况做出及时指导与修正，这是保证该模式得以实施和成功的关键。

---

① 中国社会科学院语言研究所词典编辑室．现代汉语词典(第7版)[M]．北京，商务印书馆，2016：1216.

② 李俊．经管类本科应用型人才培养探究[J]．中国大学教学，2011(8).

以华北水利水电大学管理与经济学院为例，虽然已经采用数年班导师与辅导员共同培养模式，但是作用却不十分明显。究其原因：一是班导师与辅导员责任分工不明确；二是部分班导师是刚刚毕业的博士生，仅仅担任该专业的某一门课程，但对专业的整体把控能力欠缺，由此导致不敢、不愿、不能很好引导学生；三是辅导员队伍年轻化且所学专业不一定是经管类，最主要的原因是待遇较低、管理体系不顺畅，没有与辅导员上升空间对应的职称或职级。这些原因将影响基于职业生涯的“飞机型”经管类人才培养模式的实施效果。在教学资源的配置上，应彻底扭转经管类专业完全不需要各类软硬件设施和资源的错误理念，应结合现代经济发展及办学的需要，加大教学设备投入，这样才能为经管类应用型、创新型人才培养创造条件及环境，如建立仿真模拟实验室，配备高效能的实验软件，加强校内外实习、实训基地建设等。

工科院校“飞机型”经管类人才培养模式实施

人才培养应以符合时代发展需要作为出发点，与时俱进地调整人才培养模式，加大对教育理念、教学方法和教学管理等方面创新与改革的力度。本章在对工科院校“飞机型”经管类人才培养模式实施原则研究的基础上，重点对该模式下学校（学院）发展路径进行研究，实现理论研究的完整性，以期更好地指导实际操作。

第一节 “飞机型”经管类人才培养模式的实施原则

一、实践性原则

认识来源于实践，实践是检验真理的唯一标准。所谓实践性原则，就是人们在激发自身创造性思维的过程中，必须以实践促进思维能力的发展，也必须在实践中检验思维成果的正确与否。如果没有实践，创造性思维的发展就会失去源泉，也就不会产生创造性思维。认识如果脱离了实践，与之有关的原则与思维方式都将是无源之水、无本之木，思维的跳跃性会变成没有根据的主观臆想。因此，实践性原则是培养创造性思维和创新意识的根本原则。

人才的发展很大程度上也依赖于实践。因为学习内容主要来自人在生活和工作中解决实际问题的经验，而解决问题的过程也就是实践的过程。学习在本质上也是一种实践活动，学生的学习与发展应该基于实践，在学习实践中获取知识，如以问题为本的学习、案例学习和服务性学习等。“飞机型”经管类人才培养模式将理论知识传授与实践能力培养视为飞机的两翼，旨在强调两者同等的重要性，纠正经管类人才培养简单易行的错误理念，凸显创新创业能力需求的时代特点。

二、主动性原则

主动性是由个体的内心真实需求、动机和价值观等因素共同驱动的，个体依据自己设定的目标采取行动，而不是在外力的督促下被动接受。主动性是学生发展的动力和源泉，只有学生发自内心地想学习、想进步、想得到良好的发展，并为达到这些目标主动地去寻求方法和途径，才能得到积极的发展效果。倘若学生自己没有意识到学习的重要性，即使外力的推动作用再强，也无法进入学生内心。为了激发学生的主动性,引导其有效、快速地进步,需要学院和教师采取各种方法调动学生的积极性与主动性,充分发挥学生的主体作用,并最大限度地开发与调动学生自身的发展动力。

主动性是以学生自主学习和发展为主体。为了实现学生主动发展,学生需要遵循以下步骤:①确定自己理想中的长期、短期发展目标;②冷静、客观地审视自己,认识理想中的自己与现实中的自己之间的差距;③根据差距大小确定应该为之付出努力的方向;④确定方向之后制订具体的、切实可行的行动计划;⑤执行自己制订的计划。上述5个步骤,都需要学生积极、主动地完成,教师和家长是无法替代的。换句话说,主动性要求学生素质全面发展,达到自我规划、自我管理、自我调控的水平。“飞机型”经管类人才培养是以学生自我发展为理论基础、以学生素质教育为根本、以职业生涯规划为导向的创新模式,因此,主动性原则是该模式实施的前提、基础和动力。

三、相关性原则

每个个体都不是孤立存在的,在学习过程中也需要与同学、老师互相学习、互相切磋才能更快进步。学生周围的相关者,比如同学、老师、家长、朋友等是帮助其进步的源泉之一。这主要体现在三方面。其一,人与人之间的关系影响并改变人。“人们获取知识和一般性的理论不是靠一己之力就能实现的,而是要依靠个体周围的群体相互影响才能达成。”[①]其二,周围的人也是一面镜子,可以帮助自己更加清晰地认识自我与改变自我。通过与他人的沟通与交流,可以帮助自己突破狭隘的视野。每一次与他人进行的有意义的、深入的交流与探讨,都会使学生离理想中的自己更近一步。[②] 其三,与他人的互动和交流有助于新知识的产生,真理越辩越明,有益的观点只有通过互相传达、互相探讨、互相交流才能产生。

要推动学生持续、有效地发展,就需要采取措施推动学生之间的交往、互动与对话,维护健康、值得信赖、和谐的氛围,打造活跃、互助的学习共同体,使学生能够得到家长、教师、同学和朋友等的支持和帮助。“飞机型”经管类人才培养是一个强调多方合作、相互辉映的创新模式,本书对学校、学院、教师、辅导员等主体的职责进行了划分,对家长、同学和朋友对学生成长的影响进行了概述,这些充分说明人才培养过程的复杂性和多因素性。

四、科学性原则

科学性是判断事物是否符合客观事实的标准与依据。科学性原则是一种普适性原则,具体来讲,人才培养模式的设计一定要按客观规律办事,正确处理主观与客观、理论与实际、传统经验与现代教育科学之间的关系。“飞机型”经管类人才培养模式实施的科学性原则包括现代教育思想、准确的教学目标和科学的教学过程,其基本要求有以下两方面:一方面,必须认真按教育教

---

① [德]路德维希·费尔巴哈. 费尔巴哈哲学著作选集(上卷)[M]. 荣震华,李金山,等,译. 北京:商务印书馆,1984.

② [德]伽达默尔,杜特. 解释学 美学 实践哲学:伽达默尔与杜特对谈录[M]. 金惠敏,译. 北京:商务印书馆,2005.

学及人才成长规律办事,严格执行教育行政部门颁布的学科、专业建设规章制度与条例,根据社会对经管类人才的需求制订切实可行的教学大纲与教学计划;另一方面,规范课堂教学与实践环节,采用多种教学方法及实践手段,确保“飞机型”经管类人才培养模式的实施效果。

五、激励性原则

在学生发展过程中,外部环境的支持与激励是学生发展的助推器。在学生自主学习和发展的过程中,如果外部环境能够随时提供方便的服务、积极的支持和有效的激励,也就为学生学习和发展营造了一种良好的氛围,即形成一种助力场。该助力场对学生的学习和发展能够起到铺垫、烘托、加温和推进的作用,能够为学生学习和发展排除障碍,能够为学生学习和发展添加动力。

要使学生的学习与发展快速并且高效,就必须创造与维护有利于其学习、发展的外部环境,随时为其提供方便、积极、有效的服务,提供支持和激励,营造一种强有力的助力场,使学生自主学习、自我发展。“飞机型”经管类人才培养模式的实施不仅强调助力场的重要性,而且强调动力源及动力点的重要性,即强调机头、机翼、尾翼的重要性,也即强调大一、大二与大三、大四分阶段分类别指导的重要性。

六、反馈性原则

反馈指在教师教学过程中和学生学习与发展过程中,两者双向的信息交流与反馈。教师要在自己的教学过程中时刻关注学生的学习、发展效果;学生也要将自己的学习效果与问题及时反馈给教师,从而高效地控制教学活动和学习过程,以提高教学与学习效率。反馈是学生学习、发展的调节器,是学生学习与发展过程中不可或缺的环节。从心理学角度看,反馈实际上是一种刺激,它对学生的学习过程与反应有激发和调节的作用。反馈可以对学生学习、发展进行如下三方面的调节。一是调节学生学习、发展的动力;二是调节学生学习、发展的方式;三是调节学生学习、发展的结果。

反馈在教师教学与学生学习、发展过程中起调节器作用,可以对教师教学效果和学生学习效果做出回应与评价,有利于推动学生学习、发展。学生在学习、发展过程中,要坚持客观、科学地反馈,坚持正面、积极地反馈。“飞机型”经管类人才培养是一个动态的、不断反馈不断发展的循环模式。

第二节 “飞机型”经管类人才培养模式实施的学生发展路径

工科院校经管类人才培养“飞机型”创新模式的实施路径可概括为:学生和学校(学院)发展两个方面。从学生自身发展角度来看,包括主动预测、自主评价、确定差距、制订规划和实施规划五个方面。

一、主动预测

对学生来说，主动预测建立在理性认知的基础上，学生要重视严谨的逻辑推理与实证的价值，尊重理论、经典案例与专家经验，要坚持向书本学习、向专家学习和向实践学习，要以客观与科学为前提研究学习中的知识和问题。主动预测指学生要主动制订自己的人生规划与理想，确定自己在大学四年期间的学习与发展目标。学生不仅需要研究和思考如何更好地完成学习任务，必须具备哪些学习技能，而且学生还需研究和思考，通过大学四年的学习自己应该达到或实现什么目标，在学习上追求什么结果，是考研、就业还是创业，期待学生和老师如何评价自己等。学生通过思考以上问题，就可以对大学四年的学习与发展的理想有一个相对准确的描述。本书认为“飞机型”经管类人才培养模式实施的关键是如何正确引导学生自我规划。其具体步骤是首先是引导学生认识自我规划的重要性，其次是引导学生规划好四年的生活与学习，最后是引导学生做好未来的职业生涯规划。

二、自主评价

学生自主评价的目的是通过主动、准确地对现实的自己进行描摹，全面认识自我。学生首先要理性地分析自己的优劣势，然后理性地确定发展目标，在科学、客观评价的基础上，选择最适合自己的学习和发展的方式。在对现实进行描摹时，学生要确定自己的优势是什么以及这些优势有什么作用，还要确定自己的劣势是什么以及这些劣势会给学习和发展带来哪些不利影响。此外，学生需要主动思考理想中与现实中的自己差距究竟在哪里。学生还需思考应该如何超越现实并成为理想中的自己。在“飞机型”经管类人才培养模式实施过程中，自主评价是最能发挥学生主体作用的一种方式，也是能体现学生的主观能动性的重要环节。在学生自主评价的过程中，要认可学生是学习和发展的主体，而学校、学院要激发学生的主动意识和进取精神，这将有利于培养学生全面思考的方式和自我认知与评价的能力。

三、确定差距

哈贝马斯指出，在解放认知兴趣的基础上，学生需要自我解放、自我批判，需要让学生个体通过反思认识自己所处的情境，来理解自身价值、兴趣与行动之间的关系。① 这种基本的反思，即解放能力的培养可通过反馈、评价、反思、圆桌讨论、合作研究等方式进行，是学生学习、发展的基本动力和根本表现。学生需要在不断的自我反思与自我批判中，确定理想中与现实中自我之间的差距，从而确定自己在大学四年中学习与发展的需求。学生在确定理想与现实中自己之间的差距之后，需要根据差距的程度把学习与发展需求按阶段划分为具体的学习发展目标，比如要实现理想的自我，需要学习哪些对自身有利的能力与技术等。

“飞机型”经管类人才培养模式认为，学生之间的个性差异不但体现在学生个体之间，也体

---

① ［德］哈贝马斯．认识与兴趣［M］．李黎，郭官义，译．上海：学林出版社，1999.

现在学生个体内部。哈佛大学教授、心理学家加德纳(Gardner)提出的“多元智力理论”在学术界得到越来越广泛的认同。他认为,作为个体的每个人,都同时拥有相对孤立的七种智力,这些智力以各种方式有机地组合在一起,从而构成了学生个体的个性。[①] 还需要强调的是,不同学生之间的差异是动态发展的,比如某个学生的心理素质较差,可以通过后天的教育和学习来增强,因此,作为教师不能轻易对一个学生做出评价。同时,作为学生自身,也要意识到自己与他人的差异和差距,在不断学习与发展的过程中,找到现实自我与理想自我以及与理想目标的差距,并为之努力。

四、制订计划

学生要制订符合自身实际的、科学可行的学习与发展计划,在制订计划的过程中,需要坚持以下三条原则:①确定理想自我与现实自我之间的差距,并将此差距作为推动自身学习与进步的动力;②以70%/20%/10%法则为指导,制订出的计划在保证可行性的同时要具备一定的挑战性;③在教师授课与学生学习、发展的过程中,教师与学生之间要保持沟通,确保学生良好发展。学生在制订计划时,必须充分考虑现实性与可能性,遵照70%/20%/10%学习法则。学生制订学习、发展计划既需要考虑已有的学习经历,又需要考虑哪些课程与书籍对自己是有用的,以及应当以何种方式学习这些课程与书籍。由此可见,在大学四年期间,学生要得到理想的学习与发展效果,就要制订科学和可行的规划。70%/20%/10%学习法则最早由普林斯顿大学创造领导中心(The Center for Creative Leadership)的摩根·麦考尔、米歇尔·M. 隆巴多和罗伯特·W. 艾辛格三人提出。2000年,由米歇尔·M. 隆巴多和罗伯特·W. 艾辛格在《构筑生涯发展规划》(第三版)中正式提出。其中,“70%”指学生学习中70%的部分来自学生生活中自身体验,这是学习与发展过程中最重要的方面;“20%”指学生学习中20%的部分来自学生与同学以及榜样的共同学习和探讨;“10%”指学生学习中10%的部分来自学校等正规机构的教育培训。[②] 在“飞机型”经管类人才培养模式实施过程中,作为学生自身,无论是校内的课程学习还是校外的实践锻炼,都需要制订严谨、高效、可行的发展计划,这是提升自我和实现理想自我的可靠保证。

五、实施规划

在实施“飞机型”经管类人才培养模式时,学生最后需要做的是如何将已经制定的学习、发展计划落到实处。要想不折不扣地实施已经制定的学习、发展计划,学生必须思考自己需要运用哪些能力、需要哪些技术以及采取哪种方法,并在确定后及时执行。另外,学生还要确定自己对哪些新的观点和感受需要进行思考,并在思考确定后执行。“飞机型”经管类人才培养模式的实

---

① Gardner H. Beyond IQ: Education and Human Development[J]. *Harvard Educational Review*, 1987(57).

② 吴振利. 论自我指导性大学教师教学发展——以“721”学习法则和自我指导性学习过程为基础[J]. 黑龙江高教研究, 2012(9).

施环节,学生要按照以下几个步骤来实施和进行个人目标管理:一是制订个人职业生涯规划;二是对自我未来的管理规划;三是确定目标战略;四是执行综合解决方案;五是运作和实施具体的战略安排;六是调整与反馈。

第三节　实施“飞机型”经管类人才培养模式学校(学院)的发展路径

在工科院校经管类人才培养“飞机型”创新模式的路径实施中,学生作为学习与发展的主体,自我的预期、规划与计划实施的重要作用不容置疑,但从学校(学院)角度来看,也必须营造和谐、有利的环境,双管齐下才能更好地促进学生发展。学校(学院)发展的主要路径概括为以下几个方面。

一、强化内涵建设,坚持特色发展

高校要确立人才培养在工作中的中心地位,树立科学的高等教育发展观,坚持稳定规模、优化结构、强化特色、注重创新,走以提升教育教学质量为核心的内涵式发展道路。稳定规模,就是在坚持可持续发展观的前提下,结合高校师资力量及办学条件,结合社会人才需求状况,保持招生规模的相对稳定;优化结构,就是要求高校适时调整学科、专业的类型、层次和区域布局结构等,以适应国家和区域经济社会发展需要,加强不同层次、不同规格的人才培养内涵建设;强化特色,就是要求高校定位要合理、清晰,在不同层次、不同领域办出自己的特色、争创一流;注重创新,就是以体制机制改革为重点,加快重要领域和关键环节改革步伐,加大实践教学和创新创业环节投入。由此可见,坚持内涵发展,就是根据高校办学历史、区位优势和特色资源条件等,确定特色鲜明的办学定位、发展规划、人才培养规格、目标和学科专业设置,采用“飞机型”人才培养模式,强调经管类专业与工科强势专业的融合,可突出学科专业特色,为培养高素质应用型人才提供依据。

二、完善人才培养质量,优化学科及人才培养结构

首先,要完善人才培养质量标准体系。全面实施素质教育,按照基于素质教育的“飞机型”经管类人才培养模式,以素质教育为机身,以理论素质类课程和实践素质类课程为两翼,以就业、创业、考研类素质教育为尾翼,在人才培养过程中同时考虑人才的全面发展和社会需求。根据国家本科教学质量标准要求,会同相关部门、科研院所、行业企业等,制订实施符合学校实际的、独具特色的本科教学质量标准。其次,要优化高校学科专业和人才培养结构。修订和更新高校学科专业目录,设置相关的切实可行的管理办法,并建立动态的调整机制。对华北水利水电大学来说,除了国家控制、布点的专业外,本科专业自主设置,可开展本科专业综合改革试点,大力支持本校的水利和电力等优势学科、特色专业发展;也可建立学校毕业生就业率和相关产业的人才供需报告制度,建立健全高校的本科专业预警、退出机制,结合市场需求和具体发展情况,对连续多

年就业率非常低的专业应减少招生计划，同时，应加大高素质应用型、复合型、创新型人才培养的力度。最后，要创新高校人才培养模式。学校需改革教学管理模式，逐步探索教师指导、学生自主选择专业和所学课程的自主学习模式。教师可创新教育教学方法，鼓励使用启发式、参与式、探究式教学方法，这可以激发学生的学习兴趣，同时促进教师与学生的联系和互动。此外，高校可针对不同学科专业的拔尖学生开展试验培养计划，建立英才培养基地，培养重点是此类学生的科研与实践能力，并探索与有关部门、科研院所和企业的联合人才培养创新模式。

三、巩固本科教学地位，加强和改进思想政治教育

高校要始终把本科教学工作作为学校最基础和最基本的使命，不断巩固本科教育教学的基础地位。在日常的师资安排、经费预算、资源配置等方面都给予适当倾斜。学校及院系要定期召开本科教育教学工作会议，讨论并解决现阶段人才培养过程中的问题。此外，学校还应制定具体办法，鼓励教授每年担任一定的本科教学任务，并倡导学校知名教授为新生开设素质类课程，激发学生的学习动力以及对本专业的学习兴趣。

在课程设置上，学校需及时修订本科教学教材与教学大纲，改进教学方法，鼓励教师采用多种教学方法，活跃课堂气氛，调动学生自主学习积极性。支持教师参加各类骨干研修班、提升自身教学水平。此外，学校还需加强形势政策教育教学的规范化，大力实施立德树人工程，提高大学生的综合素质，同时，还需将学校的心理健康咨询室规范化，开设心理健康教育课程，并纳入考评体系。高校也要推进辅导员队伍的专业化和职业化，努力建立一支高水平的思想政治教育专家队伍，加强对学生的道德教育，全过程和全方位育人，引导学生自主教育、自主管理和自主服务。

四、强化实践育人环节，提高社会服务能力

首先，要强化实践育人环节。学校结合自身的专业特点和人才培养要求，加强实践教学管理，提高学生实验、实习实训、实践和毕业设计（论文）的质量；另外，支持学生广泛开展社会调查、志愿服务、公益活动、勤工助学和挂职锻炼等社会实践活动，并设立社会实践教学环节专项经费，专款投入社会实践工作。华北水利水电大学每年都有固定的学生暑期社会实践合作单位，学生在服务当地的同时也从其中得到了较好的锻炼。

其次，要加强创新创业就业指导工作。学校和院系要明确创新创业的重要作用，把对学生的创新创业教育贯穿到本科四年人才培养的全过程，规范学院创新创业活动管理办法，并纳入学分体系。院系也可建立创新创业教育指导中心，全力支持学生开展创新创业活动，并为之提供智力支持和一定的经费支持。华北水利水电大学管理与经济学院已成立创新创业综合训练指导办公室等机构，从学生创新创业项目的申请到项目实施运作，老师全程参与指导，并收到了良好效果。

最后，学校要增强自身社会服务能力。高校的科技成果要主动服务于地方经济发展方式转变和产业转型升级，建立产学研合作基地建设改革试点，针对经济社会发展中的重大论题和现实

问题,与当地政府以及行业企业合作,促进高水平咨询、研究机构的建设。华北水利水电大学管理与经济学院积极筹备成立科技创新与创业就业协同创新中心,以期发挥其在科技创新与创业就业智库的思想引领和咨政建言作用,推动河南省科研组织与评价机制、技术转移和转化机制、创业孵化制度、创新创业教育制度、协同育人机制、创业就业政策、就业指导与服务制度等方面的创新。

实践研究篇

第 7 章

“飞机型”模式下华北水利水电大学经管类人才培养现状

华北水利水电大学是一所具有 60 余年历史的老牌工科学校，在多年发展历程中其人才培养取得了显著的成绩，在社会上享有较高的知名度与美誉度。但其经管类专业人才培养只有 20 多年的发展历程。本章将对华北水利水电大学经管类专业人才培养中存在的问题及其成因进行客观的归纳与分析。

第一节　学校及学院本科教学

华北水利水电大学坐落于河南省省会郑州市，是一所由水利部与河南省人民政府共建，以河南省管理为主的高校。学校以本科教育为主，具有博士学位授予权，是河南省重点建设骨干高校、全国首批硕士学位授予高校，是中西部高校基础能力建设工程高校、教育部第二批“卓越工程师教育培养计划”①高校，还是河南省唯一一所具有硕士研究生单独招考资格和承担国家“少数民族高层次骨干人才计划”②的高校。

一、华北水利水电大学本科教学

华北水利水电大学是一所以水利电力为特色，工科为主干，理、工、农、经、管、文、法、艺等多学科协调发展的大学。在办学过程中，华北水利水电大学始终坚持以教学质量为核心，以教学工作为中心，不断地深化教育教学改革，强化教学管理，为社会培养了大批“吃得苦，下得去，留得住，用得上”的高素质优秀人才。③ 华北水利水电大学在教育部 2005 年本科教学工作水平评估中获得优秀。

学校以建设特色鲜明的高水平教学研究型大学为目标，追踪经济社会发展需求，不断加强学

---

① “卓越工程师教育培养计划”（简称“卓越计划”），是促进我国由工程教育大国迈向工程教育强国的重大举措，旨在培养造就一大批创新能力强、适应经济社会发展需要的高质量的各类型工程技术人才，为国家走新型工业化发展道路、建设创新型国家和人才强国战略服务。

② “少数民族高层次骨干人才计划”（简称“少数民族骨干计划”），是五部委为贯彻党的民族政策，以科教兴国战略推进西部大开发战略的重大举措，旨在为西部培养一批少数民族高学历专业人才。

③ 佚名．“下得去，吃得苦，留得住，用得上”——华北水利水电学院[J]．水利建设与管理，2008(6)．

科专业建设，提升人才培养质量。截至2017年6月，学校设有水利学院、土木与交通学院、资源与环境学院、电力学院、机械学院、管理与经济学院等20个教学单位；现有64个全日制本科专业，国家级和省级特色专业建设点17个，国家级和省级卓越计划建设专业教育建设点10个，省级教学团队7个，国家级和省级专业综合改革试点15个，省级实验教学示范中心7个，全日制本科在校生和硕士、博士研究生约31 000人。学校有13个省级一级重点学科，9个省部级重点实验室。学校拥有教职工2 060余人。中国科学院院士王光谦，中国工程院院士顾金才、王浩、倪维斗、周丰峻等为学校教授、双聘院士；学校还聘请厉以宁、王思敬、赵国藩等百余名国内外知名学者以及多位中国科学院和中国工程院院士担任学校兼职教授。学校经过多年的建设，已经形成了一支结构合理、数量充足、教学水平高、发展趋势好的教师队伍。

华北水利水电大学建校60余年以来，为国家水利、电力建设事业培养了15万余名专业技术人才与管理人才。学校多年来以凭借生源质量好，学生素质高，毕业生就业率高，就业质量好等优势，获得了很高的社会评价。

二、管理与经济学院本科教学

管理与经济学院前身是1994年成立的经济管理系，2006年更名为管理与经济学院。自1994年建院以来，管理与经济学院根据我国水利行业以及河南省社会经济的发展需要，充分依托我校工程学科的优势，逐步形成了促进经济和管理学科与工程学科的交叉和渗透，夯实经济学科，重点发展管理学科的发展思路，不断明确学科方向、建设学科队伍、构筑学科平台，带动学院各项事业快速发展。

截至2016年11月，学院有在校本科生2 300余人，硕士研究生和博士研究生近300人。学院拥有一支结构合理、勤奋敬业、锐意创新的优秀师资队伍。在现有的108名教师中，特聘教授1人，博士生导师6人，教授17人，副教授33人，博士46人（不含在读），近20%的教师具有博士后研究经历或海外学习背景。另外，学院还聘请了20余名国内外知名学者、企业家为兼职教授和指导教师。

学院设有经济贸易、会计学、市场营销、物流与工业工程、信息管理5个教学系。学院十分重视专业建设，不断优化专业结构，注重发展与社会需要密切相关的新兴、交叉、综合性专业。现有经济学、会计学、工业工程、国际经济与贸易、市场营销、物流管理、信息管理与信息系统7个全日制本科专业。同时积极开展国际经济与贸易、市场营销第二学士学位教育及本科层次联合办学，基本形成了以管理学为重点、经济学为支撑的相互渗透的多学科交叉专业体系。在学院秉承以质量求生存的教育理念，不断加大教学改革力度的努力下，工业工程专业、国际经济与贸易专业获得河南省专业综合改革试点专业，会计学专业被评为河南省特色专业，技术经济学、市场营销学课程被评为河南省精品课程。

在日常教学和管理中，学院以加强学风建设为主线，坚持管理与服务相结合的理念，以培养学生学习能力和创新能力为重点，着力打造学生干部队伍、校园文化活动、科技创新以及社会实践四个实践平台，全面提高学生综合素质，努力提高学生的就业率和就业质量，鼓励学生报考知名院校研究生。学院团学工作始终走在学校前列,分团委连续六年被评为郑州市优秀基层团组织,并于2011年荣获“河南省五四红旗团委”荣誉称号。学院拥有现代化的教学办公大楼、多功能报告厅、多媒体教室、先进的智能化教学设施。学院重视改善教师教学与科研条件,教授拥有工作室,每位教师拥有个人工作位。建有复杂系统与决策科学重点实验室、教学实验中心和图书文献中心等,有14个稳定的教学实习基地,为学院的教学科研工作提供了有力保障。

管理与经济学院以管理科学与工程博士学位授权为引领,大力弘扬“和而不同”的人文精神,以“商济天下”为己任,全面加强自身师资队伍建设和学科建设,努力提高教学水平和科研水平,致力于培养胸怀天下、善经营、会管理和具有较强竞争力的创新型经济管理人才,为创建特色突出、国内知名的教学研究型学院而努力奋斗。①

第二节　华北水利水电大学经管类人才培养问卷调查分析

随着全球经济的高速发展与中国经济的转型,社会对高素质的经管类人才有很大的需求,但目前的现实情况是:一方面经管类本科毕业生处于表面相对过剩状态。所谓表面过剩,即就业难已严重困扰着毕业生;另一方面企业却招不到满意的、符合企业要求的人才,也就是说高校培养的经管类人才不能很好地满足社会发展的需求。因此,本科院校在了解自身培养模式的基础上,如何根据市场和企业的需求来转变人才培养模式已成为亟须解决的问题。笔者以华北水利水电大学管理与经济学院的在校生、毕业生和学生家长为调查对象,分别设计了调查问卷,问卷内容详见本书附录一、附录二、附录三。

一、针对在校生的调查问卷及分析

(一)问卷简介

经管类人才培养模式的核心一般是从培养目标、专业设置、课程体系、教学安排和师资力量等方面来考虑和设计的。因此问卷主要通过对华北水利水电大学经管类专业的中高年级学生,即对大二与大三、大四学生的培养目标、专业设置、课程体系、教学安排和师资力量进行了调查,以了解学生对经管类人才培养现状的看法、对学院人才培养的意见及建议等。此外,学校培养出来的经管类人才最终都要走向工作岗位,因此在问卷调查中又增加了毕业生自身在就业中应具备何种能力的问题设计。

问卷采用李克特量表设计,总共设置37道题目,根据学生对每道题目不同的认识程度分为5个选项:完全同意、同意、不确定、不同意、完全不同意。将“完全同意”赋值为5,“同意”赋值为4,“不确定”赋值为3,“不同意”赋值为2,“完全不同意”赋值为1。问卷主要包括以下几方面

① “和而不同,商济天下”是华北水利水电大学管理与经济学院院训,是对学院办学历史、定位、使命的凝练和概括,又是对全院师生提出的要求和期望。

内容。

1. 培养目标

对培养目标的调查主要是面向中高年级本科经管类专业学生，了解他们对本专业人才的培养目标定位、知识与能力结构定位的认知情况。

2. 课程体系

问卷中的问题设计从宏观到微观都有体现。如你认为本专业课程教材内容是否满足培养经管类专业人才需要，所设课程更侧重于培养学生的哪一方面的能力，经管类专业在课程设置方面存在的问题是什么，所学课程之间的关联性如何，学院应该加强的课程和减少的课程是什么。

3. 教学安排

主要针对目前教学安排的现状及学生所期待达到的状态进行询问，从鲜明的对比中找出华北水利水电大学经管类专业教育教学中所存在的问题。如学校或学院是否提供了充足的实习机会，在实践课或实习中是否获益良多，经管类专业理论教学与实践教学相结合的实际效果如何等。

4. 专业设置和师资力量

从学院教师的整体水平和授课教师是否有经济与管理学科背景两方面对学生进行询问。比如任课教师是否具有工科专业背景，教师是否取得注册会计师等专业证书等。

在发放调查问卷的过程中笔者向调查对象说明了此次问卷调查是不记名调查，问卷所得结果只用作整体分析而不进行个别呈现，并向受访者承诺对填写的内容进行保密，以此来保证问卷结果的真实性。在选取经管类专业本科学生样本时，笔者在管理与经济学院经管类教师的协助下进行了认真的筛选，最后确定选取来自不同省份、不同专业、不同家庭背景的中高年级经管类专业学生作为调查样本。专业涵盖经济学、会计学、工业工程、国际经济与贸易、市场营销、物流管理、信息管理与信息系统7个本科专业。问卷发放的方式采取直接发放和电子邮件发放两种方式。本次调查共发放问卷200份，回收有效问卷183份，问卷回收率为91.5%。

（二）调查结果分析

1. 培养目标

对学院来说，对经管类人才培养的目标如何进行定位是人才培养中的一个首要问题。这主要包括经管类专业毕业生究竟从事什么层次的管理工作，属于什么规格的人才，面向什么样的用人单位等，这些都属于学院培养目标范畴。

从对培养目标的调查结果可以看出，学生认为学院培养的是中高层管理者的认同度占到1/2以上。从知识和能力定位来看，约1/2的学生认为本专业的培养目标是以实践类的应用型人才为主，非常同意本专业培养的是以理论为主的经管类人才的学生占到1/5，非常同意本专业培养的是理论与实践结合的复合型人才的学生所占比例仅为1/4。大部分学生对本专业的培养目标是以专业经营管理与决策能力为主非常认同，但认为学校、学院在学生社会责任感以及独立思考方面的引导较少。

从现实的管理层次角度讲，企业对可担任中低层管理者的经管类人才的需求量比较大。从人才能力定位和对知识掌握程度的角度来讲，市场需求量最大的是具有较强实践能力的应用型人才，这和学生对自身的主观定位存在一定分歧，其主要原因有两个：一是学校未提供或者未建立起学生和企业之间进行良好沟通的渠道；二是学校未能准确地把握市场对人才的需求信息，学校、学院对人才培养目标的设置和市场对人才的需求产生了偏差，学院在人才培养过程中也未对学生发展方向做正确引导，此外，学校对学生的社会责任感以及独立思考的精神方面的培养也有所欠缺。

2. 课程体系

根据问卷调查可知，学校开设的课程存在如下问题：内容偏重理论而忽视实践，实践类的课程开设不够，同专业的课程设置有重复内容，课程安排的数量太多且比较密集。大部分学生对“应增设实用型的专业课程”的提议非常赞同，绝大部分学生认为本专业课程设置与学校工科背景没有关系。这些结果表明学校的课程安排与学生的意愿之间存在差距。

产生上述问题的原因有两个：一是学校设置本科专业课程时并未充分考虑学生的实际需求和意见；二是所开设的专业课程的教学质量并不高，在所开设课程与市场需求脱节的情况下，学生希望可以通过多增加实践类、实用型的专业课程弥补已开设专业课教学质量的不足。由此可见，学校在课程设置时要充分了解学生的诉求，并结合市场对人才的需求来设置专业课程，同时提高本科教学质量。对课程之间关联性的调查表明学校开设的课程之间缺少关联性，没有充分利用华北水利水电大学的工科背景优势。

3. 专业设置及师资力量

在本科教学活动中，教师所发挥的作用是毋庸置疑的，教师授课能力以及教学质量的高低直接关系着学生学习效果的好坏。通过学生对教师教学质量评价的调查可以看出：虽然大部分教师的教学成效比较显著，但仍有一小部分教师的教学效果不高，教学水平有待提高。对本科各专业的专业课教师的评价结果显示，相当大的一部分教师并没有企业管理经验，因此并不能很好地解答管理中的实际问题，在授课过程中也就不能将理论与实践很好地结合起来，把知识融会贯通地输送给学生也就更加困难。

产生上述问题的原因有四个：一是大多数教师是从校门到校门，缺乏企业工作经验；二是教师教学和科研任务过重，投入教学的精力有限；三是青年教师初上讲台，教学水平有待提高；四是学校缺乏相关制度保障教师到企业进行实践锻炼、积累教学经验。

4. 教学安排

教师在教学中一般采用纯理论教学、案例教学、实验教学等方法。在上述几种主要教学方法中，教师授课过程中多选择纯理论教学和案例教学，而很少选择实验教学方法。大部分学生认为案例教学、校企合作、实验教学均有利于人才的培养。① 管理理论学习的最终目的是要应用到实际的管理工作中，因此管理理论和实践活动应该有机结合，只有这样才能保证学生走上工作岗位后可以较快地投入实际工作中。单从教学角度来分析，理论教学与实践教学结合得并不紧密的

① 李大章. 从国外经验看我国校企合作发展[J]. 长江大学学报(社会科学版),2013(4).

原因有两个方面:一是由于教师缺乏实际的企业管理工作经验;二是诸多因素阻碍了学生与企业的连接,切断了理论知识与实践的结合,比如有些企业并不愿意接收学生到单位实习,或者接收后只是带着学生走马观花地参观,或是只把学生当作廉价劳动力使用等。

二、针对毕业生的调查问卷及分析

(一) 问卷简介

华北水利水电大学管理与经济学院自建院以来,每年为社会输送了大量的优秀毕业生,他们分布在社会的各行各业,为经济社会的发展与进步贡献着自己的力量。毕业生群体可以以自己数年的工作经历向学校和在校生传递社会对经管类人才的需求信息,他们的意见和想法在一定程度上能够体现企业对经管类人才的需求变化。因此,本书针对管理与经济学院建院以来的毕业生群体,挑选不同年份、不同专业毕业生作为调查对象,调查方式以电子邮件的形式发放,共发放问卷 200 份,回收有效问卷 156 份,回收率为 78%。

企业对经管类人才的需求体现在三个方面:知识、能力、职业素质。其中,知识包括经济学知识、管理理论知识、信息管理知识等;能力包括计算机能力、英语能力、组织协调能力、团队合作能力、沟通能力、创新能力等;职业素质包括员工职业素养、敬业精神、人际关系等。① 问卷在以上三个方面进行设计的同时,也增加了毕业生所从事行业、作为工科院校经管类专业毕业生的优势与劣势等相关问题。

(二) 调查结果分析

大多数毕业生认为自己与其他理工科毕业生相比,优势在于综合素质较高,劣势在于实践能力、动手能力和职业稳定性较差。另外,毕业生认为企业对经管类人才的团队合作能力、计算机能力、英语能力以及创新素质和潜力的要求在不断提高。在实际工作中,大部分工作是需要团队合作来完成的,团队合作的好坏关系到企业目标的实现与否,因此学院所培养的经管类人才是否具有良好的团队合作能力显得十分重要。

对大学生来说,创新素质和潜力应包括发散思维能力、随机应变能力以及面对实际问题时的掌控能力。要想培养创新思维与能力,应该从不断完善基础理论知识和提升基本素质着手,学校应开设相关的可提升学生创新能力的课程,对学生开展系统培训和训练。但最重要的还是引导学生参加社会实践和相关实习,拓宽学生的视野与眼界,只有亲身经历了实际问题后,学生才能逐渐提高解决问题的能力,也才能涌现出越来越多、越来越新的想法和观点。

除上述因素之外,企业对毕业生的外语能力、计算机能力的要求也在不断提高。在经济全球化的环境下,国内企业与国外企业开展着越来越多的合作,外语作为最基本的交流工具,不仅能够协助公司处理日常事务,还影响经管类人才的国际化眼光,也是企业长期发展的要求。

在实际工作中需要加强的知识和掌握的能力有实战类的营销知识、统计学知识、财务管理类知识和基本的数据分析能力。对于企业来说,营销、财务和统计都是不可或缺的部分。营销的观

① 郑锋,陈明学. 以社会需求为导向的应用型本科院校专业调整探析[J]. 教育与职业,2011(14).

点对企业产品的开发设计、生产直至收益都有直接影响。财务管理作为企业运营中的重要一环，反映着企业运作的真实情况。而对数据的统计与分析在现代企业管理中越来越重要，对数据掌握和分析的结果直接影响企业的营销决策。因此，学校应重视并增加统计类课程的开设。另外，企业相对来说并不太看重课程设置中的人文知识和管理的理论知识。

本书对此调查结果的总结如下：一方面调查对象的就业单位多为中小企业，调查对象及其就业单位均对现代企业管理理念及人才发展观念认识不够；另一方面调查对象大多毕业时间较短，还处于企业基层，我们都知道管理的理论知识和人文知识都属于基础知识，而基础知识的价值和其在实践中发挥的作用都需要较长时间才能凸显其重要性。调查中，很多毕业生认为经管类学生需要加强的能力有随机应变能力、执行力、文字写作能力、人际交往能力和沟通能力。

三、针对学生家长的调查问卷及分析

（一）问卷简介

孩子是家长的希望和未来，为了更好地了解家长对学生以及学校的期望，在家长与学院之间展开更好的交流与沟通，本书设计了针对学生家长的调查问卷，在新生家长见面会以及学生假期分别发放填写，共发放问卷 200 份，回收有效问卷 179 份，回收率为 89.5%。

问卷采用李克特量表设计，共设置 26 道题目，根据学生家长对每道问题不同的认识程度分为五个选项：完全同意、同意、不确定、不同意、完全不同意。将“完全同意”赋值为 5，“同意”赋值为 4，“不确定”赋值为 3，“不同意”赋值为 2，“完全不同意”赋值为 1。问卷主要包括培养目标与素质教育、课程设计、教学安排、校企合作和满意度五个方面。

（二）调查结果分析

1. 培养目标与素质教育

问题主要包括家长希望学院将自己的孩子培养成何种性格以及具有何种能力、何种知识结构的人。

从问卷结果来看，在知识结构上，家长更希望自己的孩子可以具备理论与实践相结合的能力，而不是只具备理论能力或者实践能力。在性格塑造上，家长认为加强对学生的思想道德以及社会责任感的培养非常重要。有 1/2 以上的家长非常希望自己的孩子毕业后能够成为企业的中高层管理人才，这也对学院提出了较高的培养要求。

2. 课程设计

课程设计与人才培养密切相关，课程设计是人才培养的重要手段和途径，征求家长意见可以较好地将家长对学生的成才目标与学院的人才培养目标联系起来。从调查结果来看，几乎全部的家长都对加强学生的英语能力培养非常同意，还有大部分家长非常同意应重视培养信息获取与处理能力，但是只有 1/2 左右的家长认为应该在学生的课程中增设与工科专业有关的课程。从中可以看出，部分家长没有认识到不同学科之间应该交叉融合，也没有意识到这与学生逻辑思维能力以及实践动手能力的提高密不可分。

3. 教学安排

调查结果显示，学生家长最重视授课教师在课堂上是否能够拓宽学生的知识面，是否能够传授给学生前沿的专业理论知识，是否能在创业和学术性竞赛中给予学生良好的指导。而对于教师是否具有工科背景则表示无所谓，这在一定程度上表明学生家长没有意识到学科之间的融会贯通和学科交叉对学生思维能力培养的重要性，也反映出学校、学院对学生的培养定位和指导上存在问题。

4. 校企合作

在实习和实践方面，家长希望学校和学院能够给学生提供更多的校外实习机会，也希望能够有更多的企业家到校内开展讲座。本书曾对开设工科课程进行调查，当时部分家长并不赞同，但此次关于就业的调查结果却显示大部分家长希望孩子能够到工科背景的企业就职，理由是工作稳定、技术含量高、能够掌握真本事。这说明学生家长并不是完全反对经管类专业开设工科相关课程，而是关注开设工科课程之后，学生是否能够学会、学好，对工科课程在实践中是否有用、能用存在一些隐忧。

5. 满意度

约一半的家长认为从工科背景院校毕业的经管类学生会更有竞争力，绝大部分家长表示对于孩子可以就读华北水利水电大学管理与经济学院表示非常满意。这说明学校在社会上具有一定的知名度、美誉度、可信度，但家长对工科专业知识与经管类专业知识的融合仍有一定的担心。

第三节　华北水利水电大学经管类人才培养过程中存在的问题

管理与经济学院是华北水利水电大学成立较晚，但发展较快的学院。在学校党委的正确领导和支持下，学院领导班子和广大教师凝心聚力、勇于开拓，在人才培养的各方面取得了较大的成绩。根据学校出台的诸如《华北水利水电大学关于进一步促进学生学业全面发展的若干意见》（华水党〔2013〕31号）等文件的要求，详见本书附录四，学院在人才培养方面不断开拓创新，但是在人才培养过程中也存在诸多问题。

一、师资队伍建设问题

（一）实践经验缺乏

管理与经济学院有108位教师，其中除11位行政机关兼职授课教师外，实际在学院工作的教师有97人，其中教师岗有80余人。有企业经历的教师较少，90%以上的教师是从校门到校门，虽有专业理论知识的积累，但缺乏企业工作的经验，这与经管类专业人才培养的操作性、实用性、实践性的特点相悖，尤其是讲授市场营销、工业工程、物流管理、国际经济与贸易、会计账表等实务课程的教师，如果缺乏实践经验，很难将理论知识融会贯通于实践操作，同样也很难将实际工作中存在的问题与经验融入课堂理论教学中。

（二）教学动力不足

职称导向型已是很多高校教师发展的有效模式。在这种发展模式下，教师以教学工作量的最低要求为标准，以不出教学差错、教学事故为目标，在关注教学质量和教学能力提升方面投入较少。一些教师认为，无论教学质量好坏，其所获学时酬金并没有什么不同，而且职称评审条件仅有教学学时最低标准，没有严格的质量标准。但在科研方面，如果发表规定级别和篇数的文章，完成规定级别的项目，获得省厅级以上奖励且符合规定名次，再有些主编或参编教材等，职称评定就有了保障。另外，大部分本科院校对科研的重视程度都高于教学，科研奖励力度非常大，而且可能是多头奖励，可谓双赢或多赢。因此，在教师中重科研轻教学现象十分严重。部分教师课前不认真备课，课堂上或照本宣科或读幻灯片（PPT），课后辅导、答疑、批改作业多为应付，甚至有些教师根本不给学生布置作业。总之，一部分教师教学投入严重不足，把教学当成副业。

（三）教学手段与方法单一

目前，大多数教师虽然都能利用幻灯片进行教学，但是不能很好地利用幻灯片辅助教学的功能，反而让幻灯片代替了传统的板书，再加上时间、精力投入不足，有些教师制作的幻灯片质量不高。交互式教学、案例教学、话题式教学等方法虽然都有所采用，但使用的合理性、有效性有待商榷，学生参与课堂教学的积极性不高。

（四）教育教学研究不够

近年来，管理与经济学院的教改论文数量不多，且大部分是评职称教师为达到基本条件而发表的，教改立项较少。

（五）关注学生不够

教书育人是对教师职业的最高评价，也是基本评价。教书是教师的职责，如果一个教师仅完成了授课任务，只能说他完成了教师一半的工作量，严格意义上讲，他仅是在传授知识，是一位不称职的教师。育人是教书的目标，所谓育人就是引导学生正确辨认真、善、美、假、丑、恶，树立正确的价值观和道德标准。正如司马光所言："才德全尽谓之'圣人'，才德兼亡谓之'愚人'；德胜才谓之'君子'，才胜德谓之'小人'。"①

二、学生问题

（一）学习无计划，生活无规划

中学时期，考大学是学生唯一且十分明确的目标。学生在家长、教师高压式管理下不得不努力学习。那时候，家长和老师常说的就是努力学习，考上大学就好了。也许正是这句话的鼓励，使学生在高考中取得了理想的成绩，也正是这句话给学生后来的大学教育埋下了很大的隐患。进入大学校门后，没有了家长的陪学和叮咛，也没有了教师的督学和检查，靠的是自我规划与管理。这时，个别学生就像断了线的风筝，要么随波逐流，要么我行我素，逃课、旷课现象时有发生，严重影响教学秩序。

① 司马光．资治通鉴［M］．长春：吉林大学出版社，2014：4.

（二）学习动力不足

整体来看，大学生的学习动力较中学时期要差一些，究其原因：一是失去了明确的升学目标；二是缺乏家长及教师的督促和监管；三是多了手机、网络等诱惑。尤其是个别学生中学时期学习较好，进入大学后由于种种原因，不能实现中学与大学的很好过渡，最终无法适应大学生活，出现各种问题。从华北水利水电大学多年的毕业率和获得学位率来看，挂科门数最多的是大一和大二的学生，有些学生一学期挂科甚至达到5～6门，不到两年就已经失去了获得毕业证与学位证的资格。学院在对挂科较多或学分绩点较低的学生进行约谈时，发现其中个别学生高考分数并不低，甚至有的在中学时期是非常优秀的学生。

（三）缺乏探究科学的精神和创新意识

大学时期与中学时期最大的不同是学习方式的改变：由被动学习变为主动学习，除了学习好培养方案规定课程外，要结合自己的爱好和未来发展，进行自主学习和锻炼，培养自己的科学探究精神和创新意识。然而部分同学对大学的认识较为模糊，仅仅为了上课而上课，更甚者有迟到、旷课等情况，上交作业应付，对课堂上听不懂的问题不管不问。此外，大学的授课和学习模式与中学不同，使得个别大学生不愿学、不会学，尤其是文科类课程，觉得课本基本能看懂，考前突击就能过关，所以，浮躁是他们的最大缺点。但是，基础理论学习不仅仅是大学生进一步学习的基础和条件，更是培养学生探索科学、追求真理的良好习惯的重要途径。

（四）重文体活动，轻自主学习

据调查，大学一年级学生参与社团活动的积极性非常高。管理与经济学院2013级的一位学生，大一第一学期挂科4门，学院在排查原因时发现该生高考成绩接近一本分数线，并且非常聪明，参与学院活动也很积极。在约谈时，该生说成绩不好完全是他父亲的原因，因为他父亲一再强调大学生参与社团活动的重要性，学习不要像高中时那么拼，大学是走向社会的最后一站，应该多锻炼学习之外的其他能力。乍一听，这位学生的父亲肯定是一位有经验的人，说的一点也不错，他的建议也代表了部分家长的心声，但是，一定要给孩子讲清楚，学习与参加社团活动的关系。

三、管理问题

（一）重学科建设，轻本科教学

虽然管理与经济学院是华北水利水电大学较为年轻的学院，建院仅有20多年的历史，但是已成为河南省唯一的管理科学与工程一级博士点授予单位的主要依托学院，也是学校三个博士学科主要依托学院之一。学院的成绩与学校领导的重视密不可分，与学院领导的励精图治、抢抓机遇密不可分，尤其是最近10年，学院引进了大量的高层次人才，提出了战略性的发展规划，在学科建设、办学理念上走在学校的前列。尽管近年来学校、学院在人才培养和学科发展方面取得了较好的成绩，但对学生学习与生活的关心、关注不够。

（二）人才培养认识偏差

人才培养是一项复杂的系统工程，大到培养方案，小到课程报告，统一规范、科学管理非常必要，但不同学科的人才培养与管理差异很大，如经济管理类专业，在专业知识学习的过程中，应着重培养学生博大的胸怀、前瞻性的眼光，提高学生分析与解决问题的能力。经管类专业培养方案的设计，更应充分体现"宽口径、厚基础"的宗旨。① 课程设计必须紧紧结合政治经济形势的发展，实践教学应以创新创业为契机，服务地方经济发展为目标，注重学生发散思维能力的培养。要求学生多读书，读好书。古人云："书中自有黄金屋。"这句话对经管类专业学生尤为适宜，因为经管类人才的悟性很重要。所谓的悟性就是抢抓机遇，分析、总结、解决问题的能力。这种能力不会心血来潮凭空产生，而是知识、经验、时间积累的结果。在经管类人才培养的认识方面，现在一些中学教师和家长在学生文理分科时错误地认为，成绩不好的就学文科，认为文科就是背背记记，没有深浅标准，好拿文凭。殊不知，文科并不好学，它对智力的要求不亚于理科。严格来讲，经济管理类专业是文理交叉学科，在人才培养中不仅要体现文科专业的宽厚、博大，而且要体现理科专业的严谨、深邃。

（三）教学管理差异化不够

本科生教学管理事无巨细，责任重大。华北水利水电大学教学管理是比较规范、严格的，教务管理得到各级领导及社会的高度认可，是全国示范教务管理单位。当然在教务管理工作中也存在一些不足，如理工科类、文科类、经管类教学管理模式没能区别对待。从授课特点上看，经管类课程授课灵活度较大，板书不像理工科专业那样规范、细致，要求学生课堂交流、互动较多；课后作业多为资料阅读、案例分析、小组讨论等。这就需要教务管理针对不同类专业特点，制订与之对应的教务管理模式。另外，从每年两届的青年教师讲课大赛中，也可以清晰地看出文科类专业的教师与理工科专业的教师授课风格是有较大差异的。因此，学校在对不同学科教师进行评价时，不应采用单一的评价标准，应结合理、工、文不同学科的特点设计不同的评价指标体系。

（四）学生管理队伍偏年轻

目前，我国大部分高校辅导员是由刚刚毕业的硕士生担任。如华北水利水电大学管理与经济学院学工办共有 9 名辅导员，其中 5 名是近几年招考的研究生，4 名是本校的推免研究生。有朝气、与学生共同语言多、沟通便利等是年轻辅导员的优势，但其缺陷是缺乏工作经验，因年龄相仿，说话震慑力不够，尤其学生在学习、生活、心理出现问题时，不能及时发现，不能设身处地走进学生心中，与其进行有效沟通与交流。在辅导员问题上，笔者强烈建议辅导员队伍应走向专职化、职业化。

四、培养方案设置问题

（一）培养目标定位不准确

在人才培养目标定位时，首先要界定本科教育与研究生教育、高职高专教育的区别，界定本校本专业人才培养与其他高校本专业人才培养的不同，界定本校本专业人才培养与本校优势专业及其他专业人才培养的关联性。如高职教育市场营销专业人才培养目标是为企业输送市场调

---

① 陈莹．学科交叉背景下经管类专业人才培养模式研究[J]．郧阳师范高等专科学校学报，2013(3)．

查、推销及基层管理人才,而本科市场营销专业的人才培养目标是为企业输送市场分析、策划、营销及中高层管理人才。华北水利水电大学经管类人才培养目标,应充分结合水利水电行业优势,以培养高于职业技术类、低于硕士研究生教育水平的学生为目标。华北水利水电大学经管类人才培养目标,工科背景不够突出,应用型没能凸显。对于本科毕业生的具体去向,学校和学院并不十分清晰,可查阅到的资料大多为向企事业单位和科研机构输送,但具体是向何种类型、何种规格的单位输送人才并不明确。学院应该结合学校的优势和外部环境条件,制订特色的经管类各专业的人才培养目标。除此之外,华北水利水电大学经管类人才培养目标还应结合河南省经济社会发展需求,基于农业大省、水利大省、交通枢纽大省、物流大省等需求进行定位。

(二) 课程设置合理性有待提高

1. 所开设课程实践性有待提高

首先,目前本科专业开设的课程所学习的内容与实践之间的联系不紧密。经济管理类专业是实践性较强的专业,所学课程内容必须密切联系实际。所开设课程缺乏实践性,主要表现在以下四个方面。一是教材内容和实际的结合不够紧密,很多高校使用的教材大都是高校教师组织编写的,内容大同小异,且是从理论到理论的范式,学生空学了很多理论,要么与现实不符,要么内容陈旧。二是国内案例偏少且内容不完整。随着经济的不断发展,国内很多企业在国际上的影响力及地位大幅提高,如阿里巴巴、华为等,但编入经管类教材中的案例不多,即使编入,也是要么内容陈旧,要么只知其一不知其二,缺乏全面的、较新的资料。三是国外案例的中国特色提炼不够。很多知名的、成熟的经管类案例都是国外的,但任何案例的成功与失败都是有背景的。因此,教师在讲授案例时必须将国外案例成功与失败的地方与中国现实紧密结合,搞清其指导价值。四是学生参与企业实际调研、实习、实训少。从华北水利水电大学经管类专业培养方案看,大部分课程是纯理论授课,只有部分课程有实习、实训,但时间很短、课时很少,部分专业大二或大三有一周或两周专业实训,而且大多在实验室模拟训练,即使到企业去也是走马观花,了解大概的生产程序或工艺。

2. 课程的关联性有待提高

所谓课程的关联性,即开设课程的先后顺序间的逻辑关系。换句话说,就是先修课程要为后修课程做准备和铺垫,后修课程是对先修课程的进一步拓展或深化。课程之间相互联系、相互呼应,形成一个合理、科学的整体。从目前华北水利水电大学经管类专业的课程体系看,个别专业的个别课程设置有待仔细斟酌和商榷,部分课程之间简单堆砌,关联性较差。

(三) 实践教学环节有待提高

从华北水利水电大学经管类专业培养方案来看,理论教学学时远远高于实践教学学时,是以理论教学为主、实践教学为补充的人才培养框架。学校对理论教学的要求及激励方法比较多,比如督导员听课制度、教研室活动要求、青年教师讲课大赛等,而对实践教学的要求及激励方法却有欠缺,注重实践的观念还没有体现在教师的教学中。理论教学的评价体系较为完整,设置了班导师听课表、领导干部听课表、教师理论教学质量评价表(教师用)等,但缺乏实践教学考核评价体系。

支持实践教学的硬件设施无法满足教学需要。实验教学作为实践教学的重要方法之一，专业的实验室是不可或缺的，但经管类专业的实验室和硬件设施都较为落后，如机房计算机台数不能同时满足多班同时上课，且运行速度慢、网络较差，课程软件不够先进或不足，导致很多教师将实验教学取消、减少或者合并。另外，实验室管理人员缺乏，也间接影响了实验教学效果。

实践教学环节相对薄弱还表现在校外的实习基地数量少且质量不高。学生在课堂上所学到的基础理论知识需要亲自实践才能真正运用到实际中，才能真正发挥理论学习的作用，但是少有企业愿意接收本科生到单位去实习，这使校外实习基地建立较难，即使签订协议，进入实质性实习也很难。另外，学校和学院对实习基地的管理和合作方式都有待进一步探讨和完善。

五、对学生创新能力培养不够的问题

人才的创新与创造能力的培养是学校人才培养的重要部分，但目前，大多数的本科毕业生缺乏创新能力与创新意识。教师在教学过程中，虽然也采用了多种教学方法，如案例教学、情景演练等方法，但是教师在课堂上运用这些方法的时候仍然是居于主导地位，学生依旧是按照教师的安排按部就班地去实施，教师并没有从根本上调动学生的自主性和积极性，也就无法激发学生的创新创造能力。

为提高大学生创新创业能力的培养，华北水利水电大学出台了《华北水利水电大学“大学生科技创新创业训练计划”项目管理办法》(华水政〔2014〕11 号)，详见本书附录五。该方法规定了大学生创新创业训练计划的实施原则、工作领导小组、团队建设、项目申报等，但学校还没有出台针对大学生创新创业的考核、评价办法。创新创业的形式是多样化的，其考核也应采用多样化的手段，仅采取传统的考试形式无法满足学生综合能力与综合素质考评的要求，应该将部分创新能力培养纳入学生的素质类课程积分或综合素质积分中。

第四节 华北水利水电大学经管类人才培养存在问题及其成因分析

结合多年教学及教学管理工作经验，针对上述问题，本书将华北水利水电大学管理与经济学院人才培养过程中存在的诸多问题概述为以下五个方面。

一、师资队伍建设问题及其成因

(一) 实践经验不足

教师实践经验不足是由多种原因造成的，其主要原因是大部分教师是从校门到校门，且教学压力大，没有实践锻炼的机会。如管理与经济学院的教师需要完成经济学、国际经济与贸易、市场营销、会计学、工业工程、物流管理、信息管理与信息系统 7 个普通本科专业的教学工作。除此之外还要完成国际经济与贸易和市场营销双学位本科教学、三个一级学科硕士研究生教学、工商管理学硕士教学、会计电算化国际合作专科教学、专科助学本科教学等，76 位专职教师每年要承

担大量的教学任务。尽管学校最近几年也鼓励青年教师进行实践锻炼,但学院这些年仅有4位教师参与,且由于教师少、课程排不开,他们在锻炼期间还不同程度地承担学院教学任务。大部分经管类课程的实践性非常强,如要讲好市场调查与预测这门课,授课教师若没有市场调研经验,就只能照本宣科;再如要讲好财务报表这门课,如果教师没有亲自做过企业报表,就缺乏讲好这门课的底气。

(二)教学动力不足

教学动力不足既与教师个人有关也与管理制度有关。从主观上讲,一个教师花三天时间认真备课,上完一次课是两个学时;不充分备课,上课时夹着书本、读幻灯片,上完一次课也是两个学时。与其浪费时间备课还不如写写论文、做点科研项目。因为这样不仅可以得到奖励,而且还可以作为晋升职称的条件。换句话说,考核制度、职称晋升制度虽然是激励教师教学的指南针,但在职称晋升条件中,对教学只有基本工作量的要求,其质量好坏则由所在学校给予结论即可,而大部分学校会给予晋升职称的教师优秀的结论,很少考虑实际教学效果的优、良、中、差。相反科研论文、项目、获奖数量在职称评定中有严格的数量及档次要求,因此,很多人为了评职称,忽视了教学工作。另外,从教学与科研的报酬差异上看,一节课仅30元左右,但发表一篇论文、做一个项目不仅有利于职称评定,学校还有高额的奖励,更可得到领导和一般教师的高度认可,这也是导致教师教学动力不足的原因之一。

(三)教学手段与方法单一

教学手段和方法改革需要大胆创新。创新是要下功夫、花时间的,在现有的教育教学体制下,出力不讨好的事情谁也不愿意去做。在有板有眼的填鸭式传统教学模式下,教学管理者和教师对教学方法与手段已有了固有形式。例如,有位教师上课时从讲台上到讲台下,并且边走边与学生沟通,正好被督导教师发现,其就因另类行为被批评。假若讲证券投资的教师按计划是理论授课,但恰遇证券市场大变,临时需要将理论授课调整为讨论内容,但因不符合要求而不敢、不能调整。若擅自以讨论形式进行授课,被教学督导人员发现就要解释清楚。对经管类课程来说,因与经济、政治形势结合较为紧密,适时调整教学内容与手段是完全有必要的。案例教学、交叉互动教学、演讲式教学等这些是可以提前计划的,但有些方法则是需要随堂采用的,只要对理论教学有帮助,就应该鼓励教师大胆尝试。当然,严格管理是件好事,但一定要有弹性,理工类课程和社科类课程要区别对待。管理制度是制约教学手段与方法创新的最大瓶颈,只有制订一系列科学、合理、切合实际的教学管理制度,才能从根本上调动广大教师不断改革、创新教学方法与手段的积极性。

(四)教育教学研究不够

管理与经济学院100余位教师,4年间发表的教改论文不足20篇,也就是说每年只有需要晋升职称的教师才会撰写教育教学论文,并且有可能是为了论文而写论文,论文内容根本与所上课程无关。教师,顾名思义是教书育人,教书是达到育人目的的一种方法,育人才是教师的职业目标和宗旨。所以,对教师来讲,基本的职业道德是教书,在教书的过程中用自己的知识影响学生,用自己的人格魅力感化学生,只有这样才能达到育人的最终目的。但是现在个别的大学教师把给学生授课当作副业，把科研当成主业，也就是说把自己定位成研究人员。大学里重科研本无可厚非，但太功利化就适得其反，会严重影响教师的教学积极性。

（五）关注学生不够

大学的大规模扩招使师生比例严重失调。按照规定，师生比达到 1∶14 为优秀，1∶16 为良好，1∶18 为合格，小于这个比例就要给予黄牌警告、限制招生等。管理与经济学院按每届本科生 570 人计算，学院在校生大约为 2 300 人，专职教师仅 76 人（108 人含教辅人员及行政机关人员）。在学生人数多、教学任务重、科研压力大的情况下，教师不可能顾及每个学生的成长，学生认不得教师，教师认不清学生就成了常事。

二、学生问题及其成因

（一）学习无计划、生活无规划

现在的大学生有主见、有个性也很聪明，但缺的是奋斗和吃苦精神，缺的是自我规划与管理意识。华北水利水电大学每年有 4% ~5% 的学生拿不到毕业证或学位证，这些学生中 70% ~80% 是因大学期间学习无计划、生活无规划造成的。究其原因如下。一是从小父母包办太多。个别学生长期旷课、迟到，厌学情绪严重，当询问其原因时，学生说不喜欢所学专业，但迫于父母的压力不得不学。二是学校引导不够。华北水利水电大学大一新生入学后，一般要进行专业教育，让新生粗浅地了解所学专业的定位、目标、课程设置、毕业去向等，但是大一开设的是思政、数学、英语、计算机等基础课，似乎与所学专业没有太多联系，这时如果学校、学院专业教育跟进不够，会使学生不自觉地陷入专业学习的困惑，他们不知道学习数学、英语、计算机等课程与所学专业有何关系，自己需要为今后专业学习做哪些准备等。假若在大一新生入学时，学校就能把所学专业与课程之间的关联性讲清楚，能够引导学生做一份大学四年的学习、生活规划，在大二、大三、大四学习过程中再帮助学生不断调整、修改，其结果可能会好很多。

（二）学习动力不足

当今大学生学习动力不足的主要原因有以下三个方面。一是学生中学时学习太苦，好不容易走出苦海，总想享受一番。二是人才培养与社会用人单位需求脱钩，所学知识老化。由于培养方案的滞后性，部分课程调整不及时，再加上课本知识陈旧，结果使大学生没出校门所学知识就已经落伍了，最终结果是大学生找不到工作，用人单位也招不到合适的人。近两年有个别学生申请放弃学业或放弃答辩，他们的理由是拿不拿毕业证无所谓，想早点到社会上去锻炼。在有些学生看来，大学毕业生与外来务工人员没有多大区别，当然他们仅仅是从眼前的收入去衡量，至于未来的成长与发展并不在其考虑范围内。他们需要明确的是同样是打工者，有的人在山顶上，有的人在山脚下；有的人是长期的，有的人是短期的。

（三）缺乏探索科学的精神和创新意识

为什么政府要提倡“大众创业、万众创新”？中国有占世界 1/4 的人口，是世界上硕士生、博士生数量最多的国家，但诺贝尔自然科学奖获得者却很少。2015 年诺贝尔生理学或医学奖获得者屠呦呦，既没有博士学位，也没有留学经历，更没有院士头衔；诺贝尔文学奖获得者莫言更是连大学也没有读过，这是对我国教育的警示。我校管理与经济学院的本科生发表论文的寥寥无几，就连他们应该完成的课程作业、毕业论文，个别学生都不愿动脑、动手去完成。2014年，学院成立了创新创业指导中心，有专门的教师负责组织学生申报创新创业项目，一旦申请成功，国家、学校都给予一定的项目资助，但目前来看，学生申请的积极性远远低于预期。所以，培养学生的科研精神和创新意识，是我国教育部门的当务之急，也是实现“大众创业、万众创新”的必要条件。

（四）重文体活动，轻自主学习

大学期间学生积极参与文体活动无可厚非，但要结合自身的优势，适当参与。重文体活动的原因有以下几个方面：一是学生普遍中学学习太压抑，一旦进入大学迫不及待想要释放；二是受父母和中学教师片面地强调大学生参与活动的重要性影响；三是自己误认为大学学习任务轻，想通过参与文体活动来打发闲暇时间。

自主学习是一种能力，需要有主观能动性作为保障，这正是现代大学生所缺少的。学生的自主学习能力一般呈阶梯状，即越是成绩好的大学生，自主学习的能力越强。自主学习是一种习惯，成绩的好坏并不能表明学生智商的高低。对于大学生来说，轻自主学习的另一个原因是不知道如何去学，这与学校的引导有关。就管理与经济学院来说，每年都对入学新生进行专业教育，介绍本专业的课程、学分、学时，但却没有告诉学生究竟应该如何去学。同时，班导师作用发挥不够，甚至徒有虚名，而且辅导员大多存在所带专业与所学专业不匹配的情况，对学生的学习引导能力有限。

三、管理问题成因

（一）领导重视不够

在高校中，二级学院的领导压力较大，不仅要完成学校安排、布置的任务，而且要谋划学院发展，还要上课、搞科研，工作千头万绪，忙忙碌碌，根本没有时间和精力走访学生。就笔者本人来说，一直负责管理与经济学院普通本科教学、中外合作专科教学和二学位本科教学，中外合作专科教学和国际经济与贸易二学位教学没有统一的教务系统，学生日常的考试、补考、重修、实习、实训、答辩等都要求教学院长事无巨细地考虑、安排，还有培养方案、教学管理等制度需要制订，这些使笔者根本没有太多时间接触学生。

（二）人才培养认识偏差

工科院校经管类专业大都是20世纪八九十年代扩招的衍生品，一般来说都不是学校的主要学院。长期从事工科院校管理的领导会认为文科学院办学较容易，有学生、有教师、有场地就可以成立系或学院，至于设备、仪器、实验室有没有都不太重要。因此，从学校层面来说，给予支持的力度不够，经管类学院的话语权不足。另外，对工科院校的经管类学院来说，因成立较晚，积淀不够，自立自强是立足之本，必须真抓、抢抓机会，合理规划学院的发展目标，凝聚团队的力量，朝着既定目标奋斗。回顾管理与经济学院的发展，二十多年的风雨兼程，走过了从1个专业到7个专业的发展历程，突破了硕士点、博士点一级学科的授予权，教师数量由十多位发展到目前的100余位，无论是与同类工科院校的经管类学院相比，还是与本校其他二级学院相比，都是发展相对较好、较快的，但在人才培养方面仍然存在很多误区。随着教育改革的深化，学院需要进一步认清人才培养的重要性，扭转重科研、轻教学的现象，将教学与科研并重，视人才培养为学院生存与发展的目标与使命。

对经管类教师来说，应端正人才培养理念，在理论传授的同时提升自己的实践认识能力，依托工科学校背景，通过实践锻炼为应用型高素质人才培养奠定基础，扭转传统学生对于经管类人才培养大而空的错误认知。近两年管理与经济学院（以下简称“管经学院”）校内转专业情况非常严重，转专业的学生中 90% 转入水利和电力学院，其主要原因是家长和学生认为经济管理类专业较空，学不到东西。作为管经学院的教师，我们有义务做得更好，让事实证明一切。曾经管经学院对个别转专业同学进行调查，有 1/2 左右的同学表示他们进校时报的不是经管类专业。当问到你真的不喜欢目前的专业吗？他们有的答案是否定的；也有个别同学转走后，又要求转回管经学院，问他为什么，他说是家长强烈要求让转的；还有些同学则是看到别人申请转专业，也想试一试，甚至把能否转专业当成一种荣耀。

（三）教学管理差异化不足

从课程性质上讲，工科专业的课程技术性、操作性较强，学生的课后作业就是针对教师所讲内容进行练习、实验或实地考察。但经管类专业的课程多为理论陈述型，譬如对马斯洛需求层次理论的讲授，一般情况下教师会告诉学生，人的需求从低到高分为哪五种。但对每种需求包含的内容，不同的教师阐释的内容多少就不同了。有些教师讲授时仅给学生解释每一层级的含义，但有些教师会讲述如何运用马斯洛需求层次理论来激励个人和团队的发展，甚至还会用案例来说明马斯洛需求层次理论在现实中成功应用的价值。由此可见，同一个知识点，不同的教师因教学经验、授课方式方法、所花费的时间不同，授课的效果也截然不同。对学生来说，有的学生听了基本理论的五个层次，就觉得明白了，就不再认真听教师的进一步解释，不去领会更深的用途。讲好一门经管类课程难度很大，其中最难的就是教师能否做好导师，能否通过课程中每个知识点的讲授去激发学生运用该知识，并产生对相关知识学习的积极性，最终激发学生自主学习的兴趣。具体到教学管理中，工科院系与文科院系也应区别对待，如全校规定素质类学分不分文理均为 6 个或 8 个学分。但经管类专业能否规定 10 个或 12 个学分甚至更多？考核的方式能否多样化？能否在规定素质类必修的最低学分外，再给予一定的选修的弹性学分？选修课考核方式能否要求学生上交读书笔记或读后感等。

（四）学生管理队伍专职化

学生管理队伍专职化是高等教育改革的方向之一。从目前高校学生管理队伍来看，年轻化、转岗频、不稳定是普遍问题，辅导员带一届学生后就要求上课，转入教师队伍，参与职称评定，很少有辅导员能连续任职 8 年以上。任何管理工作都需要经验，尤其是从事对人的管理工作，如学生心理问题的解答，很多时候需要教师的经验和人格魅力，需要细致入微的关心和关怀。当然年轻人容易与学生打成一片，容易沟通与交流，但是也可能因为缺少经验，疏于问题的发现，可能使小问题演化成大问题。另外，学生管理队伍的知识结构及层次不够合理，从事经济管理类专业的辅导员，如果没有相关经济管理类背景，当学生学习有了问题时，他们的说服力往往不够，不能很好地介绍所学专业的前景、出路，往往需要与班导师相结合，但有些辅导员为了减少不必要的麻烦可能就到此为止。多年来，华北水利水电大学坚持辅导员与班导师两条腿走路，但成效依旧不太明显。其原因是责任不明，学生搞不清什么事该找班导师，什么事该找辅导员，假若辅导员队伍专职化、专业化，该问题就会迎刃而解。

四、培养方案设置问题成因

（一）培养目标定位不准确

造成本科院校经济管理类人才培养目标定位不准确的原因主要有两个方面。一是学校、学院对国内社会大环境、大市场的需求了解不够准确。经管类本科生培养目标定位处于两难境地，既要有别于经济管理类专业研究生的培养目标，又要有别于职业技术院校经济管理类专业的培养目标，以免陷入高不成低不就的危险与尴尬境地。对华北水利水电大学经管类专业的培养目标来说，还要充分考虑工科优势专业的背景下毕业生的出路问题。近年来华北水利水电大学经管类毕业生的出路有：70%～80%的学生就业或创业，10%～15%的学生成功考研，5%左右的学生出国或再考研。因此，其培养方案设置应侧重就业创业的需要；从就业的层面上来看，10%左右的学生去了大型国有企业，10%左右的学生选择了自己创业，80%左右的学生去了中小企业。事实表明，经管类本科生的培养方案应该严格遵守“厚基础、宽口径、重实践，强素质、求创新”的目标，并且要培养学生树立正确的、切合实际的就业观。① 二是学校、学院没有结合自身的特色来制订人才培养目标。从企业竞争视角看，核心竞争力才是企业生存与发展之基。所谓核心竞争力就是他无我有的优势。近年来，争生源抢生源的现象充分证明了高校之间竞争的激烈程度。华北水利水电大学的人才培养优势是：下得去、留得住、吃得苦、用得上、干得好。华北水利水电大学的经管类人才培养特色应该更多地体现“情系水利、自强不息”的办学精神，也就是说要紧紧围绕水利事业的发展制订各专业的人才培养方案。② 从专业设置角度看，经管类专业应与工科优势专业相匹配，进行横向一体化培养，重视水利电力行业经济与管理的需求，只有这样经管类专业才有出路，才能在与其他高校竞争中取得可持续发展的优势。

（二）课程设置不合理

管理与经济学院7个本科专业的课程数都在65门以上，学分为165～170，实践类学分30左右，其中包括“两课”类的社会调查1学分，军事训练2学分，毕业实习2学分，毕业论文10学分。也就是说实习、实训类课程总共只有15学分。由此看来，实习、实训类课程所占学分比例很小，绝大部分课程都是理论授课。在理论授课的过程中教师用得最多的教学方法就是案例教学，其中很大一部分案例来自国外。用外国的教材及案例来解读中国的经济发展、企业管理不是不可以，但必须结合中国的实际情况，总结出这些案例对我国的现实指导意义，恰巧这一点往往被我们的教师忽视。究其原因：其一是大部分教师是从校门到校门，不能很好地将所学理论与中国实

---

① 刘法贵．坚持立德树人 创新人才培养机制［J］．河南教育（高教），2014（1）．

② 朱海风．应将华水精神融入新的办学实践中［J］．华北水利水电大学学报（社会科学版），2007（5）．

际融会贯通;其二是授课内容多课时少,教师急于完成授课任务,没有时间完善授课内容;其三是教学激励不够,大多数教师不愿在教学中投入太多时间。这一点从近年来学院教研教改论文发表数量及质量上可见一斑。学院专业教师80余位,每年教研教改论文仅5篇左右,而这5篇还是教师为了评职称而发表的,大多为非核心期刊。

关于课程间关联性不强问题,近年来学生培养方案几经修改,这一问题基本得到了解决,但仍存在相近课程的重复性讲授。这主要是由于教学、科研的团队合作不够,教研室(或系)团队功能发挥不够,尽管学校每学期初都要求上报教研室(或系)活动计划,并要求活动计划中必须安排一定次数的教学、教研研讨,但效果甚微,其原因是没有形成团队氛围。例如,很多课程涉及人力资源管理,因为企业管理、项目管理、物流管理、工业工程管理的实质都需要对人进行管理,若诸位教师能一起探讨每个人应讲述的重点并合理分配,避免重复部分,就可以节约课时来讲述其他内容,也不至于同一个理论在不同的课程反复讲述,让学生反感或失去学习兴趣。

除上述原因以外,造成课程设置不合理的原因还有以下两个方面。一方面是专业负责人与教研室教师讨论不够,对培养方案制订欠斟酌、推敲,没有很好地考虑课程间的关联性;另一方面是课程设置时,仅仅照搬其他学校,没有根据自己学校的专业特色和教学资源优势来设计课程。

(三)实践教学环节薄弱

大多数教师缺乏实践教学经验。教师在实践教学方面起着很重要的作用,如果教师缺乏实际经验,实践性不强,其实践教学就会受到一定的影响。现实中大多数教师都是硕士或者博士毕业后直接进入高校任教,平时也很少有机会参与社会实践锻炼,对企业管理和市场经营中的具体问题接触较少,因此,在指导学生过程中,缺乏将理论知识运用于实践的能力。本书认为,扩招的压力使得高校教师严重不足,科研的压力使得高校教师投入教学的时间与精力更加不足,没有参与社会实践锻炼的机会,也就没有沉淀、践行理论知识的可能。

实践教学评价体系不科学、不完备。评价体系是对实践教学质量的监控和保障,通过评价可及时发现实践教学过程中存在的问题与不足,并对其进行及时修正、完善。简单地说,本书认为:学校对于实践教学评价的重视程度不够。总之,华北水利水电大学的理论教学考核与管理体系较为完备,但实践教学考核与管理体系有待建设和完善,尤其是要考虑不同专业的特色,分学科建立相应的考核体系和提供相关政策支持。

实践教学环节薄弱在很多高校均不同程度地存在,其原因复杂多样、千差万别。如华北水利水电大学实习经费使用的规定10年不变,最让教师和学生头疼的是两校区办公问题。拿管经学院工业工程专业的金工实习来说,由于实习地点在老校区机械学院金工厂,学校将实习经费按学生人数划拨给机械学院,因实习班级多,金工厂指导教师少,每次实习都要反复联系甚至更改计划,尤其是管经学院搬到新校区后,工业工程专业的金工实习更是困难重重。到老校区的公交车少且拥挤,学生无法按时到达;实习学生在老校区没有住处,两周每天来回路费无法解决,等等。2013年、2014年的金工实习,学院在征求学校意见后,答应按每生每天10元补助,即每生两周共计100元,学生按此标准事先垫付,以班级为单位每天租车,但报账时仍然存在问题。

华北水利水电大学管理与经济学院的实验室建设在同类本科院校中还算不错,但仍不能满足现代产业或行业发展的需要。例如,营销实验室还是前几年采购的营销沙盘,远远不能满足网络营销的需要;会计实验室的手工模拟实验,已滞后于现代会计电算化的需要;物流管理实验室的插车、仿真已落后于物流企业的实际操作。管理与经济学院近两年来非常重视校外实习基地建设,7个本科专业与校外20余个单位签订实习基地合同,但真正能接收学生实习、实训的基地不到5个,即使同意学生去实习,也只能是参观,很少有实习基地同意学生到一线实际操作。即使是学生的毕业实习,也是做样子、走形式的偏多,管理十分不规范。

五、对学生创新能力培养不够成因

在“大众创业、万众创新”的背景下,高校肩负着创新创业人才培养的重要责任和义务。我国每年的高考录取率达到70% ~80%,也就是说70% ~80%的高中毕业生将步入不同类型的高等院校,两年、三年、四年后他们当中的大多数将由高校走向社会,他们的创新创业能力一定程度上代表着整个社会未来的创新创业能力。因此,高校教师的教学方法、手段、模式亟须得到改革与创新,只有教师教学的创新才能带动学生创新。

由于缺乏实践教学的考核与管理体系,华北水利水电大学的实践教学有待加强与提升。对管理与经济学院来说,应充分发挥创新创业指导中心的作用,引导、鼓励、支持学生申请创新创业项目,在校内形成良好的创新创业氛围。另外,建议学校、学院将学生的创新创业活动项目与学生的综合素质积分、毕业论文、优秀毕业生评选、研究生推免等挂钩,多管齐下调动学生的创新创业主动性,使其积极申报项目参与活动。

第 8 章

华北水利水电大学“飞机型”经管类人才培养模式应用

本章从华北水利水电大学经管类人才培养定位分析入手，阐释其人才培养模式创新的指导思想，在此基础上，将“飞机型”创新模式应用于华北水利水电大学 2016 级经管类人才培养模式的调整与改革中，内容详见本书附录九。

第一节　华北水利水电大学经管类人才培养的定位

人才培养目标的正确、清晰定位是高校管理中的重要环节之一，即我国不同地区、各种类型的高校都应充分考虑其在高等教育体系中的地位及责任，并结合其所处区域及行业经济发展需要，制订切实可行的人才培养目标及可持续发展战略。

一、高校人才培养定位的内涵

高校人才培养定位，从某种意义上讲即办学定位。其作为高等院校管理体制改革的重要内容与环节之一，同时也是高校面向社会行使办学自主权的体现。明确的办学定位是为了更好地适应社会主义市场经济体制的需要。在一些发达国家，现代意义上的高等教育的发展历史相对较长，各类型高校都十分重视面向社会找寻自己的生存与发展空间，并始终如一地坚持自身的办学理念与特色。这为国内办学定位并不十分清晰的高校提供了借鉴。

如何确定办学定位不仅是校党委和校行政部门少数领导的事情，也需要学校不同群体共同参与，特别是一线任课教师和中基层管理者要有一致的认同才能最终确定。只有这样，才能保证所确定的办学定位得到有力实施。高校的办学定位主要指办学者依据学校自身所处的环境和条件，结合当地的政治、经济、文化发展需要，充分考虑学校的办学现状，以此来确定学校长期和近期的发展方向、发展目标和办学特色等。因此，在确定高校办学定位的时候，应考虑办学定位的延展性和继承性，同时照顾到长远的和短期的发展规划，另外，在不同的发展时期，学校的办学思想和教育理念也会发生相应变化。[①]

我国高校的办学定位一般遵循以下思路：宏观上，坚持社会主义理念办学指引的同时，还要考

---

① 张德鹏，张凤华，黄嘉涛．工科院校管理类专业创新教学体系探讨——基于“管工融合”视角[J]．中国市场，2013(33)．

虑国际上高等教育发展的趋势和方向；中观上，紧密结合国家和地方政治、经济、文化的发展动态，思考这些发展中的变化对高校的办学定位提出何种新要求，进而明确学校在国家和地方发展中应担负的责任和应发挥的作用；微观上，办学定位的确定不仅要与高等教育系统内部的教育分工相协调，找准自己的位置和职责，还要参考地方的经济、社会、文化的发展可能对高校的办学定位、办学层次和规模等产生的影响。[①] 这些细节的确定和研究是高校进行正确定位的必要条件。高校的办学定位具体包括的内容有：发展目标的定位、办学特色的定位、办学规模和层次的定位、人才培养规格的定位、社会服务面向的定位等。由此可知，高校办学定位是一个涵盖了诸多细节的动态的大系统，也是一个静态的战略规划。因此，既要考虑社会需求的差异、规模、变动等状况，又要考虑高校自身的人力与物力供给条件。本书仅针对高校人才培养的规格如何定位进行阐述。

在产品生产中，规格就是对产品的质量提出的要求或标准。类似地，人才培养规格就是在高等教育发展到大众化阶段的今天，社会和企业对不同类型和不同专业毕业生的不同质量评价标准，如将其界定为实用型、学术型、复合型、应用型等。因不同规格人才的出路和发展目标不同，对其所掌握的知识和能力、综合素质的要求也有所不同。因此，高校在设计人才培养规划时，应当按照不同的规格来设计人才培养规划，这样才能保证人才培养的质量维持在一个较高的水平。而所谓人才培养规格定位，就是高校要确定以培养哪种规格的人才为主要任务，据此设计相应的培养规划和质量评价标准。高等院校要真正重视人才培养质量，就要强调人才培养规格定位的重要性，有了正确和清晰的人才培养规格定位，才能确定高校人才培养的总体目标，进而为全校的教育教学发展和改革提供可靠依据。

人才培养规格定位由高校的功能定位决定。现代高校的功能分为人才培养、科学研究和社会服务三大功能，而人才培养功能是高等院校办学的基本功能（如图 8.1 所示），也是高校生存与发展的动力和源泉。本书认为：不应以三大功能的有无来衡量高校办学质量好坏和水平高低，任何一所高校办学都应具备三大功能，区别在于以何种功能为主。

人才培养规格定位与高校办学功能密切相关，高校办学的人才培养、社会服务、科学研究三大功能对应于人才培养规格的实用型人才、应用型人才和研究型人才。如果高校定位为教学型院校，则其人才培养规格对应的是实用型人才，其人才培养功能主要是培养生产、服务、管理一线所需要的专科层次技能型人才，其科学研究功能更多着眼于技术创新，是应用技能研究的主力军，其社会服务功能主要是为社会提供高级应用技能型人才和应用技能研究成果。如果高校定位为研究教学型院校，则其人才培养规格对应的是研究型人才，其人才培养功能主要是培养硕士、博士等高层次人才，其科学研究功能更多着眼于原始创新，这些高层次人才是国家基础研究和应用基础研究的主力军，其社会服务功能主要是为社会提供研究型人才、基础理论研究成果和尖端科学技术成果。如果高校定位为教学研究型院校，则其人才培养规格对应的是应用型人才，其人才培养功能主要是为地方培养经济发展和社会进步所需要的本科层次的应用型高素质人才，其科学研究功能更多着眼于集成创新和引进、吸收、再创新，其社会服务功能主要是为社会提供应用型高等技术人才、应用理论研究成果和应用技术开发成果。由此可见，不同高校的办学功

---

① 郭桂英，姚林．关于我国高校办学定位的研究[J]．江苏高教，2002(1)．

能对应其不同的人才培养规格，如图 8. 2 所示。

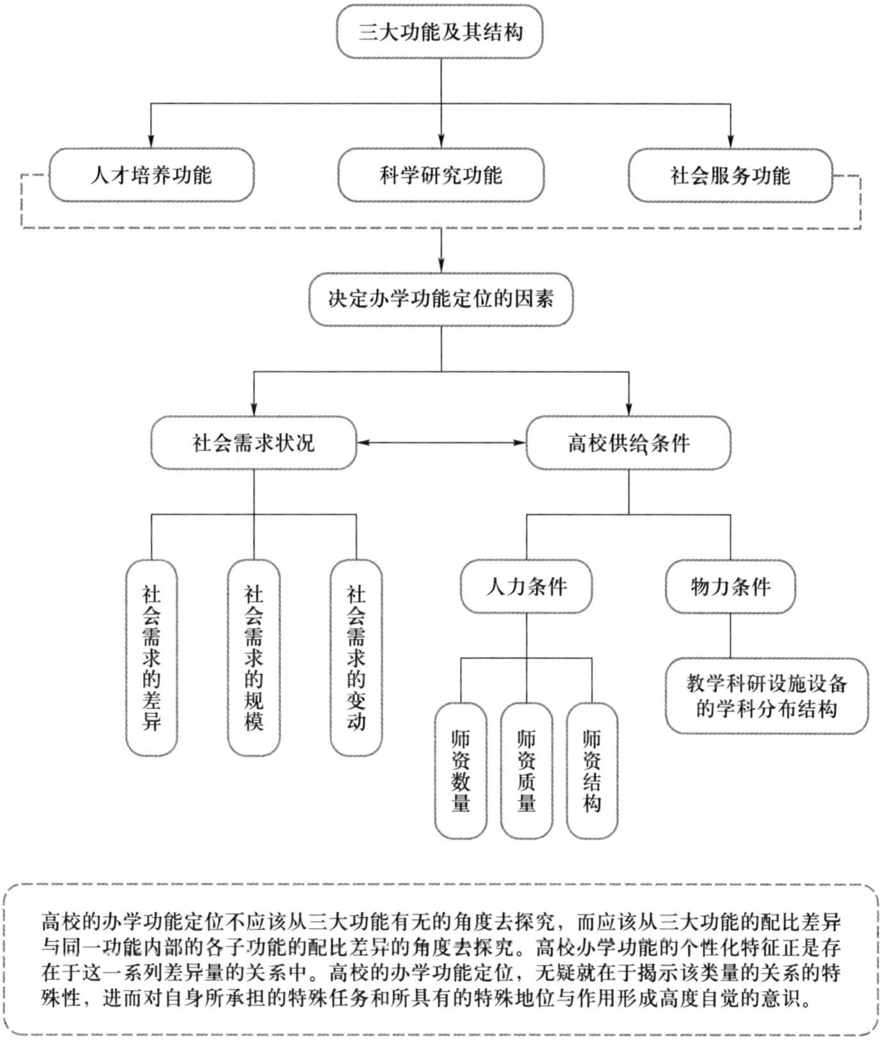

图 8. 1　高校功能定位及其结构图

二、管理与经济学院办学及人才培养定位

华北水利水电大学以“建设特色鲜明的高水平教学研究型大学”为发展目标，正在努力由“教学型大学”向“教学研究型大学”转变，其人才培养规格致力于应用型人才培养。[①] 管理与经济学院作为二级学院，历经建院 20 余年的凝练，形成了学院的办学定位和人才培养目标定位，如图 8. 3 所示。

---

① 朱海风．以省部共建为契机，加快高水平教学研究型大学建设[J]．华北水利水电学院学报(社会科学版)，2009(6)．

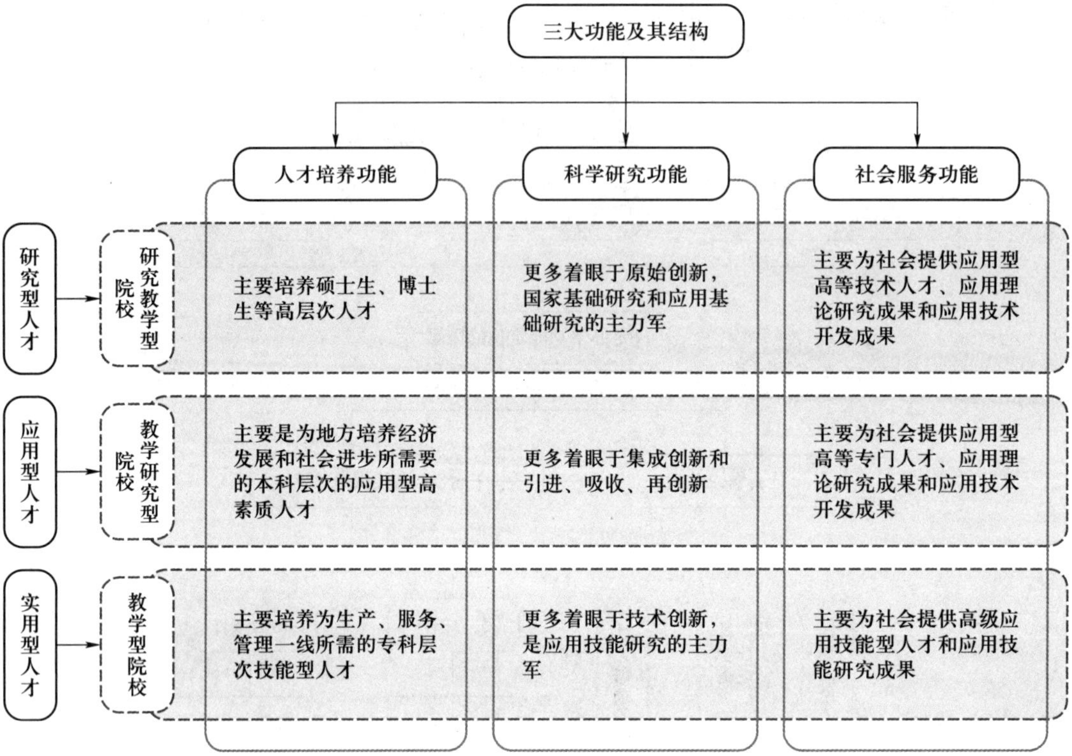

图8.2　不同高校的办学功能定位及人才培养规格结构

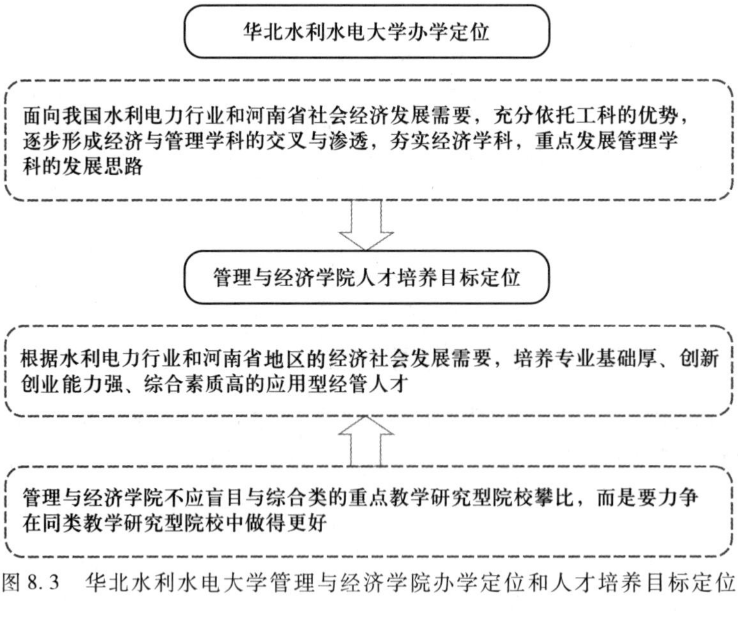

图8.3　华北水利水电大学管理与经济学院办学定位和人才培养目标定位

第二节 华北水利水电大学经管类人才培养模式创新的指导思想

本书通过国内外经管类人才培养模式比较研究得出：国内经管类人才培养模式在专业设置、培养目标、课程体系、教学安排上与国外差异不大，只是在方式方法方面二者不太一样。华北水利水电大学经管类人才培养模式的创新应从特色建设、宽度建设、厚度建设三个方面着手。

一、特色建设

办学特色和人才培养特色是一所高校生命力和竞争力的重要体现。在高等教育发展到大众化、多样化的今天，高校发展以特色求生存已经成为国内高校的共识。从专业设置的角度看，华北水利水电大学是一所以工科为主干、以水利电力为特色，工、管、理、文、经、法、农、艺等多学科交叉、共同发展的大学。学校根据国民经济和地方经济、社会、文化发展的需要，结合自身的实际，坚持“有所为有所不为”的原则，有选择、有重点地发展，把“增强特色、拓宽基础、促进交叉、按需发展”作为学校专业设置和改革的原则。[①] 也就是说，首先，在大力加强传统专业建设的同时，学校应集中精力把特色专业做优、做强、做大，办出自信、办出品牌。其次，根据我国的经济发展和社会需要，积极培育和催生新兴的学科方向，形成新的特色，实现办学方向朝着特色鲜明的多学科转型。最后，专业设置和改革不能只追求专业够多、够全、够大，而是要在保持学校特色专业的基础上，充分发挥这些特色学科和专业的带动作用，以特色专业带动其他专业的发展，以其他专业促特色专业的发展，两者是相辅相成的，形成滚动式渐宽发展的思路。学校特色在人才培养方面主要表现如下。一是在人才培养目标方面，在培养应用型人才的基础上，更加着力培养学生的社会责任感、创新精神和实践能力。二是在人才培养层次上，以本科生教育为主并积极发展硕士研究生和博士研究生教育，形成适应经济社会发展的层次结构。三是在办学取向上，坚持以教学为中心，进一步巩固本科教学基础地位，把本科教学作为学校最基础、最根本的工作，把培养人才作为华北水利水电大学的第一职责。从华北水利水电大学毕业生的社会评价来看，其突出优点是“为人朴实、基础扎实、工作务实、作风踏实”，鲜明特色是“下得去、吃得苦、留得住、用得上、干得好”，他们始终把爱国兴邦作为人生不懈追求的目标，把努力拼搏作为人生不懈追求的信条，把虚心从善作为人生不懈追求的境界。[②] 总之，内涵建设、特色办学是华北水利水电大学人才培养模式创新的“阿基米德支点”。

华北水利水电大学经管类人才培养必须面向水利电力行业，并综合考虑河南人口大省、农业大省、水利大省的外部环境，依托水利电力等工科优势专业，设置经济管理类专业及发展目标，只

---

① 龙腾云．校党委书记王清义参加第八届河南高等教育领军高校高峰论坛并作主题发言[EB/OR]．[2017—4—28]．http://www5. ncwu. edu. cn/contents/4/40296. html.

② 高杨，严大考．建设特色鲜明的高水平教学研究型大学[J]．河南教育(高教)，2014(1)．

有这样，经管类人才培养才能独具特色，拥有可持续发展的核心竞争力。

二、宽度建设

所谓宽度建设，就是要根据专业培养目标进行课程模块设计，每个模块中的课程必须考虑学生的兴趣爱好和就业出路，除设置专业必修课外，专业任意选修课的范围应尽可能宽泛。在大学生理论知识传授上，应兼具深度及广度，一方面应该通过专业课程，对某一知识体系做深入的研究，另一方面也应该对其他领域有广泛的涉猎。如大学生应该有清晰且独具风格的表达能力，对数据资料有基本的处理及分析能力，至少有一种外国语言达到熟练应用的水平，并具有清晰的思考及批判能力等。

对于华北水利水电大学管理与经济学院来说，专业任意选修课的选择余地太窄，说是选修课，其实与必修课差别不大，根本不能满足学生的选择。其原因是华北水利水电大学是按专业招生、按专业培养的，一般情况下，一个专业 60 人左右。按照学校规定，如果一门课程选修人数在 25 人以下就不能开设，假设提供 3 门以上课程供一个专业学生选择，其结果可能是每门课都开不了。若能按学科大类招生，大一、大二按学科大类培养，大二下学期或大三再分专业培养，选课人数不足问题就可迎刃而解。课程宽度建设不仅有利于人才培养，而且可以促使教师提高教学水平与质量，上课效果好的教师会受学生尊重和爱戴，选该门课的学生自然就会较多，相反，上课效果差的教师就无课可上。通过一两年的实施倒逼教师不得不选择实用性较强的课程进行讲授，并努力提高其教学能力及水平。总之，大学作为人才培养的主要基地，应根据学校培养人才的需要与学生实际需求拓宽选修课的范围，积极引导学生自主学习、自我发展，形成良好的世界观、价值观、人生观，为其未来的进一步发展奠定良好的基础。

三、厚度建设

素质教育问题是高校人才培养中的难点，它既是我国高等教育的问题，也是我国当今的社会问题。素质教育的积诟非一日所致，解决起来更不可能一蹴而就。解决这些问题应从具体抓起、逐步改革。在本书中，厚度建设就是要加深素质教育的积淀。就华北水利水电大学经管类人才培养来说，素质教育中存在如下不足。一是素质类课程较少。多年来各专业仅有 6 ~ 8 个学分的素质类课程，在学生集中选课阶段扎堆现象十分严重，常常有学生为抢到自己喜欢的课程，不得不半夜起来选课。二是素质类选修课程本应该包含人文、艺术、自然科学、社会科学等，但学校在这类课程设置上远远不够。比如华北水利水电大学作为一个工科院校，对自然科学探索的氛围是非常浓厚的，开设一些自然科学探究类课程不仅具有得天独厚的师资条件，而且可以突出工科院校的特色，引导非工科院系学生了解工科院系的基础理论知识。三是素质类课程考核方式单一。素质类课程应采取多种手段进行考核，其成绩不仅可以记入学时学分，而且还可以将其作为学生综合素质加分。除此之外，还可以将其作为文明班集体、学习标兵及推免研究生的参考条件等，其目的是激发学生广泛的学习兴趣，拓展学生的知识面，为其将来就业或深造打下良好的基础。

笔者认为素质类课程可分为三大模块。一是以阅读人文、社科经典著作为主要内容的课程构成经典研读模块。二是以文史哲和艺术为主要内容的课程构成人文素养模块。三是以政经法为主要内容的课程构成社会科学模块。设置人文素质模块课程对人才培养尤其是对经管类人才培养大有裨益。如经典研读课程可以帮助学生打破专业视野的局限,培养与人类历史上伟大人物的心灵之间直接对话的能力,并帮助学生领悟经典名著对个人、家庭、社会文明的价值与意义,深刻洞察国家与世界发展中的一些永恒问题,使学生能够逐渐形成对人类社会共同面对的某些重大问题的理解和担当,进而培养学生理性地审视生活的能力。

第三节　华北水利水电大学"飞机型"经管类人才培养模式调整与改革

由前述分析可知,华北水利水电大学经管类人才培养模式的构成要素及结构符合当前国家规定和要求,但其内容和内涵有待丰富和完善。

一、专业设置

为加强全日制本科专业建设,科学、规范设置与调整专业及专业方向,优化专业结构体系,促进学校办学规模、结构、质量、效益的科学协调发展,华北水利水电大学制定了《华北水利水电大学全日制本科专业建设管理办法》(华水政〔2014〕8 号),内容详见本书附录六。但研究华北水利水电大学管理与经济学院的专业设置,必须对其面临的优势与劣势、机会与威胁进行 SWOT 分析[①]。优势表现在:学校是一所拥有 60 余年校龄的老牌学校,毕业生已达 15 万之多;水利电力行业优势突出;学校对管理与经济学院比较重视,其规模是学校非工科类学院中最大的,是河南省唯一的管理科学与工程学科博士授权点;学院拥有经济学、国际经济与贸易 2 个经济专业,市场营销、会计学、工业工程、物流管理、信息管理 5 个管理专业,经济类与管理类专业相互辉映、协同发展。劣势表现在:与校内工科学院相比,管理与经济学院建院历史不长,积淀不够;个别专业师资紧缺,青年教师居多,缺少学科领军人物;个别专业第一志愿报考率低,就业率偏低;受水利电力特色专业影响,申请转专业的学生人数多。机会表现在:学院是博士学位授予权单位,可以更加广泛引进优秀人才;国家重视水利电力行业发展,为学校的招生与就业奠定了良好的基础;学校社会声誉很好,招生分数很高,第一志愿录取率远远高于同类院校;学校属河南省与水利部共建高校、中西部重点发展高校;学校地处人口大省、农业大省、水利大省的河南省;学校还是我国金砖国家网络大学中唯一非"211""985"院校。威胁:郑州大学是河南省唯一一所"211"院校,河

① 安德鲁斯(Andrews)1971 年在《公司战略概念》中提出这个分析框架,即根据企业自身的既定内在条件进行分析,找出企业的优势、劣势及核心竞争力之所在。其中,S 代表 strength(优势),W 代表 weakness(弱势),O 代表 opportunity(机会),T 代表 threat(威胁)。

南大学是一所老牌高校，并且郑州大学和河南大学是河南省重点支持高校，社会知名度高于华北水利水电大学；河南财经政法大学属专业财经类大学；河南科技大学、河南工业大学均属工科类院校，其经管类专业与华北水利水电大学有一定的竞争关系，但威胁不大。华北水利水电大学经济管理类专业设置的SWOT分析如表8.1所示。

表8.1　华北水利水电大学管理与经济学院专业设置SWOT分析

内部条件 / 外部环境	优势(Strength)	劣势(Weakness)
	● 60余年老牌学校 ● 水利行业优势突出 ● 河南省唯一的管理科学与工程学科博士授权点 ● 经济类与管理类专业同时具备，相互辉映、协调发展	● 建院历史不长，积淀不够 ● 师资紧缺，青年教师居多 ● 缺少学科领军人物 ● 个别专业第一志愿报考率低，就业率较低 ● 受工科优势专业吸引，转专业学生多
机会(Opportunity)	SO	WO
● 博士学位授予权 ● 国家重视水利电力行业发展 ● 河南省与水利部共建高校 ● 社会声誉很好，生源好	充分利用管理科学与工程学科博士学位授予权优势，吸引优秀教师，培养本、硕、博优秀人才；在国家重视水利电力行业发展的良好环境下，抢抓机遇，为水利电力行业培养优势的经济与管理人才	引进优秀人才，充实教师队伍；构建校内校外实践实习平台，提高学生实践能力，鼓励学生参与创业就业大赛，从多个方面提升学生的就业创业能力；采取多种措施提高教师的教学水平，以良好的教风学风吸引、留住学生
威胁(Threat)	ST	WT
● 郑州大学是河南唯一一所“211”高校 ● 河南大学是河南省老牌大学 ● 河南财经政法大学是专业财经类大学 ● 河南科技大学、河南工业大学同属工科背景院校	与综合类大学和财经类大学相比，要突出工科特色背景，推进课程体系改革，培养带有鲜明工科特色的应用型经管类人才；充分发挥管理科学与工程学科博士学位授予权优势；发挥经济类与管理类专业协同发展势	结合学校特色，考虑文理知识兼容和专业交叉型综合能力培养；推进人才培养模式改革，开设工科与经管类学科交叉课程，提高学生学习热情；紧紧围绕水利电力行业设置经济管理专业

由表8.1的管理与经济学院专业设置SWOT分析可知，其专业设置的最佳组合是SO：即充分利用管理科学与工程学科博士学位授予权优势，吸引优秀教师，培养本、硕、博优秀人才；在国家重视水利电力行业发展的良好环境下，抢抓机遇，为水利电力行业培养优势的经济与管理人才。套用“飞机型”人才培养模式即以工科强势专业为机身，以经管类专业高素质应用型人才培养为机头，以经济类专业与管理类专业为两翼，以就业、创业、考研分类指导为尾翼的管理与经济学院“飞机型”人才培养模式构架。如图8.4所示。

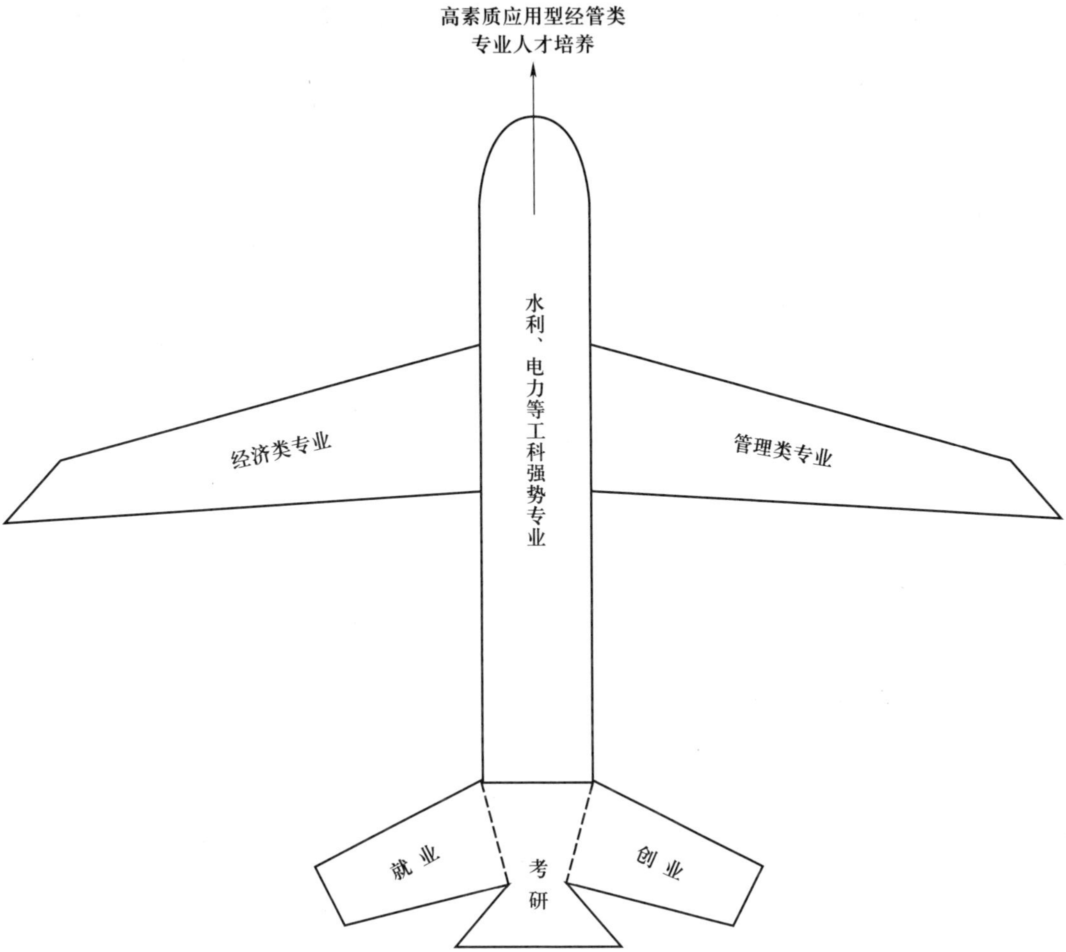

图 8.4　华北水利水电大学管理与经济学院"飞机型"人才培养模式

在此要进一步说明的是：经济类与管理类专业设置应以工科优势专业为机身，以水利电力行业需求为轴心，采取同心多元化①或横向一体化战略②，设置与水利电力行业相关的经济类、管理类专业或培养方向，实现特色办学、可持续发展的竞争优势。所谓的同心多元化（Concentric Diversification），就是学院利用学校优势专业及学科的影响力，充分发扬学院"和而不同，商济天下"③的使命感，调动广大教师尤其是青年教师教学科研积极性，凭借管理科学与

① 同心多元化（Concentric Diversification）指以企业原有的业务为核心增添相关的新业务，是多元化形式和战略之一。

② 横向一体化战略（Horizontal Integration Strategy）指企业向产业价值链相同阶段方向扩张的战略，企业采用横向一体化战略的主要目的是实现规模经济以获取竞争优势。

③ "和而不同，商济天下"是华北水利水电大学管理与经济学院院训，既是对学院办学历史、定位、使命的凝练和概括，又是对全院师生提出的要求和期望。

工程博士学科的平台，整合经济与管理学科相互辉映优势，根据河南省及水利电力行业的发展需求，调整现有专业方向或新增相关专业，利用学校、学院原有优势谋求融合发展。所谓横向一体化（Horizontal Integration），就是学院为了扩大办学规模、降低成本、凝聚学院专业特色发展方向，依托学校实力及水利电力行业的影响力，设置优势互补、协调发展的强强联合或互补专业。

二、培养目标

新型的经济管理人才将引领企业的发展。随着全球经济化的趋势越来越明显，企业之间的竞争已经不仅仅局限于过去的资金和技术等显性竞争，而是更多地转变为对人才这种看不见的资源的竞争。在现代企业中，人才是最大的财富和资本，人才质量的高低决定着企业在激烈市场竞争中的成败，人才发展战略已经成为现代企业发展的首要战略。企业只有占据了有利的人才优势，才能保证企业生产率持续提高，从而在市场竞争中提升自身地位。

现代经济的发展也对经济管理人才的培养提出了更高的要求，急需应用型、复合型、创新型、创业型人才，企业急需具有较快进入中高经济管理层潜质的人才。而当前人才培养现状普遍表现为：注重知识传授，轻视素质培养；注重理论教学，轻视实践教学，从而导致产出的人才，不是成品，而是半成品。毕业生走上实际的工作岗位后，适应能力差，与新工作、新环境的磨合期比较长，难以迅速进入新的状态，不能满足工作岗位对人才的需求。社会需求与人才培养现状之间的矛盾迫使经济管理类人才培养目标必须按照社会需求的变化和人才培养现状重新定位。具体来说，经管类人才培养目标的"飞机型"设计思路为：以人才培养目标定位为机头，以人才培养质量为机身，以社会发展需求和人才发展需求为两翼，以现代教育理念、信息与网络技术为尾翼。对管理与经济学院来说，其人才培养目标是培养水利电力行业及河南省经济社会发展需求的高素质应用型经济管理类人才，如图8.5所示。

在现有目标明确的情况下，管理与经济学院人才培养的努力方向是根据社会需求和人才培养现状，以先进经济管理理论传授为宗旨，在采用现代教育理念和信息网络技术的基础上，把企业、市场以及政府经济管理部门的实际运作用模拟或仿真的形式引入人才培养中，构建高素质应用型、创新型、复合型经管类人才培养需要的实践、实验教学平台。这样可有效地提高人才培养的效率，扩展人才培养的宽度，从根本上减少理论教学与实践环节脱节情况的发生，也可减少校内理论知识传授与学生能力培养割裂的情况发生，即进行人才培养目标的内涵建设能使经管类人才培养这架飞机飞得更高更远。

新型的经管类人才培养，要求把现代的企业经营管理理念融会贯通到企业的实际管理活动的全过程，以此来提升企业的核心竞争力。新型的经管类人才培养要时时分析和牢牢掌握市场对人才的需求，始终坚持以社会需求为中心，以不断为社会提供更加实惠、更加满意的产品和服务来要求自己。华北水利水电大学经管类人才培养的内涵建设目标如下。

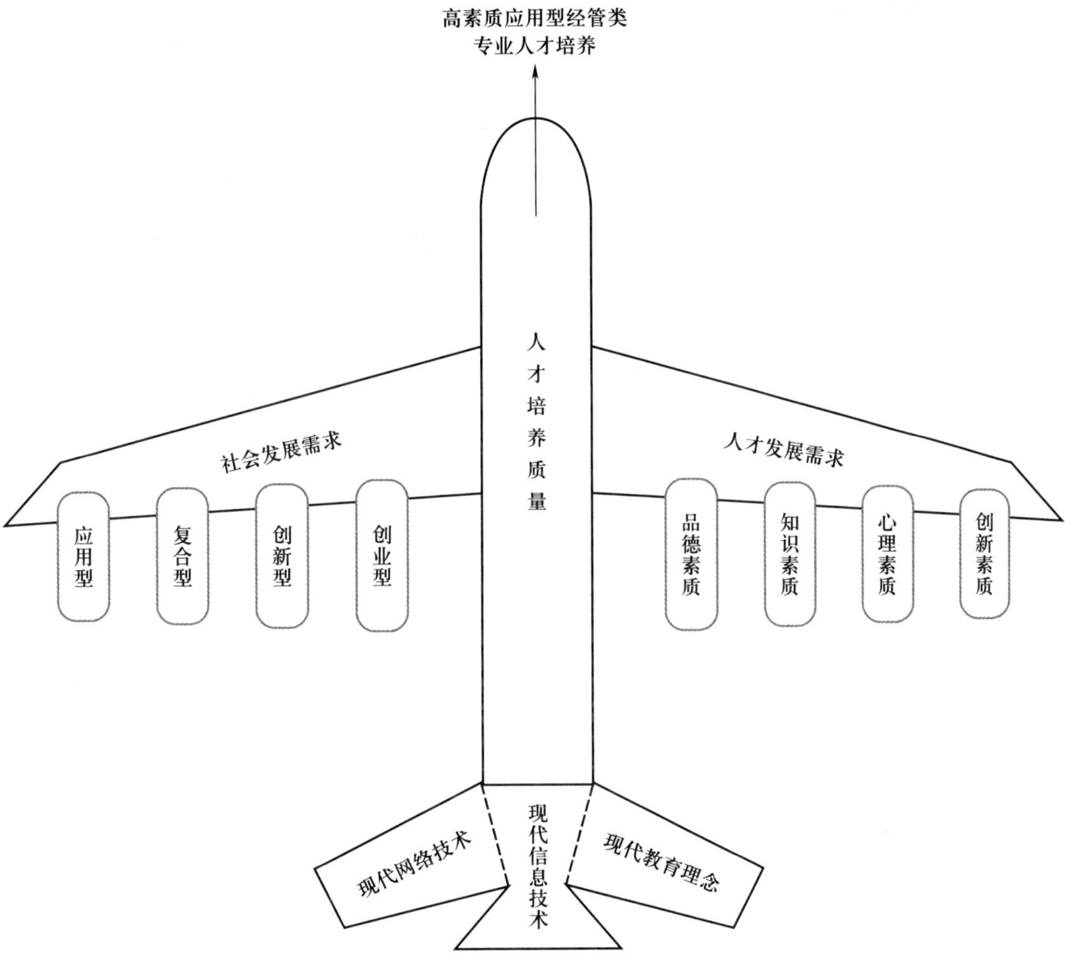

图 8.5 华北水利水电大学管理与经济学院“飞机型”人才培养目标

（一）重视培养经济管理理念

在经济全球化的形势下，企业自身也面临着深刻的变革，对经管类人才的要求也在不断提高。在这种情况下，高校必须转变对经管类人才培养的思维方式，适时进行改革，这样才能培养出牢固掌握新知识、具备创新能力和素质、对市场有敏锐洞察力并具备随机应变能力的优秀人才，才能满足社会对人才的需求。

（二）重视培养创新素质和思维

创新能力和素质在人才培养中的重要意义是毋庸置疑的，创新是新时代的鲜明主题，社会对创新型人才的培养也提出了更高的要求。创新意识和创新思维是发现问题和解决问题的基础，是优秀的经济管理者必备的要素之一。创新意识能够激励经济管理者在激烈的市场竞争中抓住机遇，从容应对市场风险，抵挡工作压力，保持面对困难时迎难而上的勇气，始终坚持努力拼搏，从而实现自己的人生价值。新时代下的经济管理者要密切关注与企业相关的经济、技术、管理等方面的发展情况，对市场信息的变化保持灵敏的嗅觉，并且能够根据环境的变化做到未雨绸缪，不断激发自己的创新思维。

（三）重视培养人格魅力

在企业的实际经营运作中，人格魅力能够发挥不可估量的吸引力和号召力，这是管理成效是否显著的关键。经济管理者依靠权力形成的威严是暂时的、表面的，并不能真正走进员工内心，只有靠人格魅力走进员工心中，让员工心服口服，并发自内心地崇拜与敬佩，这样的威信才是持久的、永恒的。因此，经管类人才的培养目标应注重加强学生自身的人格修养和人格魅力培养。

（四）重视培养团队精神

团队合作具体指为达到组织的既定目标，所有的团队成员所展现出来的自愿合作和共同努力的精神。对团队合作精神的探讨是经久不衰的话题。无数事实证明，团队合作精神在管理实践中、组织创新中、企业生产效率的提高中发挥着不可替代的作用。新型的经管类人才要想与团队成员和谐相处从而能够求同存异并达成共识，团队合作精神是必备的能力之一，它也是与他人进行有效沟通的前提，更是提高团队凝聚力、向心力的法宝，同时也是实现组织目标的保证。

三、课程体系

经济与社会的快速发展，对高校人才培养提出了更高的要求、施加了更大的压力，迫使高等院校不得不转变人才培养理念，提高对人才培养功能与使命的认识，力争培养出应用型、复合型、创新型、开放型本科人才，培养出能较快进入中高经济管理层的、具有发展潜质的本科人才。目前，管理与经济学院各专业的培养方案较为完整、科学、合理，经济学专业培养方案详见本书附录七。本书结合“飞机型”经管类人才培养模式理念，提出“飞机型”模式下经管类专业的课程体系调整思路、短期调整方案、长期改革方向等。

（一）“飞机型”经管类人才培养的课程体系调整思路

通过对国内外知名高校人才培养模式的研究，本书认为经管类人才培养的课程体系应包括知识结构、能力结构和素质结构三部分。知识结构应包括世界观与方法论知识、工具类知识、学科基础知识、专业知识、相关专业知识、综合扩展知识等。能力结构应包括认知能力、业务能力和持续发展能力，其中认知能力包括获取知识能力、整合知识能力、创新知识能力；业务能力包括操作能力、执行能力、决策能力；持续发展能力包括认知能力、创业能力、创新能力。素质结构包括道德素质、文化素质、专业素质和身心素质等。华北水利水电大学经管类专业课程体系结构如图8.6所示。

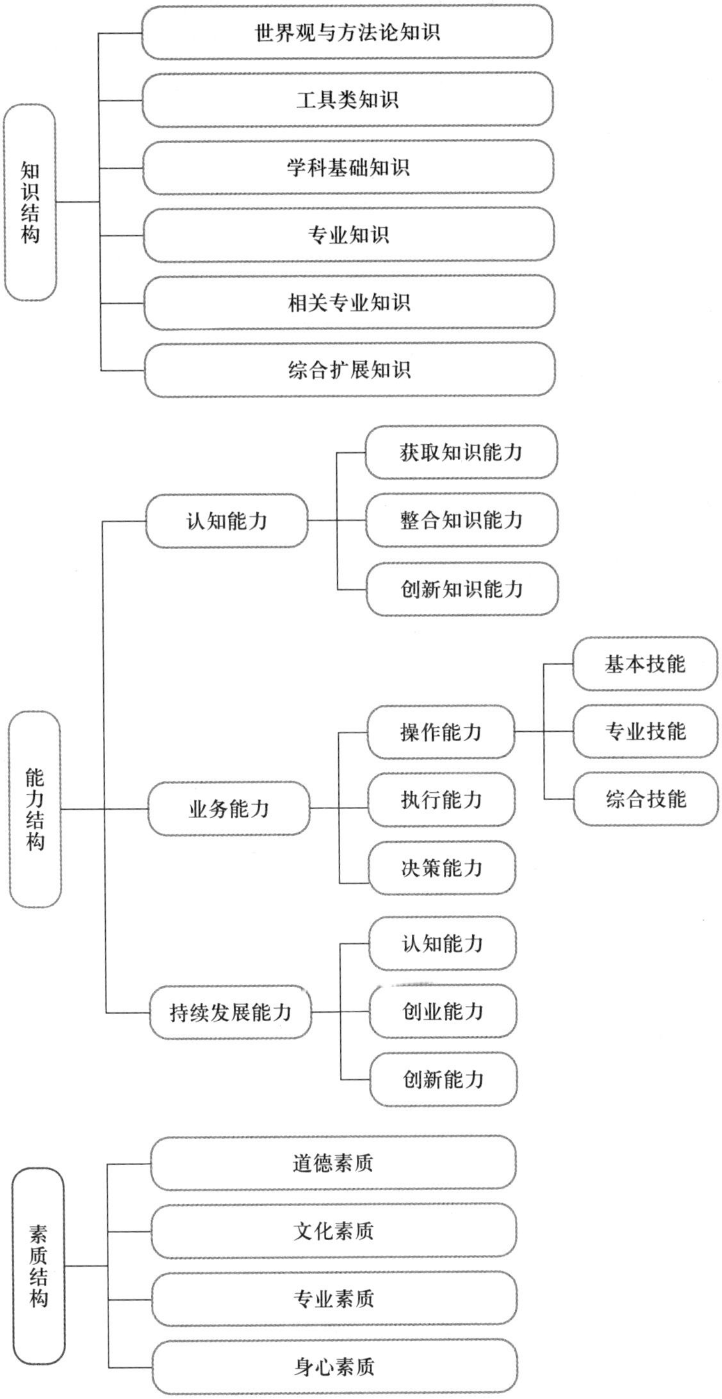

图 8.6　华北水利水电大学经管专业课程体系结构

知识传授、能力培养、素质教育是人才培养的三大主要内容，这三个方面相辅相成、缺一不可。本书将“飞机型”人才培养模式运用到经管类专业的课程体系设计中，即以高素质应用型人才培养为机头，以素质结构为机身，以知识结构和能力结构为两翼，以实验教学改革、三大课堂整合、教学信息化建设为尾翼，如图8.7所示。

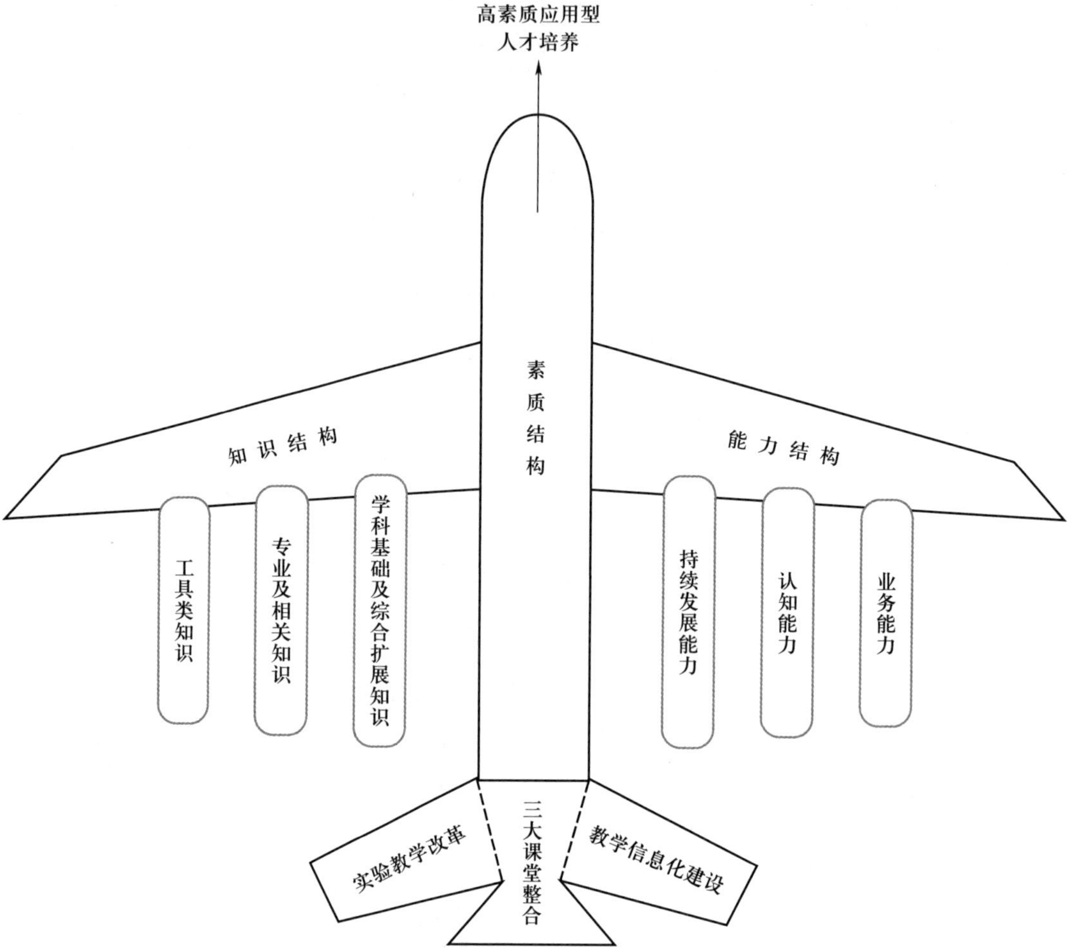

图8.7　华北水利水电大学经管类专业“飞机型”课程体系设计构架

华北水利水电大学在经管类人才培养过程中，虽然在知识传授、能力培养、素质教育三个方面都形成了自己的风格和特点，但与国内外名校相比还有一定的差距，尤其在实验教学改革、三大课堂整合、教学信息化建设方面，学校有待进一步加强为培养高素质应用型、具有较快进入中高经济管理层潜质的本科人才服务。华北水利水电大学经管类专业理论与实践课程关系如图8.8所示。

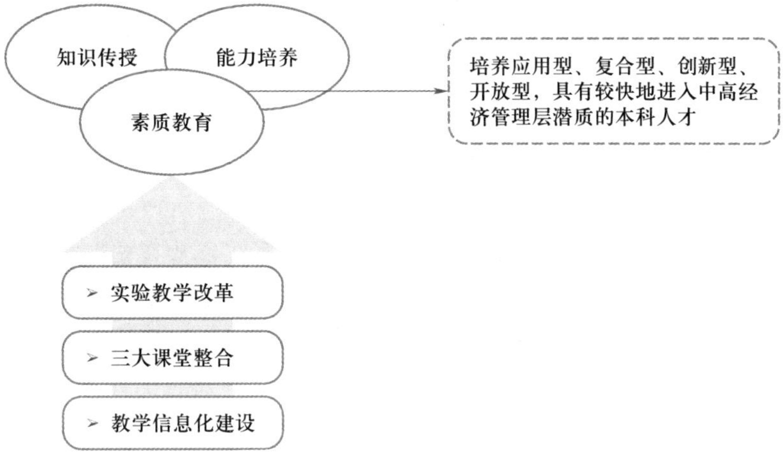

图 8.8　华北水利水电大学经管类专业理论与实践课程关系

从现实需求来看，经管类各专业的现有课程设置与“飞机型”经管类人才培养模式要求相比仍存在一定差距。课程体系的改革、运行与实施具有一定的连续性，且受外部和内部多种因素影响，因此，课程体系改革应分阶段、分步骤进行。本书提出了“飞机型”人才培养模式下，华北水利水电大学经管类人才培养课程体系改革的短期调整方案和长期努力方向。

（二）华北水利水电大学经管类课程体系改革的短期调整方案

1. 调整职业生涯规划课程开设方式

职业生涯规划课程是大学生的必修课程，但该课程的开设一定要有计划、有步骤、有措施。近年来，学校逐渐重视职业生涯规划课程，要求班导师在学生大一时以专题形式进行讲授，并要求各学院每年举行一次大学生职业生涯规划大赛，参与者大多为大二学生。笔者连续几年以评委身份参加了管理与经济学院职业生涯规划大赛，认为存在以下问题：学生参与积极性不高，每年参加人数都在 10 人左右；规划质量不高，从规划书和幻灯片的内容来看，学生认真程度不够，没有掌握职业生涯规划的格式及基本内容，没有清晰认识大学期间进行职业生涯规划的目的；规划目标大而空，缺乏切实可行的实现措施；对大学四年学习、生活规划不够，甚至缺失。建议改进措施如下：参照毕业论文指导管理办法，将大一学生按专业分成小组，每组一般不超过 10 人，分派不同教师指导；每位教师首先要指导学生认识规划的重要性，然后帮助学生进行大学四年的学习、生活规划，最后引导学生进行职业生涯规划；大二上学期按专业、学院、学校举办大学生职业生涯规划大赛，评出院级、校级一二三等奖及优秀指导教师；指导教师跟踪学生 4 年，根据学生的进步及发展需要跟踪指导、调整规划，并监督每位学生规划书的执行情况。建议的激励措施如下：根据每位教师指导学生多少计工作量；对获得规划大赛优秀奖的学生及教师给予物质及荣誉奖励；对大学四年中进步较大学生的指导教师给予奖励。采取上述方法的好处如下：能很好地使学生从中学时期向大学时期转型；使学生有归属感、教师有责任感；能够较为全面、正确地统筹每个学生大学四年的学习与生活；能够倒逼每位学生规范自己的行为，规划自己的人生；能够加强大学生参与创新创业的积极性和主动性。

2. 结合学校特点进行工科特色课程设计

与其他技术性较强的学科和专业相比，经管类专业的毕业生因为自身的技术性不强和实际管理经验的缺乏更容易在择业过程中处于不利地位。[①] 华北水利水电大学经管类专业应以河南省经济发展需求和水利电力行业发展需求为指引，充分借助学校水利、电力学科和专业的优势，找到这些强势专业与经管类专业的结合点，再将两者有机整合到课程建设和改革中，逐步形成经济管理类专业的特色与优势，从而提高经济管理类毕业生就业时的竞争力。例如，学院可在充分了解学校历史、办学特色与优势、经管类毕业生的总体去向的基础上，在经济管理类专业中引入水利、电力等优势学科的特色课程，进行工科特色的课程安排，基于经管类专业的视角对不同课程进行系统的整合与分类，形成一套以经济与管理课程为主、工科课程为特色的复合培养方案。

3. 增加素质类课程选修门类

结合管理与经济学院7个专业的特点及社会人才需求状况，增设多门任意选修课程和限选课程供学生选择，尤其要增加人文学科、社会学科、自然科学与工程技术等素质类选修课程，为培养学生的兴趣爱好及创新能力奠定基础、搭建平台。例如，重庆邮电大学经济管理学院提倡将传统的经济管理类课程与特色的理工基础类课程共同开设，经管类专业学生不仅要掌握本专业的基础知识，还要一定程度地了解工科专业的基础知识。为此，学校开设了电信服务企业治理结构研究、通信运营管理和通信经济学等课程，在课程设置上体现了学校专业背景。[②]

4. 增设专业综合讲座课程

管理与经济学院青年教师占比将近2/3，拥有博士或博士后学历的教师达1/2以上。这些青年教师来自国内外不同高校，都有自己的学科背景及研究方向。因此，各系应充分发挥青年教师间的学科交叉及互补优势，开设2～3门学科前沿且与社会需求紧密联系的课程。这些课程由多位教师分专题进行讲授，以使该专业学生能够从不同角度及时了解所学专业及学科发展动态，同时也促进教师、师生之间相互交流，形成良好的教学及学术氛围。

5. 加强实践教学环节

工科院校经管类专业实践环节的教学安排应根据学校的人才培养目标定位来设置。华北水利水电大学的人才培养目标定位是培养高素质应用型人才。因此，实践环节的课程安排应紧紧围绕这个中心，合理安排相关课程，体现经管类专业的人才培养目标和办学特色。首先，加强实践课程教师培养，每年选派1～3名教师参加社会实践锻炼，积累实践教学经验。其次，加强教学

① 唐俊，蔡翔．“技术+管理”特色导向的工科院校工商管理本科专业人才培养模式改革与实践[J]．广西教育学院学报，2011(6)．

② 王永利．工科高校经管类人才培养模式研究[J]．教育与职业，2013(2)．

实验、软件等实习、实训课程建设，让学生对所学理论进行模拟训练，增强感性认识。再次，加大对学生外出实习支持，增加实习经费，尤其针对不同专业给予不同支持，并考虑两校区办学问题。最后，学校、学院应为学生实习搭建平台，积极与大中型企业进行校企联合办学，加强学生实习基地建设。

6. 大四课程调整

大四第一学期学生出勤率偏低是很多高校共同存在的问题，不仅影响学校的正常教学秩序，而且严重挫伤教师的上课积极性。多年来学校及学院为解决此问题采取了很多措施，但均收效甚微。其主要原因是大四第一学期，很多学生忙于参加各类招聘会、复习考研及准备创业等。对此，大四第一学期应充分考虑学生就业、考研的现实需求，以学院为单位，将学生分为三个部分，针对性开设就业、考研、创业专题讲座，并将考核成绩记入素质类学分或综合素质积分。

（三）经管类课程体系未来改革方向

从长期发展需求来看，经管类各专业的课程设置应努力做好以下几个方面工作。

1. 以优化人才培养流程为抓手

要努力扭转传统人才培养过程中重理论、轻实践的现象。目前，很多高校在经济管理类专业的设置和课程安排中已经意识到了这个问题，增加了很多投入，也加强了实验室建设的力度，如建立了 ERP 实验室、财务类实验室等，但是一味地增加实验室的数量并不等于可以提高学生的动手能力，在提高硬件设施的基础上，还必须同时改进实验教学的方法、注重教师授课水平的提高等软实力建设。

经管类人才培养流程要坚持系统化能力培养的原则，将知识传授与能力培养系统地、有机地结合，使培养出的经管类学生不仅具有较强的专业知识和人文素养，还具备创新意识与创新思维，这是学生在竞争中保持可持续发展能力的前提。在强调学生应用性、实践性能力的同时，不可忽视素质教育，这是保证地方性院校培养出来的经管类学生更加具备特色和竞争力的必要条件之一。高校优化人才培养流程的目的是为了实现理论教学环节与实践教学环节的相互融合，加强基础理论学习与基本实验技能训练之间的结合，强化专业理论学习与专业基本操作技巧之间的结合，促进学科前沿理论知识与创新能力培养的结合。根据上述经管类人才培养流程优化的目的，本书以四年大学生涯规划为机头，以专业人才培养目标与定位、个人对专业的认知与爱好为机身，以理论教学和实践教学为两翼（其中理论教学分为前沿理论教学、专业理论教学和基础理论教学，实践教学分为基本实验能力教学、专业基本能力教学和专业综合能力教学），以学生就业、创业、考研为尾翼，构建了人才培养流程优化图，如图 8.9 所示。

2. 设计柔性架构的模块化课程体系

目前，经管类专业的课程体系一般由必修课与选修课两大模块构成，其中必修课包括公共基础课、专业基础课和实践课程。选修课包括专业限选课和专业任意选修课两部分。经管类课程

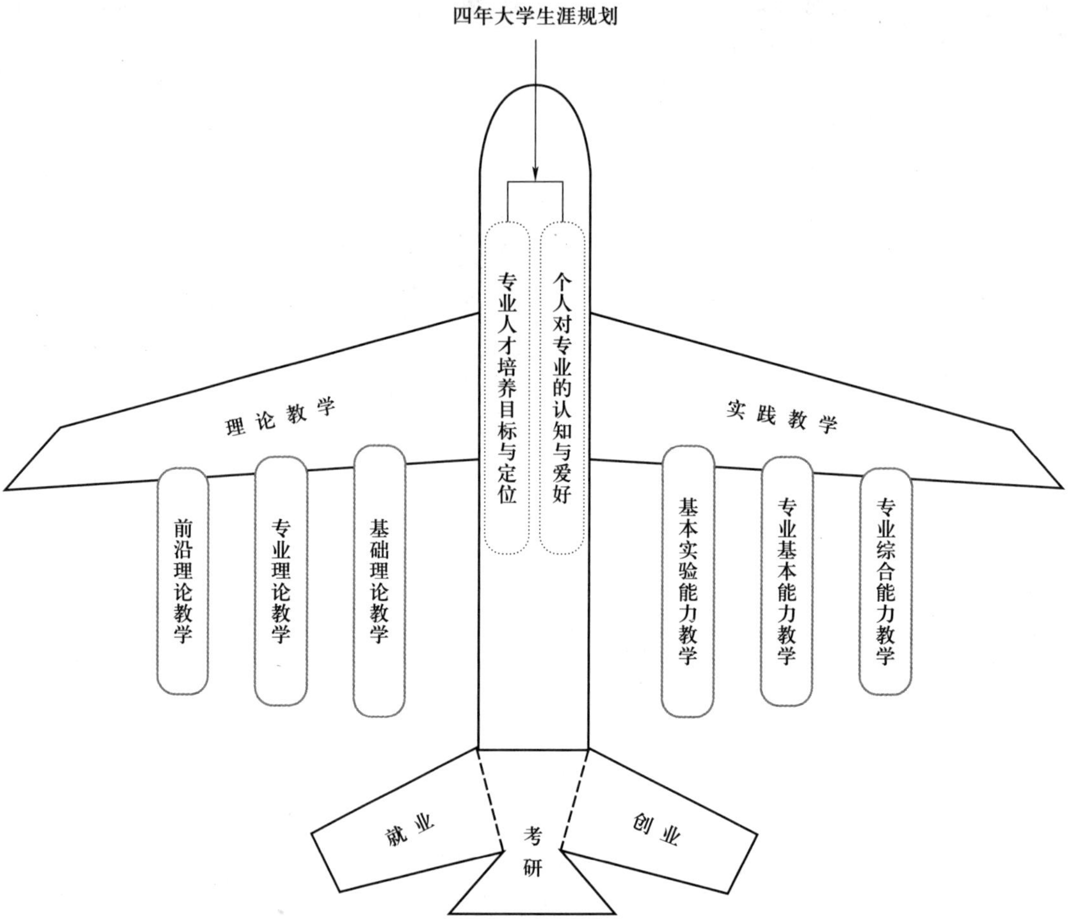

图8.9　华北水利水电大学经管类人才培养流程优化图

体系要从原来的单向递进、知识孤立、专业拓展适应性差的楼层式体系逐渐改革为分层递进、能力纵向提升、知识结构横向扩展的柔性课程体系。①设计柔性化的课程体系应从综合素质培养模块、专业能力培养模块、实践应用能力培养模块和创新能力培养模块四个方面来考虑，由这四个方面的教学安排和课程体系的设置构建柔性化的课程体系框架。柔性化的课程体系应该更加注重理论课程与实践教学环节两者之间的联系。课程体系设置上应体现知识传授的层次性、学科之间的交融性，不断完善学科的理论基础、专业课程的选修体系，体现经管类课程体系横向扩展的柔性特点，为学生的综合能力与素质的提升做铺垫。柔性架构的模块化设计符合“飞机型”经管类人才培养流程优化的目的，如图8.10所示。

---

①　程春梅，邸彦彪，张晓芬．本科经管类创新型应用人才培养模式的研究与实践[J]．辽宁工业大学学报(社会科学版)，2015(1)．

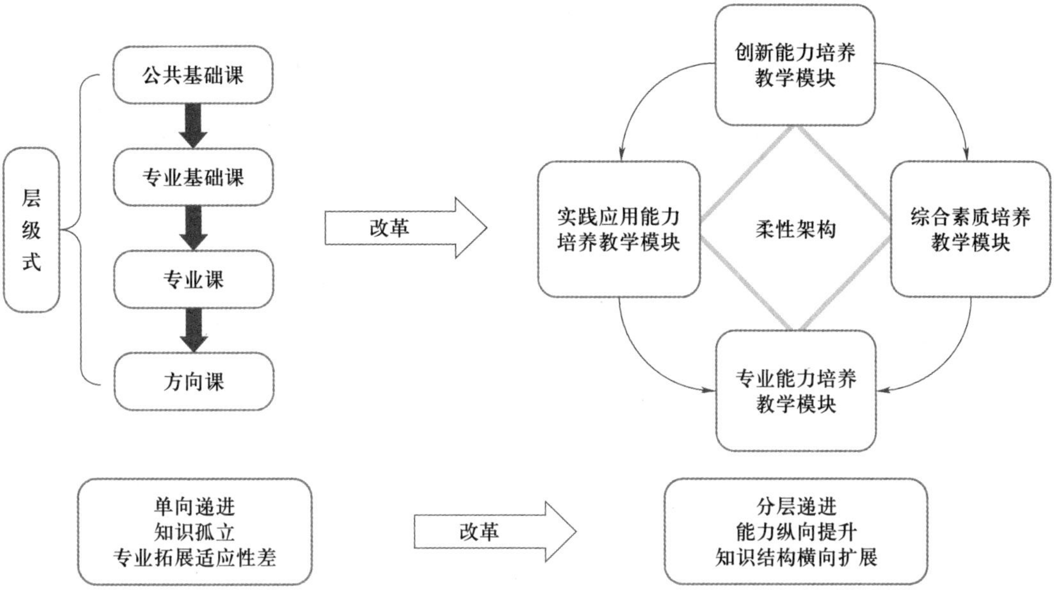

图 8.10　华北水利水电大学经管类专业柔性课程体系模块(柔性架构的模块化课程)

3. 构建实践教学内容体系

经管类专业具有十分鲜明的专业性强、应用性强、实践性强的特点。因此,要构建实践教学内容体系。

首先,要深刻意识到在经管类专业课程体系中开设实践教学课程的重要性。经管类专业的人才培养目标是培养具有扎实掌握经济、管理专业的知识和能力,可以在实际经济管理过程中分析和顺利解决问题,对现实经管类工作有较强适应性,并且具有创新意识和创新能力的高素质应用型人才。① 因此,在"飞机型"经管类人才培养过程中应重点突出实践类课程的重要性,摒弃经管类专业只需要向学生传授基础理论的片面观点,应充分激发学生的主动性、探索性和创新思维,使学生保持持久的学习兴趣和激情,并加强实践能力锻炼。其次,在实践教学体系的构建中要始终坚持以能力培养为主线。在构建经管类专业的实践教学体系时应紧紧围绕培养高素质应用型人才的目标,结合工科特色优势,形成具备特色的经管类专业实践教学体系。根据经管类各专业侧重点的不同,实践教学的方式包括实训、实验、专业调研、实习和毕业论文。实训包括基本技能训练、专业技能训练和综合技能训练;实验包括单向性实验和综合性实验;实习包括专业实习、毕业实习和创新创业实践。专业调研应主要集中在寒暑假。毕业论文是大学学习的最后一个环节,应尽可能在大四第一学期就布置选题,让学生尽早地查阅资料、做好准备,以免同考研、找工作等发生冲突,影响写作质量。华北水利水电大学经管类本科专业应用型人才培养实践教

① 鞠立伟,何永秀. 经管类大学生创新能力培养研究[J]. 中国电力教育,2011(11).

学内容体系如图 8.11 所示。

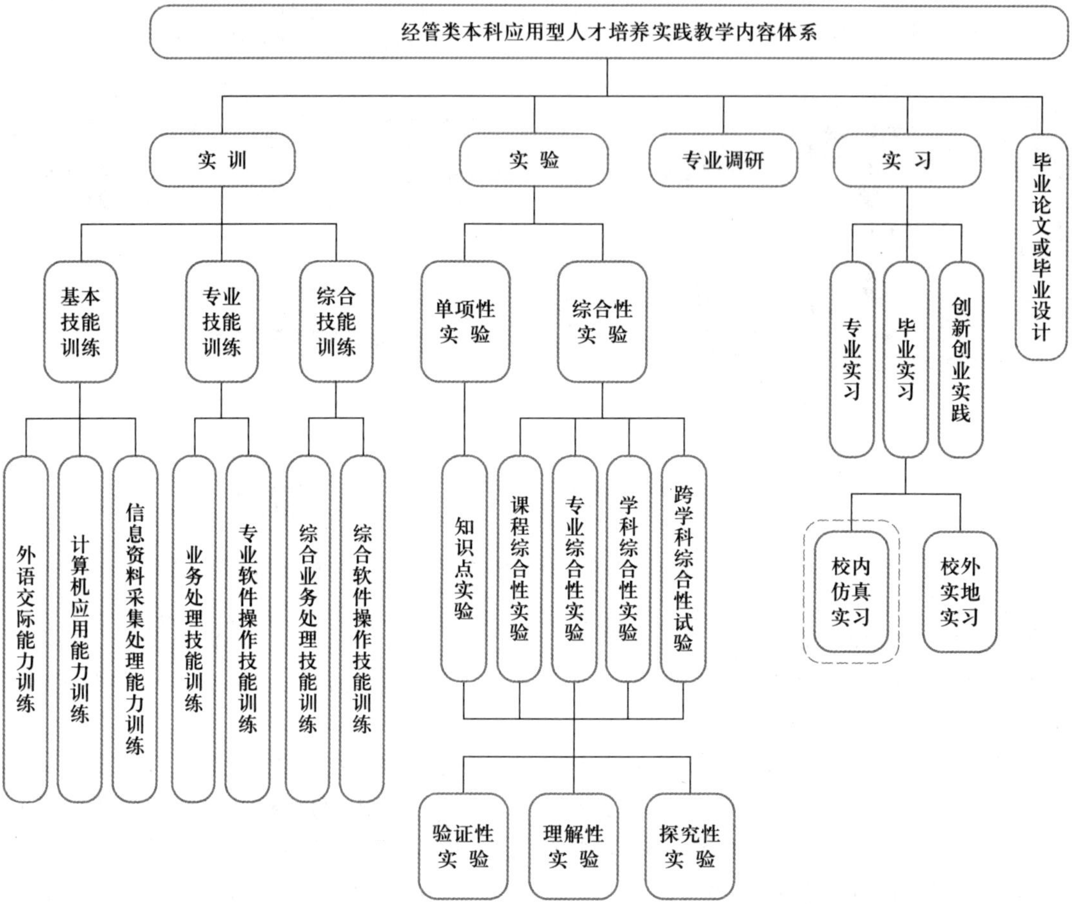

图 8.11 华北水利水电大学经管类本科专业应用型人才培养实践教学内容体系

4. 建设创新应用能力平台

在经管类人才培养中,“飞机型”人才培养应突出以应用为目标,以创新为特征,创建多种渠道为学生创新能力的培养和创新思维的发掘提供平台。例如,全力打造学术、科研与创新意识培养的平台,理论学习与实践学习的平台,各类创新创业活动、创新类竞赛活动的平台,加强“产、学、研”校内校外实习基地的平台建设等。① 经管类人才创新能力培养平台如图 8.12 所示。

5. 构建教学质量保障体系

加强“飞机型”经管类专业实践教学的保障体系建设尤为重要,这是保证实践类教学高效完成的重要举措。具体可从两方面着手建设。一方面,要促进校内外实习基地的建设,如学校、学

① 罗军,张晖. 经管类大学生创新能力的培养与实践[J]. 中国科技投资,2013(180).

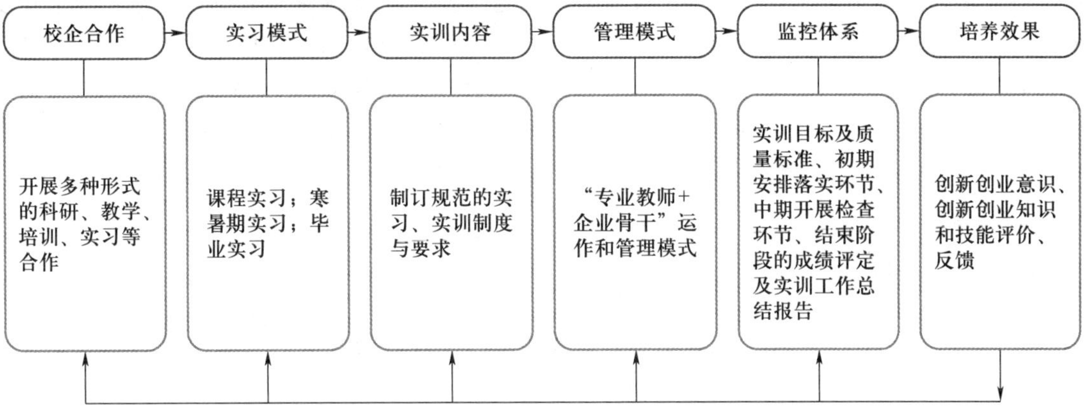

图 8.12　华北水利水电大学经管类人才创新能力培养平台

院要加大对经管类专业学生校内外实习、实训、实践活动的投资力度。在校内可加强各类实验室的硬件设施建设,改善学生的实习环境;在校外采取各种方法促进校企合作,与企业开展深入洽谈,建立起长期的、较为稳定的校外实习基地,让学生可以深入到企业实地锻炼。另一方面,学校、学院在实践教学环节的方法、时间等方面也要提供充足保障。例如,在教学方法上要适时进行改革,并根据企业的现实需要,不断地安排各类实用型软件的应用教学。① 在授课过程中,增加教师与学生的互动,采取案例教学法、情景模拟法等多种需要学生主动参与到教学中的方法来授课,切实提高学生学习的自主性。另外,还可建立和完善对教学全过程的质量评价体系,这对教师也是一种正面的激励与监督。

6. 促进经管类课程的交叉融合

工科院校的经管类专业在课程体系设置上普遍偏向单一化,没有很好地将各校的工科优势专业和特色专业融入经管类专业的教学中。在培养计划上,多采用基础通识课、专业基础课和专业核心课的培养方案设计,很少贴近实际地考虑经管类人才的社会需求,并将其融入课程体系的设计中。因此,工科院校的经管类专业一般缺乏对社会需求的洞察力与前瞻性,而从经管类专业课程体系本身来看,课程内容交叉和重复的问题又十分常见。② 自然地,在类似的课程大纲与教学安排下,再加上统一的学制与管理,这样的人才培养模式很容易忽视学生个体之间的差异,也无法激发学生的创造力与创新思维。③ "飞机型"经管类人才培养一方面要结合学校特点,在经管类课程设置中找到水利电力优势专业与经管类专业的结合点,从经管类专业的角度进行系统分析和整合,适当增加部分水利电力等工科专业特色课程,促进形成高素质应用型经管类的人才培养方案。另一方面,应加强培养经管类教师对不同学科和专业的融合能力。首先,在人才引进

① 曾德高,关方方."两化"背景下工科院校经管类人才培养模式研究[J]. 现代商贸工业,2012(1).

② 磨玉峰,王文辉. 工科院校经管类专业人才培养模式研究[J]. 经济研究导刊,2009(2).

③ 万文海. 工商管理类创新性人才培养模式研究——基于华侨大学的调研分析[J]. 哈尔滨学院学报,2012(2).

的前期，就要注重多引进一些有工科专业背景的经管类教师，他们在不同学科和专业的融合上更加游刃有余。其次，在对教师专业性的要求上，引入人才时，可增加对注册会计师和注册物流师等资格获得的硬性要求，以此来提升经管类教师在专业上的整体水平。最后，鼓励在职的经管类教师积极学习与经管类专业相关的工科基础知识，并掌握一定的工艺、制作流程。这样，无论是在理论教学中还是在实践教学中，面对学生提出的较为结合实际和专业性较强的问题时，都可以很好地解答。

四、教学安排

在创新意识培养上，国外已经探索出一些较为可行的理念与方法。例如，21 世纪初，欧美首先提出来的 CDIO 工程项目教育理念。这种理念更加侧重于在教学安排上激发学生的创造力与创新意识，其含义是：C(Conceive)构思、D(Design)设计、I(Implement)实现和 O(Operate)运作。它的核心理念是培养高素质的应用型人才和创新型人才。[①] 美国的启发式教育和探究式的教育方法自 20 世纪 80 年代开始得到了较为广泛的应用，并衍生出多种教育模式，如案例教学法等。[②] 在日常的教学中，教师授课的重点是激发学生学习的主动性，引导学生主动探求知识，而不仅仅是把知识转移给学生。在授课方法上，教师更加注重课堂氛围的调节，提供给学生更多的想象和思考空间，增加实践教学环节。[③]

经管类人才培养的教学安排应以“飞机型”人才培养流程优化的目的为准则，充分借鉴国外的先进经验。首先，允许并鼓励学生参与学术研究。在学生进入大学校园起就为学生制订适合自身条件的人生规划，并把科研和学术规划纳入学生人生规划中。在对学生的学术能力进行培养的同时，要注重学科之间的交叉与融合，拓宽经管类专业学生的知识宽度，使其掌握的知识层次更加多元化，为创新意识的培养和创新思维的激发打下坚实基础。其次，学校、学院可支持举办各类创新创业活动和竞赛。在竞赛活动中提高学生的实践能力，也是激发学生创新思维的一种可行方式。总之，实践教学是专业培养计划的重要组成部分，是学生掌握专业技能、完善知识结构、提高实践能力和创新能力的重要教学环节。构建人才培养的实践教学体系，应主要从校内实验模块、社会实践模块、集中实践模块和创新实践模块四个方面着手设计。结合学校实际，制订了《华北水利水电大学实践教学管理办法》，详见本书附录八。

针对华北水利水电大学“飞机型”经管类人才培养，改进教学模式及管理的具体措施如下。一是教师学术研究与学生科技类创新活动相结合。学院逐渐强调探究式学习方法的重要性，借

---

① 程春梅，邸彦彪，张晓芬．本科经管类创新型应用人才培养模式的研究与实践[J]．辽宁工业大学学报(社会科学版)，2015(1)．

② 李政辉．美国案例教学法的批判历程与启示[J]．南京大学法律评论，2012(2)．

③ 俞建光．工科院校经管类专业人才培养方案研究[J]．黑龙江教育：高教研究与评估，2012(2)．

鉴在国外已取得良好效果的“苏格拉底教学法”[①]等,激发学生的创造力与创新意识。二是课堂理论知识与校外企业实践相结合。现代企业要求大学生不仅要有扎实的专业基础理论知识,还必须具备实践中的实际操作能力与创新意识。在课堂教学中,教师在传授理论知识的同时还要侧重对学生实践能力的培养,引导学生独立思考和探索的习惯,以保证学生能更加快速地适应实际工作环境。三是更加注重学生实践能力的培养。人才培养的目标与环节设置必须紧密结合社会的实际需求,学生在课堂之外,必须积极参与各类社会实践活动,无论是志愿性、公益类的实践活动,还是企业的实习与实训活动[②]。

① 苏格拉底教学法(Socratic Method)又称问答法,始终以师生问答形式来进行,主张在反复论辩诘问找出学生原有认识中的矛盾,并启发学生自觉认识并改正自己原有认识上的错误。

② 钱存阳,刘洋. 应用型本科市场营销专业实践教学体系构建[J]. 继续教育研究,2011(2).

第9章

结　论

本书根据对高等院校人才培养模式的基本概念及理论、中外高校经管类人才培养模式、工科院校经管类人才培养模式现状、华北水利水电大学经管类人才培养等的研究分析，提出经管类人才培养的“飞机型”模式，并对该模式的构建、实施、应用等进行了深入的探究，得出五点结论，指出了目前人才培养模式存在的缺憾与进一步努力的方向。

第一节　本研究得出的主要观点

一、人才培养模式与人才培养理念、师生自我发展、管理水平及能力密切相关

大学人才培养模式是以促进学生全面发展为宗旨，以大学人才培养理念为指导，以教育责任为己任，以专业设置、课程设计等为手段，最大限度地调动广大师生自我发展的积极性，彰显大学管理水平与能力的一系列活动。高校人才培养模式与高校办学理念密切相关。教师和学生是高校人才培养的两大主体，是人才培养模式运行好坏的能动主体。高等院校在人才培养中的主要职责是引导广大师生主动发展。管理水平和能力决定产出效益，对高校来说，管理必须要强调三点：一是高校管理必须适应当前经济社会发展对人才的需求；二是高校管理必须以学生全面发展为根本；三是高校管理必须以追求人才培养质量为目标。

二、我国当代人才培养模式滞后于社会经济发展

我国教育改革远远滞后于经济改革，国人对教育问题的关注在一定程度上并不亚于对经济问题的关注，并且显得更加担忧。究其原因主要有：教育不仅影响着未来经济的发展，也关乎着每个家庭及其子孙后代的发展。但是，教育改革势必比经济改革更加艰难，学校的改革也势必比企业的改革更加困难。当前我国的高等教育在人才培养过程中有重“才”轻“人”、在教育过程中有“教”无“育”的现象，二者的不协调、不一致已成为我国教育改革的关键及难点。①

---

① 吕静，高金岭．教育功利性的现象分析与对策研究[J]．唐山师范学院学报，2014(6)．

通过对国内外高等教育人才培养模式的对比分析,可知知识传授是任何时期高校人才培养模式的共识,不同的是如何强调人才培养模式中通才和专才、素质和能力的关系。目前我国的高校人才培养模式与国外以学科专门化知识和技能为导向的工业经济时期相似,但在经济全球化背景下,我国高校的人才培养必须采用以素质和能力为导向的模式,尽管我国也提出了高校人才培养应以素质教育为导向,但因缺乏配套的社会环境、法律法规政策等,使得实施素质教育这一措施的效果堪忧。

三、特色培养是工科院校经管类人才培养模式的发展路径

高校本科专业的设置与发展应该根据多元化的市场背景、地方经济社会的发展实践,并且结合生源素质与高校自身的具体情况,在专业设置和人才培养时要看重基础性和综合性,更要强调应用性和实践性。

随着我国经济的快速发展,高层次经管类人才培养大幅增加,尤其在近年扩招的情况下,高校培养的经管类人才数量已处于供过于求的状态。但这种"供过于求"是一种假象,是人才供求不适宜的表现形式。换句话说,经管类人才同质化十分严重,无论是综合院校,还是专门的财经类院校,它们培养经管类人才的模式几乎无差别。工科院校中的经管类专业设置相对较晚,在培养目标和课程体系上大多遵循已有的强势专业的课程设置规律,或者参考国内同类高校或是知名的经管类院校,并没有体现自身工科特色的优势。尤其是地方性的工科院校,在经管类人才培养中并没有充分发挥自身强势专业的带动优势,因此也就没有把经管类人才培养很好地融入当地经济的发展中,这在一定程度上也导致学生在择业时与用人单位要求错位。

在这种情况下,当然是知名度越高的学校培养的经管类人才出路越好,知名度越低的学校培养的经管类人才出路越差。因此,工科院校经管类人才培养应结合工科院校优势专业的特色,培养面向行业和地方发展需求的经管类人才。

四、"以德树人"的素质教育理念是高等教育改革的方向

钱颖一将中国教育问题概括为如下几点:在人才培养过程的育"才"方面,"均值高、方差小";在育"人"方面,"均值低、方差大"。"均值高、方差小"的含义是指中国教育在"才"的维度上,知识和技能培养远远高于其他国家平均水平,但教育出来的学生出类拔萃的太少;"均值低、方差大"的含义是指中国教育在"人"的维度上,人的整体素质水平低,并且一些人素养低、人格低的程度令人惊讶。① 因此,恪守人格底线,把学生培养成有良好素养的现代文明人,已成为中国高等教育的首要任务。对具体院校来说,应开设汲取中国与世界文明精华和全人类文明的课程以及批判性思维与道德推理的课程,让学生在对待社会上层出不穷的伦理、道德问题的时候,可以采取正确的态度,用理性的、批判性的思维去判断取舍。

---

① 钱颖一.对中国教育问题的三个观察:"均值"与"方差"[J].云南教育(视界综合版),2015(1).

五、工科院校“飞机型”经管类人才培养模式符合高等教育改革要求

本书根据飞机形体结构，形象地将工科院校经管类人才培养模式设计成飞机形状，目的是以大学职业生涯规划为机头，以人才培养质量为机身，强调大一学生规划引导的重要性，这既是中学阶段向大学阶段平稳过渡的需要，也是高校人才培养的良好开端及保障。以理论教学和实践教学为两翼，旨在强调实践教学与理论教学同等重要。结合大四阶段的人才培养特点，把飞机尾翼的两个水平翼和一个垂直翼形象地描述为就业、创业、考研，强调学校应结合大四学生的需要进行分类指导。本书提出“飞机型”经管类人才培养模式的宗旨是：强调人才培养的整体性、严谨性、责任性、担当性，强调素质教育在人才培养中的重要地位与作用。

第二节 本研究的缺憾与进一步努力的方向

本书重点从历史、现状与模式创新三方面研究了工科院校经管类人才培养如何发展的问题，在此基础上提出了工科院校“飞机型”经管类人才培养模式，并对该模式下人才培养的专业设置、目标定位、课程设置等进行了深入探究，以华北水利水电大学为例，对其经管类人才培养中存在的问题及成因进行全方位分析，并提出其进一步调整与改革的方法与措施。本书还存在以下几点缺憾。

一、未能对不同工科院校经管类人才进行更深入研究

笔者查阅了大量国内外著名高校的人才培养模式相关材料，对国内外同类高校及国内不同类型高校经管类人才培养模式进行比较与分析，但由于资料收集有限，再加上笔者研究能力及条件有限，只笼统地将中外人才培养模式进行叙述式研究，进而结合改革开放以来高等院校经管类学科的发展情况，将经管类人才培养模式划分为三个阶段，在此基础上仅仅分析了一般类型工科院校经管类人才培养模式的内涵及特点、办学定位、课程设置等，而不同高校间的对比分析及经管类人才评价体系等还有待进一步探讨。

二、未能对大学生素质教育的重要性进行全面深入研究

本书认为大学生素质问题与社会环境、家庭教育、学校教育、教师素质（指幼儿园、中学、大学所有教师）等因素有关，是一个复杂的、系统的、值得整个民族反思的问题，需要另设专题研究，否则会冲淡本书的主题。本书将大学生素质教育的重要性分散在不同问题的研究中，但只在华北水利水电大学经管类人才培养的“飞机型”模式研究时，专门构建了基于素质教育的“飞机型”模式，虽然对素质教育的模块设计、课程设计及实施方案进行了深入、系统的研究，但还缺少整体、全面的分析。

三、未能进行分阶段研究

本书只是宏观与宽泛地将大学四年分为大一、大二与大三、大四三个阶段，简单概述其三个阶段的学生特点，学校及学院在引导学生学习、发展中的职责划分，不同阶段知识传授及素质教育的重点等，还应该更细致深入地研究大一、大二与大三、大四阶段的培养目标、课程设计、学校及学院教师的职责等。

四、对工科院校经管类人才培养的“飞机型”模式研究不够

本书只是以飞机构架为载体，根据大学四年的学生成长及培养特点，重点研究了大学职业生涯规划的重要性、理论教学与实践教学的合理性、大四分类指导的必要性等，而对模式中机头、机身、尾翼间的关联性及具体课程设置研究不够。

缺憾与不足将是继续深入研究和努力的方向，在后续研究中，应该进行分类、分阶段、分层次研究，尤其是要将华北水利水电大学在河南省高校中的地位理清楚，从战略发展高度比较管理与经济学院与河南省同类高校、不同类别高校间经管类人才培养的差异性，准确定位、早期着手规划，调整管理与经济学院的专业设置、师资发展、课程建设等。另外，作为高校教育工作者，应继续致力于高等教育人才培养中素质教育的研究，尽自己的微薄之力呼吁以德育人的重要性，以自己的人格魅力影响和感染学生、未来的家长、社会的栋梁。

总之，教育教学改革及教学模式创新，是高等院校人才培养的永恒课题，是工科院校经管类专业未来研究与发展必须思考、探索和研究的课题。由于笔者眼界高度和视野宽度有限，仍有许多问题有待继续琢磨和探究。

附录一

华北水利水电大学管理与经济学院
经管类人才培养模式研究调查问卷

（针对在校生）

亲爱的同学，你好！

华北水利水电大学管理与经济学院自1994年建院以来，根据我国水利行业和河南省社会经济发展需要，充分依托工程学科优势，逐步形成了促进经济和管理学科与工程学科的交叉和渗透。学院现拥有管理科学与工程一级博士点，管理科学与工程、工商管理和应用经济学3个一级硕士授权学科；拥有管理科学与工程、技术经济及管理、企业管理、会计学、旅游管理等18个二级学科硕士点。

为了真实了解我院毕业生的就业情况以及企业对人才的需求，从而有针对性地调整我院各专业人才培养模式及方法，提高我院管理类毕业生的竞争力，我们组织了本次调查。您的想法、意见和建议将作为今后我院改革人才培养模式的重要依据。请您认真填写这份问卷，选择题可直接在题号上画“√”，无特殊说明均为单选。请根据实际情况回答问题，所有答案将做匿名处理，请放心作答。非常感谢您的参与！

1. 您的性别：　A. 男　B. 女
2. 您所在年级：　A. 大二　B. 大三　C. 大四
3. 您所学专业：　A. 会计学　B. 物流管理　C. 市场营销　D. 国际经济与贸易　E. 工业工程　F. 经济学　G. 信息管理与信息系统

注：下列表格调查您对以下说法所持态度，请根据真实情况在对应表格中画“√”。

类别	问题	完全同意5	同意4	不确定3	不同意2	完全不同意1
课程体系	本专业课程有重复设置情况					
	本专业课程间关联性很大					
	本专业应增加公共基础课					
	本专业课程更注重学习管理学类理论知识					
	本专业课程重视与工科知识的联系与融合					
	本专业课程更重视培养学生的数据的定量分析能力					
	本专业课程更重视培养学生的数据的定性分析能力					
	本专业课程更重视培养学生的信息获取与处理能力					
	本专业应增加专业课					
	本专业课程设置过于密集					

续表

类别	问题	完全同意 5	同意 4	不确定 3	不同意 2	完全不同意 1
培养目标	本专业更重视培养学生的团队合作与人际交往能力					
	学院更侧重于培养学生的理论能力					
	学院更侧重于培养学生的实践能力					
	学院更侧重于培养学生的理论与实践相结合的能力					
	本专业更重视培养学生的专业经营管理与决策能力					
	本专业更倾向于培养学生良好的思想道德修养					
	本专业在教学中能够培养学生良好的心理素质					
	本专业要求培养学生的社会责任感					
	本专业更注重培养学生独立思考的创新精神					
	本专业更注重培养学生吃苦耐劳的实干精神					
	学院侧重于将学生培养为中高层管理人才					
专业设置及师资力量	本专业的教师大部分有过企业工作经历					
	学院的专业设置非常合理					
	学生能够在课堂上了解很多学科前沿知识					
	任课教师注重学生实践能力和创新能力的培养					
	教师能够在创新创业和学术性竞赛中给予良好指导					
	任课老师大都具有工科背景					
	教师队伍多为注册会计师等应用能力突出的人才					
	任教的管理与经济类老师主动学习与专业相关的工科知识					
教学安排	学院给在校生提供较多的企业实习机会					
	学院提供较多创新创业竞赛和学术性竞赛的机会					
	本专业学生有意向到工科背景的企业中实习和工作					
	学院授课多采用案例教学、实验教学等多种方法					
	学院在实习过程中给予了充分的资金支持					
	学生在校内实践课或企业实习中获益良多					
	学院邀请较多的企业家到校内开展讲座和交流会					
	学院能够吸引众多企业前来举办招聘会					

您对当前工科院校管理与经济类人才培养模式有何意见和建议？（请留下您宝贵的意见和建议，我们诚挚感谢！）

附录二

华北水利水电大学管理与经济学院
经管类人才培养模式研究调查问卷

（针对校友）

尊敬的校友，您好！

华北水利水电大学管理与经济学院自 1994 年建院以来，根据我国水利行业和河南省社会经济发展需要，充分依托工程学科优势，逐步形成了促进经济和管理学科与工程学科的交叉和渗透。学院现拥有管理科学与工程一级博士点，管理科学与工程、工商管理和应用经济学 3 个一级硕士授权学科；拥有管理科学与工程、技术经济及管理、企业管理、会计学、旅游管理等 18 个二级学科硕士点。

为了真实了解管理与经济学院毕业生的就业情况以及企业对人才的需求，从而有针对性地调整各专业人才培养模式及方法，提高我院管理与经济类毕业生的竞争力，特组织本次问卷调查。您的想法、意见和建议将作为今后我院大力改革人才培养模式的重要依据。请您认真填写如下问卷，选择题可直接在题号上画“√”，无特殊说明均为单选。谢谢您的大力支持与合作。

1. 您在学校所学的专业是__________________，您在公司所从事的业务是：

○ 电子信息、IT 行业　○ 机械制造、机电一体化　○ 金融管理与经济类　○ 其他

与所学专业相关性有多大？列出 3～5 门较为有用的课程？建议增加或减少哪些课程？

2. 您认为相比其他院校，工科院校管理与经济类毕业生的优势体现在：

○ 实践能力　○ 创新能力　○ 综合素质　○ 专业知识

3. 您认为工科院校管理与经济类毕业生的最大弱点是：

○ 缺少实践经验　○ 知识基础薄弱　○ 培养成本较高　○ 职业稳定性差

○ 过于看重薪酬　○ 眼高手低　○ 其他（请说明__________________）

4. 您认为现在的工科院校毕业生最缺乏的是下面哪种能力：[最多选两项]

○ 创新能力　○ 解决问题能力　○ 责任感和事业心　○ 组织协调能力

○ 人际交往能力　○ 文字表达能力　○ 口头表达能力　○ 英语能力

5. 您认为工科院校管理与经济类人才培养需要着力提升的是以下哪方面素质:[多选]
○ 专业知识 ○ 实践应用能力 ○ 职业技能素质 ○ 创新能力的培养
○ 思想道德素质 ○ 人文素质 ○ 社交礼仪 ○ 团队精神
○ 随机应变能力 ○ 其他(请说明______________________________)

6. 您认为工科院校毕业生的哪种品质是您所在公司最为注重的:[多选]
○ 团队意识 ○ 创新能力 ○ 执行力 ○ 适应性强
○ 忠诚度高 ○ 专业知识过硬 ○ 吃苦耐劳 ○ 其他(请说明________)

7. 贵公司通过什么方式对管理与经济类毕业生的素质进行评定:[多选]
○ 通过面试并参考其个人简历 ○ 实习期考评 ○ 各类专业技能证书
○ 在校期间学习表现 ○ 其他的素质测评手段(请说明__________)

8. 贵公司在人才甄选时,看重下列哪些:[最多选两项]
○ 学历 ○ 学习成绩 ○ 工作能力和经验 ○ 学生干部工作经历
○ 仪表、谈吐 ○ 综合素质 ○ 毕业院校 ○ 是否持有专业证书
○ 科研和创新能力 ○ 其他(请说明______________________________)

9. 您对工科院校管理与经济类毕业生进一步改善知识结构的建议:[多选]
○ 加强外语应用能力的培养 ○ 加强基础知识的学习
○ 加强专业知识的学习 ○ 加强计算机应用能力的培养
○ 加强管理与经济能力的训练 ○ 加强人文知识的学习
○ 加强协作能力的训练 ○ 加强实践能力的培养

10. 您认为以下哪种培养方式更适合您所在公司的实际需求:
○ “按行业需求”设置专业模块课程 ○ “订单式”培训班
○ “按行业需求”设置专业模块与培训班相结合 ○ 定期专业实习
○ “订单式”专业设置

11. 您对当前工科院校管理与经济类人才培养模式有何意见和建议?(请留下您宝贵的意见和建议,我们诚挚感谢!)

附录三

华北水利水电大学管理与经济学院
经管类人才培养模式研究调查问卷

（针对学生家长）

尊敬的家长，您好！

华北水利水电大学管理与经济学院自1994年建院以来，根据我国水利行业和河南省社会经济发展需要，充分依托工程学科优势，逐步形成了促进经济和管理学科与工程学科的交叉和渗透。学院现拥有管理科学与工程一级博士点，管理科学与工程、工商管理和应用经济学3个一级硕士授权学科；拥有管理科学与工程、技术经济及管理、企业管理、会计学、旅游管理等18个二级学科硕士点。

为了真实了解我院毕业生的就业情况以及企业对人才的需求，从而有针对性地调整我院各专业人才培养模式及方法，提高我院管理类毕业生的竞争力，我们组织了本次调查。您的想法、意见和建议将作为今后我院改革人才培养模式的重要依据。请您认真填写这份问卷，选择题可直接在题号上画“√”，无特殊说明均为单选。请根据实际情况回答问题，所有答案将做匿名处理，请放心作答。非常感谢您的参与！

注：下列表格调查您对以下说法所持态度，请根据真实情况在对应表格中打“√”。

类别	问题	完全同意5	同意4	不确定3	不同意2	完全不同意1
培养目标与素质教育	您希望学院更重视培养学生的团队合作能力					
	您希望学院更侧重培养学生的理论能力					
	您希望学院更侧重培养学生的实践能力					
	您希望学院更侧重培养学生的理论与实践结合能力					
	您希望学院更侧重培养学生的经营管理与决策能力					
	您希望学院更侧重培养学生良好的思想道德修养					
	您希望学院更侧重培养学生的良好心理素质					
	您希望学院更侧重培养学生的社会责任感					
	您希望学院更侧重培养学生的独立思考与创新精神					
	您希望学院更侧重将学生培养为中高层管理人才					

续表

类别	问题	完全同意 5	同意 4	不确定 3	不同意 2	完全不同意 1
课程设计	您希望本专业课程更重视数学知识的学习					
	您希望本专业课程更重视英语知识的学习					
	您希望本专业课程更注重管理学类理论知识的学习					
	您希望本专业课程重视与工科知识的联系与融合					
	您希望本专业课程更重视培养数据的定量分析能力					
	您希望本专业课程更重视培养数据的定性分析能力					
	您希望本专业课程更重视培养信息获取与处理能力					
	您希望本专业能够增设理工类课程					
教学安排	您期待教师能够在授课过程中拓宽学生的知识面					
	您期待学生能够在课堂上了解很多学科前沿知识					
	您期待教师更注重学生实践能力和创新能力的培养					
	您认为本专业教师能够在创新创业和学术性竞赛中给予良好指导					
	您希望任课教师大都具有工科背景					
	您希望管理经济类教师主动学习与专业相关的工科知识					
校企合作	您希望学院给在校生提供较多的企业实习机会					
	您希望孩子将来到工科背景的企业中实习和工作					
	您希望学院邀请企业家到校内开展讲座和交流会					
满意度	您认为工科背景院校毕业会使孩子更具竞争力					
	您对孩子能够到我院学习的满意度					

您对当前工科院校管理与经济类人才培养模式有何意见和建议？（请留下您宝贵的意见和建议，我们诚挚感谢！）

附录四

华北水利水电大学
关于进一步促进学生学业全面发展的若干意见

华水党〔2013〕31 号

为贯彻落实《国家中长期教育改革和发展规划纲要(2010—2020 年)》精神,构建全方位育人、全员育人和全过程育人新格局,培养品行优秀、人格健全、基础扎实、勤奋务实,具有学习能力、实践能力和创新能力的高素质应用型人才,引导和帮助学生成长成人成才成功,成为德智体美全面发展的社会主义建设者和接班人,真正把关注关心关爱学生落到实处,现就进一步促进学生学业全面发展提出如下意见。

一、进一步深化教育教学改革,不断创新育人模式

1. 不断完善人才培养模式

坚持把立德树人作为学校的根本任务,秉承“育人为本、德育为先、能力为重、发展为要”的育人理念,进一步探索完善“基础、实践、创新”三位一体的人才培养模式,促进学生知识、能力、素质协调发展。根据经济社会发展与科技进步需要,建立健全“年度微调”人才培养方案、“4 年一个周期”修订培养方案的体制机制。保证卓越工程师专业教育和第二学士学位专业教育质量。进一步探索与国(境)外知名高校之间的学生互换、学分互认、学位互授联授的合作模式。

2. 进一步优化学科专业结构

认真遵循高等教育的发展规律,贯彻落实学校《全日制本科专业建设管理办法》,紧密结合水利电力行业与河南省经济社会发展的要求,优先发展满足科技进步和经济社会发展需要的新兴学科、交叉学科和应用学科,着力构建与经济社会发展互动的学科专业体系以及“招生、培养、就业协同联动”的学科专业动态调整机制。对连续 2 年初次就业率偏低的专业实施黄牌警示、调减招生计划、停止招生等措施。扎实推进卓越工程师计划和本科专业综合改革试点,支持优势特色专业和战略性新兴产业相关专业建设。实施 5 年一个周期的校内专业评估和新增专业校内评估制度。积极申请全日制本科行业专业评估和专业认证。

3. 强化本科教学工程项目建设的辐射示范带动作用

继续做好国家、省、校本科教学工程项目建设,以提升教育教学质量为主线,以项目实施为重点,发挥建设项目在推进教育教学改革、加强教学建设、提高教学质量和促进学生学业全面发展上的示范、辐射和引领作用,保证项目建设成果全面惠及学生。建立和完善优选优培及激励奖惩机制,加大调控监管力度,依据阶段性建设成果调整扶持力度,发掘各方面的积极性和潜力,实现内驱发展。

4. 创新教育教学方法

进一步转变教育教学理念,加强教育教学研究,不断丰富教学内容,创新教学模式,倡导启发式、探究式、讨论式、参与式教学和基于案例、项目教学。探索研究性教学方法和模式,实现“教”服务于学,“学”丰富于教。注重培养学生独立思考、批判思维、善于表达与沟通、学会学习与终身学习的能力。坚持理论教学和实践教学相结合、学校教育与社会实践相结合,因材施教,推进并完善分类分层教学。

5. 倡导寓研于教的育人方式

把教师的研究成果对学生学业发展的贡献度作为教师工作评价的重要因素之一,努力把研究优势转化为教学优势,把研究成果转化为教学资源,促进科研与教学的融合、科研团队与教学团队的融合、科研基地与教学基地的融合。重点实验室、研究基地等逐步向学生开放。支持学生参与教师的科研活动,让学生早进课题、早进团队、早进实验室,构建寓研于教的育人新模式。

6. 深化实践教学体系改革

贯彻落实教育部《关于进一步加强高校实践育人工作的若干意见》和学校《实践教学管理规定》,坚持实践能力培养贯穿学生学业全面发展全过程,构建特色鲜明、形式多样的实践教学模式。积极推进实验内容和实验模式改革与创新,减少验证性实验,增加综合性、设计性和创新性实验,推进实践教学资源建设,组织编写一批优秀实验教材,建立实习指导和实验教学规程。加强实验室和实验实训平台建设,建成一批基础好、稳定性强、满足学生能力培养需要的实验教学示范中心,促进学生尽早接受专业训练、掌握专业技能、增强实践动手能力、提高专业素养。完善实验教学队伍的人才引进、岗位聘任、目标考核等管理机制,配齐配强实验室人员,建设一支高素质、专业化的实验教学队伍,提升实验实训教学水平。实施校企合作人才培养基地建设计划,加强校内外实践教学基地建设,依托现有资源,积极开展特色鲜明的多元化实践教学活动,继续加大对现有实践基地建设的力度,逐步实现每个本科专业都有相对固定的校外实践教学基地,开展集中实践教学活动。制订实践教育考核评价办法,将实践教育工作作为评价教学质量和水平的重要指标内容,纳入教学单位考核体系。

7. 改革完善人才评价考核模式

学习和借鉴国际国内先进的人才评价模式和考核模式,建立知识、能力和素质等多方面结合的学生学业成绩综合评价体系,注重学习过程考查和学生能力的评价。鼓励教师基于专业实际、课程目标、学生表现与差异、学生自我管理能力、表现能力、学习能力、实践能力与创新能力等多维度的考核模式创新与改革。不断完善开卷式、综合式、答辩式、团队式等多元化考核模式,实现考试的多重价值与功能。深化课程与实践教学环节考核内容改革,拓宽成绩评定指标要素,实现以考促学、以考促教、以考促发展。

二、加强教育教学资源的基础建设,以优质的教育教学资源保障学生学业全面发展

8. 加强教育教学资源条件的建设和管理

进一步优化教育教学资源,积极引进校外优质教学资源,不断加强教育教学资源的建设与管理。完善教学硬件基础设施,加大教学仪器设备与教学实验室建设力度和图书资料的购置力度,加强教学基础设施的维修和保养,保证设备完好率不低于95%,加强教学条件的科学化、规范化管理,科学合理整合教学用房、实验用房、教学设备、图书资料等基础资源,提高教育教学资源的使用效率,为学生学业发展创造基本的保障条件。

9. 提高公共基础课程教学质量

推进思想政治理论课教学模式改革,深化思想政治理论课程“3+2”教学模式,努力把思想政治理论课打造成为学生真心喜爱、终身受益的优秀课程。以强化身体素质,促进身体健康为宗旨,推进大学体育课程教学改革,增强体育课程的实效性和趣味性,使学生养成自觉进行体育锻炼的习惯。以提升学生英语应用能力为目标,大力推进公共外语教育多元化,认真总结大学英语分级教学经验,实施多维度、个性化教学,建设一批双语或英语授课课程。以提高学生数学素养、数学能力和应用数学知识解决实际问题的能力为根本出发点,推进数学教育教学改革,完善高等数学分类分级教学。推进大学计算机、大学语文和大学物理等公共基础课程教学改革,优化课程体系,改革教学内容、教学方法和教学手段,扩大学生自主学习,切实提高教学质量。加强《大学生心理健康》《大学生职业发展与就业指导》等课程教学体系建设,整合师资、规范教学大纲、创新教学方法,以案例教学、体验活动和行为训练等形式,指导学生个性成长发展,帮助学生成才就业。

10. 加强专业课程建设

继续深化以学科专业教育、专业拓展教育和创新实践教育为内容的课程体系的综合改革。探索本科阶段与研究生阶段、本科阶段与高中阶段课程设置和课程结构上的衔接,坚持综合培养、夯实基础与强化应用相结合的原则,深入研究不同专业的知识、素质、能力培养目标体系,突出学生学习能力、实践能力和创新能力的培养,坚持知识结构与课程体系整体优化,注重课程重组和整合,增设学科前沿性、综合性和研讨性的课程,构建以专业核心课程和专业选修课程相结合、有利于学科交叉融合、适应经济社会发展的课程体系。加强与课程体系相对应的核心课程和骨干课程建设,扎实推进学科专业教育课程改革,重点培育和建设国家、省精品资源共享课和精品视频公开课,满足学生能力培养的需要。通过择优、新建和引进三个途径加强人文与科技素质教育等专业拓展教育精品课程建设,满足学生综合素质培养的需要。

11. 进一步加强教材建设

完善教材管理办法,规范教材的编写与选用,建立以提高人才培养质量为核心的教材选用和教材评价机制,加大对教材选用质量的监控力度,实施教材编著、选用责任追究制,保证高质量教材进课堂。鼓励教师编写一批体现我校教学理念、教学特色,在地方大学具有引领作用的精品核心教材。注重纸质教材、电子教材和网络化教材的有机结合,实现教材建设的立体化和多样化。建立教学内容更新机制,及时将本学科领域的最新成果引入教材。

12. 加快教育教学信息化建设

积极推进教育教学信息化建设工作,加强优质教学资源数字化共享服务平台建设,鼓励教师充分利用信息技术开发多样化的数字化学习资源,建成高水平数字图书馆、精品课程库、教学基本状态数据库、考试题库、学生管理与服务信息系统等,加快开放公共教育教学资源。加强图书馆科学文献中心建设,积极推进基于网络的人才培养模式、教学内容和教学方法的改革,建成满足教师辅助教学需要和学生自主学习需要、能提供全方位教学和学习支持与服务的网上教学平台,提高网络辅助教学平台的利用率,积极开发和使用网络课程,扩大学生选课资源,提高教学效果。构建基于网络平台的各类教学资源共享机制。做好网络辅助教学平台应用的培训、教与学应用情况经验交流，推进网络辅助教学工作的开展。

三、进一步加强教师队伍建设，全面提升教育教学胜任力

13. 增强教师教书育人的使命感

提高教师的职业道德水平，建立健全师德师风评价、考核、激励机制，将师德师风表现作为教师考核、职务聘任（聘用）和评价的首要内容，实行师德师风“一票否决制”。对师德师风表现突出的教师予以重点培养、表彰奖励；对师德师风表现不良的教师，及时劝诫、督促整改；对有严重失德行为、影响恶劣者，按有关规定予以严肃处理直至撤销教师资格。引导教师把促进学生学业全面发展为首要职责，视教育教学为第一要务，潜心教书育人，主动深入了解学生，主动研究学生学业发展规律，主动倾听学生学业发展和能力提升的诉求，教会学生规划人生，指导学生人生修为的养成，激发学生学业全面发展的内在驱动力，自觉担当学生学业全面发展的重任，促进学生幸福健康发展。

14. 以教师发展促进学生发展

进一步强化教研室（系）、实验室等基层教学组织在教师能力提升过程中的核心地位，完善教师培训和进修管理制度，有计划、有重点开展教学培训、教学咨询、教学会诊、教学观摩等活动，不断创新青年教师教学技能培训体系，帮助青年教师顺利通过“教学关、实践关和科研关”。全面实施教师教育教学胜任力计划，扎实推进教学名师培育、教学团队建设、教师职业发展规划设计，加大优秀教师表彰和奖励力度，鼓励和培养一批专注于本科教学和学生学业全面发展的优秀教师。探索教师分类管理和业绩科学评价模式，尝试选聘具有丰富实践经验的行政及企事业单位、行业的专业技术人才、科技创新人才以及各类社会精英进学校、进课堂，不断改善师资队伍的结构。

15. 坚持教授、副教授为本科生授课制度

把教授、副教授为本科生讲授理论课程作为一项基本制度，将承担本科教学任务作为教授、副教授聘用的基本条件，每年开展一次教授、副教授为本科生授课情况的专项检查。鼓励教授开设新生研讨课、科技实践创新课和全校素质类选修课。实施知名教授选聘助讲教师制度，试点并逐步推广专业核心课程教授负责制，探索知名教授领衔、青年教师参与的“大班授课、小班指导”的课堂授课模式。

四、进一步强化学生管理服务人员责任意识，提升管理服务水平

16. 加强教学管理队伍和学生管理与服务队伍建设

选拔和培养优秀教师进入各级教学管理与服务岗位，进一步优化教学管理队伍的学历、职称和年龄结构，提高整体素质和管理服务水平，建立一支综合素质优、服务意识强、管理效率高的教学管理服务队伍。落实教学管理人员工作待遇，为教学管理人员开展工作创造舒心的环境。加强教学管理与服务人员的培训与考核，创造条件，开展与国内外高等学校教学管理人员的相互考察、交流和研修。

进一步加强学生管理与服务队伍建设，完善领导体制和工作机制，采用灵活多样的选聘方式，落实职称、待遇等相关政策规定，加强专业培训和工作经验交流，强化工作考核，完善考核模式。主管学生的院领导坚持学生形势政策教育，坚持每年至少面向学生开展 1 次励志报告、讲授

不少于4学时的《形势政策》课程教学，指导学生开展社会实践活动，高度关注并及时跟踪反馈学生思想动态、学业发展和身心健康状况。

机关、教辅部门工作人员要强化服务意识和责任意识，坚守“学生事情无小事”的基本原则，增强服务意识，提高服务质量。

17. 落实班导师和辅导员工作责任

坚持辅导员深入学生公寓制度和班导师深入学生班级制度，切实做到“知事知情知心、关注关心关爱、引导指导辅导”，进一步发挥辅导员在日常教育管理工作中的组织者、实施者和指导者作用，充分发挥班导师在学业发展和能力提升中的指导作用，使辅导员真正成为学生人生导师和健康成长的贴心朋友，使班导师真正成为学生掌握真知提升能力的良师益友。

落实好《辅导员管理条例》和《班导师管理办法》，严格实施辅导员和班导师管理式的听课制度、学生学习状态家长通报制度和学生约谈制度。班导师坚持每学期至少1次面向学生开展学业发展讲座或励志报告，指导周期内至少指导1个面向学生的研究性课题。辅导员要加强学生思想政治教育、诚信教育、身心健康教育、安全教育、励志教育，班导师要加强学生学业安全教育、专业教育，形成学生家长与学校、学院、辅导员、班导师良性互动的长效机制。

五、坚持以学生为本，全方位、全过程促进学生学业全面发展

18. 正确引导学生学业全面发展

学校各级职能部门、各学院要着力教育和引导学生学会做人做事，学会明辨是非，学会思考问题，学会规划人生，学会生存生活，做到学思结合、知行统一。教育和引导学生树立崇高的理想和坚定的信念，具备历史责任感、使命感，使学生政治立场坚定、求学目的明确、人生目标清晰。认真研究学生特点、把握教育节点，围绕“认识大学、认识专业、认识自我、认识社会”的主题，组织开展系列教育活动和学业指导工作。

坚持第一课堂与第二课堂相结合、课内教学与课外教育相结合、学校教育与学生自我养成教育相结合、严肃纪律与奖惩教育相结合、个性发展与全面发展相结合，完善学生综合素质教育和考核评价方式，实行以学生学业发展和能力提升为主题的评价方式。学校大力加强校园文化建设，强化文化育人功能，开展丰富多彩的课外文化教育活动，不断增强学生的人文素养和科学精神。加强学生美育教育，培养庄重、高雅的审美意识，促进大学生德智体美全面发展。

19. 加强学生自我养成教育

促进学生学业全面发展，学生行动是关键、是根本。学院成立学生学业发展指导中心，帮助和指导学生学业发展的自我养成教育。以学校和学院发展为平台，以教师发展为依托，积极引导学生研究自身发展条件与意愿，综合主观因素和客观因素，着力自我规划、自我完善、自我提升、自我实现，力求使学业全面发展成为学生自觉的行为。积极引导学生自觉发扬华水精神，践行自强不息、诚实守信、不畏艰难、肯于吃苦、敢于担当、勇于探索、勤奋务实，基础厚实的优良品质，形成良好的公民道德行为规范。大力弘扬学生学业全面发展的优秀案例和优秀校友成功事例，在学生中形成崇尚先进，争创先进，争优创优的浓郁氛围。

20. 提升学生实践能力和创新能力

学校以提升学生实践能力和创新能力为核心，以“挑战杯”“磐石杯”和“创新杯”等科技与学科竞赛活动为重点，以大学生科技实践创新项目为抓手，大力实施素质拓展计划和科技竞赛计划，办好“华水大讲堂”“新生加油站”和“微言大义”等系列讲座，鼓励和支持学生社团、学生组织自发办好公益性的学业发展讲座，引导学生在实践中长知识，在活动中受锻炼，在竞赛中练技能。每年支持40项大学生实践创新训练计划项目，并争取更多项目进入国家大学生创新创业训练计划，支持开展各类大学生创新竞赛和学科竞赛活动。

21. 发挥学生干部队伍模范引领作用

高度重视学生干部队伍建设，加强学生干部队伍工作作风建设，充分发挥学生党员、学生干部在学业发展中的引领作用，组织上的保障作用，行为上的表率作用，学业上的标兵作用，把做人做事和考核成绩作为选拔培养学生党员和学生干部的必要条件，对发展党员和主要学生干部实行行为思想品行差或课程与教学环节考核成绩不及格一票否决制。校团委加强对分院团委、各级学生会，以及各级各类社团联合会和志愿者联合会等大学生自治组织的领导、工作指导、管理与考核，引导各级学生组织要围绕学生学业全面发展的主题，积极组织开展融思想性、知识性、趣味性于一体的大学生喜闻乐见、乐于参与、健康向上的文化活动，大力弘扬大学文化和大学精神，使学生在活动中受锻炼、增才干、长知识，提高大学生的整体素质和能力。

22. 加强全方位的就业创业教育

把就业创业教育贯穿于人才培养全过程，在全校范围内营造就业创业的良好氛围。以就业创业课程为基础，以就业创业平台为支撑，以各类创业竞赛和活动为载体，构建就业创业教育体系。引导和支持学生积极参加各级各类就业创业竞赛和实践活动，提高学生就业创业能力。建立学校创业教育指导中心，建设大学生创业园区，推动学生创业活动与企业需求形成良性互动，加快学生创业成果的产业化进程。

23. 推进学生名校学习交流和国际化交流

办好中外合作办学项目，借鉴国际先进的教育思想理念和教育经验，引进国外优质的教育教学资源，着力培养一批具有国际视野、通晓国际规则、能够参与国际事务和国际竞争的国际化人才。开展全方位、多层次、宽领域的国际教育交流与合作，促进学生的国内名校学习交流国际交流与合作，鼓励和支持学生到国内名校和国（境）外高水平大学学习的政策和机制，增加合作交流和联合培养数量，保证培养质量。设立学生境外学习优秀奖学金。鼓励和支持有条件的学院有计划地组织学生赴国外或境外知名大学修学、访学。

六、确立学生发展在学校发展中的核心地位，完善促进学生学业全面发展的体制机制

24. 构建部门协同联动促教促学机制

学校始终坚持把学生学业全面发展作为人才培养最基础、最根本的工作，着力构建学校、职能部门、学院协同联动促教促学的长效机制，坚持每年定期召开教务部门、学务部门和勤务部门学生学业发展专题会议，坚持教务、学务、勤务工作不定期与学生面对面，坚持辅导员、班导师与教学秘书不定期开展学生学业发展的专项交流，坚持教师学业发展状态评价制度，实施学生信息员和学生联络员制度，坚持学生参与学校、学院管理制度，多渠道多途径了解学生学业发展诉求，及时解决学生关注的热点、难点问题，协商解决制约学生学业发展的瓶颈难题，建立学生学业发展的应急保障机制。

25. 实行学生学业全面发展责任制

校党委书记、校长是学生学业全面发展的总体责任人，校领导班子成员根据工作分工及所主管的职能部门，积极研究支撑和服务学生学业全面发展的具体方案和措施，各教学单位是学生学业全面发展的直接责任部门，学院党政负责同志是学生学业全面发展的直接责任人，教师、班导师、辅导员和教辅部门的工作人员要全面履行教书育人神圣职责。学校实行主管学生和主管教学的校领导、相关职能部门（校团委、教务处、学生处、招生就业处、总务后勤处）负责人联系学生班级制度，直接倾听学生发展诉求，掌握学生发展动态。

26. 实行学生学业全面发展责任追究制

学校建立促进学生学业全面发展的监督检查机制，对落实不力、问题集中、学生全面学业发展出现责任事故的部门和学院进行问责，主管校领导对相关责任人实施约谈；对学生学业全面发展出现重大责任事故的直接责任人降级聘用，取消学生所在单位以及单位领导当年度年终考核评优资格。认真落实《教学事故认定与处理办法》，制订《学生管理责任事故认定及处理办法》，强化教师、班导师和辅导员责任意识、育人意识和服务意识。

27. 改进和完善教学质量监控体系

学校进一步改进和完善教学质量监控体系，不断创新教学质量监控模式，加强网络监控，积极构建校院二级教学督导工作体系，实施学校重点监控与学院全面监控相结合，坚持学生学业状态评价制度、学业预警和警示制度、学生教学信息员制度、学生评教评考制度，加强实践教学质量监控，保证教学质量稳步提升。监督、落实各级各类人员听课制度、学生网上评教制度，建立校院二级本科教学基本状态数据库。开展教学单位教学管理目标考核，并将考核结果与学校宏观管理调控和经费投入挂钩。

28. 增加学生学业全面发展的经费投入

学校持续增加学生学业全面发展经费的投入，保证学生学业全面发展经费的增长不低于学校事业性经费的增长。建立健全自我约束与外部监督有机结合的财务监管体系，强化学生学业发展经费专款专用，实行学生学业全面发展经费管理责任制，保证经费全部用于学生学业发展，提高经费使用效益。加强对教学单位学生学业发展经费的使用情况进行绩效评价，根据学生发展动态要求和教学单位经费的使用状况，采用增减经费的方式，对教学单位学生学业发展经费使用进行宏观调控。进一步完善校友联络机制，吸收更多的校友、社会人士捐资设立学生学业专项奖学金。

29. 完善学生学风建设机制

加强学生纪律管理和行为约束，严肃课堂纪律和学习纪律，严肃考风考纪，严格校规校纪，完善科学的学生管理体系，把学生学风建设与学生学业全面发展结合起来，贯穿于学生发展的全过程。完善学生学业警示制度和延长学业修业期制度。完善学生综合素质测评制度，做好学生管理目标责任制考核工作，调动学校各方面的积极性，保障学生学业全面发展。学校建立健全以学生学业发展为导向的优良学风班和优良学风标兵班评选体系，以构建优良班风为重点，以宣传先进事迹为载体，彰显先进典型，宣传先进事迹，形成班班学先进，班班树典型的良好环境。

30. 建立学生学业全面发展第三方评价体系

改革学生学业发展评价方式，开展由学校、家长与行业、企业等多方参与的人才培养质量第三方评价活动，形成开放的第三方评价体系。建立本科教学质量年度报告制度，建立校、院二级本科教学基本状态数据库，并在学校网站显著位置发布，接受社会监督，促进提高人才培养质量的自觉性。

高等教育的根本任务是立德树人。全校各部门、各级领导要统一思想，提高认识，把育人为本作为促进学生学业全面发展的根本要求，把改革创新作为促进学生学业全面发展的强大动力，把联动促学作为促进学生学业全面发展的基本机制，把提高培养质量作为促进学生学业全面发展的衡量标准，以长远的眼光认识学生学业全面发展的重要性，把促进学生学业全面发展作为学校基础建设和重要内容抓紧抓实抓好，为建设特色鲜明的高水平教学研究型大学做出更大的贡献。

附录五

华北水利水电大学
“大学生科技创新创业训练计划”项目管理办法

华水政〔2014〕11号

第一条 为建立和完善大学生科技创新创业教育体系，提高教育教学水平，保证人才培养质量，根据教育部、财政部《关于“十二五”期间实施“高等学校本科教学质量与教学改革工程”的意见》（教高〔2011〕6号文），结合学校实际，制订本办法。

第二条 学校“大学生科技创新创业训练计划”项目，培养大学生的实践能力、创新能力和创业能力，营造良好的大学生科技创新创业训练的氛围，培育大学生创新意识、树立创业信心、掌握创业技能，推进学校创新创业教育工作。

第三条 “大学生科技创新创业训练计划”以重点实验室、科研院所、校外实习基地和创业基地为平台，以提升学生创新能力、实践能力和创业能力为目的，强化学生的创新创业能力训练，提升大学生的综合素质，培养适应国家水利电力行业需要和地方经济社会发展的高素质应用型人才。

第四条 实施“大学生科技创新创业训练计划”坚持下列原则：

（一）兴趣驱动。参与项目的学生要对创新创业实践有浓厚兴趣，以兴趣驱动，在导师的指导下完成项目。

（二）自主实践。参与项目的学生要自主思考问题、自主确定项目、自主聘请指导教师、自主设计方案、自主分析解决问题、自主管理项目、自主完成项目。

（三）重在过程。参与项目的学生在项目实施过程中培养和增强学生发现问题、分析问题和解决问题的兴趣和能力，增强创新创业意识。

（四）构建团队。参与项目的学生要组成创新创业训练团队，着力培养团队精神、协作奉献精神。

第五条 学校成立“大学生科技创新创业训练计划”工作领导小组。领导小组由分管教学的校领导任组长，成员由教务处、科技处、学生工作处、招生就业处、校团委、资产与实验室管理处、财务处、总务后勤处和各学院主要负责人组成。

领导小组负责“大学生科技创新创业训练计划”工作的统筹规划、政策制定、经费保障、管理和决策。领导小组下设办公室，挂靠学校教务处，负责日常工作的落实。

第六条 学校根据教育部和河南省教育厅文件精神，结合实际，制定科学、合理的配套制度，为“大学生科技创新创业训练计划”开展提供制度保障。

第七条 “大学生科技创新创业训练计划”主要面向全日制本科学生。申请者应当学有余力、善于独立思考问题、创新实践能力强、创新创业兴趣浓，具备从事创新创业的基本素质，有严谨的工作作风和学风，有良好的职业道德和团结协作精神。

第八条 “大学生科技创新创业训练计划”项目以团队形式申报，每个团队由不少于 3 名学生组成。鼓励学科交叉融合，鼓励跨学院、跨学科、跨专业联合申报。

第九条 “大学生科技创新创业训练计划”项目申报，按照申请团队填写《大学生科技创新创业训练申报书》、学院初评、“大学生科技创新创业训练计划”工作领导小组评审、主管校长批准后立项建设的程序进行，项目评审阶段由学校组织答辩。

第十条 项目组聘请的指导教师应当是具有高级职称或者博士学历学位的学校教师，可以聘请校外工程技术人员担任副导师参与指导工作。

第十一条 “大学生科技创新创业训练计划”包括创新训练项目、创业训练项目和创业实践项目三类。

创新训练项目由本科生团队在导师指导下，自主完成创新性实验项目设计、方法选择、设备和材料的准备、实验的实施、数据处理与分析、总结报告撰写等工作。

创业训练项目由本科生团队在导师指导下，学生在项目实施过程中扮演不同的角色，通过编制商业计划书、开展可行性研究、模拟企业运行、进行一定程度的验证试验，撰写创业报告等工作。

创业实践项目由学生团队在学校导师和企业导师共同指导下，以前期创新训练项目或者创新性实验的成果为基础，提出具有市场前景的创新性产品或者服务，开展创业实践活动。

第十二条 “大学生科技创新创业训练计划”项目的立项、评审、监督、终期检查验收工作由学校教务处负责，各学院负责项目具体实施、管理、协调、中期检查等工作，并为项目顺利实施提供便利条件。

第十三条 “大学生科技创新创业训练计划”项目实行主持人负责制。项目审批立项后，项目主持人应当填写《华北水利水电大学“大学生科技创新创业训练计划”项目合同书》，依托校内各实验中心、校外实习（创业）基地等平台条件，制定科学合理、详细周密的工作计划和实施方案，并积极开展有效工作，保证项目的顺利完成。

第十四条 项目建设中期，项目负责人应当提交《华北水利水电大学“大学生科技创新创业训练计划”项目中期检查报告》，内容包括：任务完成情况、困难和问题、下一步工作计划等，各学院组织中期检查，并提出实验与研究改进建议。

第十五条 项目建设终期，项目负责人应当撰写《华北水利水电大学“大学生科技创新创业训练计划”结题验收报告》，提供研究记录、研究报告等相关材料和研究成果、实物等，由学校教务处组织专家对研究项目进行结题验收。

第十六条 在研究过程中，立项项目一般不得变更项目主持人、项目主要研究内容。确需变更的，由项目支持人提出申请，学院审核，学校教务处批准同意后方可变更。

第十七条 项目终期验收不合格的，核减项目所属单位次年度申报指标。项目无进展、无计划、无总结、无结果的，视为验收不合格。

第十八条 本办法自印发之日起施行。

第十九条 本办法由学校教务处负责解释。

附录六

华北水利水电大学全日制本科专业建设管理办法

华水政〔2014〕8 号

第一章 总 则

第一条 为加强全日制本科专业建设,科学、规范设置与调整专业及专业方向,优化专业结构体系,促进学校办学规模、结构、质量、效益的科学协调发展,制定本办法。

第二条 专业建设的指导思想是:以科学发展观为指导,以国家、地区和行业经济社会发展需求为导向,以学校发展战略规划为依据,以提高人才培养质量和就业质量为根本,遵循教育发展规律,坚持“稳定规模、优化结构、强化特色、提升内涵、保证质量”的基本方针,构建特色鲜明的学科专业结构体系。

第三条 专业建设总体目标是:着力构建国家、省、校三级专业建设体系,加强内涵建设,实施 5 年一个周期对专业的校内专业评估。

第四条 学校教务处是学校专业建设的职能部门,其主要职责是:制订学校专业建设发展规划;开展专业建设调研,组织对各专业建设检查和评估;组织增设与调整专业的评审与申报;协调行业专业评估与认证,组织校内专业评估等。

第五条 学校教学指导委员会负责专业增设与调整的评审,专业建设的检查与评估,审议专业建设的重大事项,为学校专业建设和发展提供决策和咨询意见。

第二章 专业设置与调整

第六条 学校专业设置与调整坚持下列原则:

(一) 坚持需求性原则。设置与调整专业应当符合国家、地区和行业对人才的实际需求,有相对稳定的人才需求量。

(二) 坚持一致性原则。设置与调整专业应当与《普通高等学校本科专业目录(2012 年)》及《普通高等学校本科专业设置规定(2012 年)》的要求相一致。

(三) 坚持效益性原则。设置与调整专业应当有利于提高教育教学质量和办学效益,形成合理的学科专业结构布局,推进学校事业科学发展。

(四) 坚持协调性原则。设置与调整专业应当与学校办学定位、办学理念和办学特色相协调,与学校发展战略规划相协调,与已有学科专业群的发展相协调。

(五) 坚持优先性原则。设置与调整专业优先考虑国家、地区和行业发展的需要,优先考虑新兴战略前沿发展的需要,优先考虑发挥学校整体办学优势的需要。

(六)坚持支撑性原则。设置与调整专业必须有师资队伍、基本教学条件做强力支撑。

第七条 学校每年新增专业原则上不超过2个。各学院可根据经济社会发展需要及自身优势和特点,在已开设的专业范围内适时调整专业方向。

第八条 设置与调整专业(含目录外专业),其标准修业年限、学位授予执行国家规定。学位授予涉及多学科的,按照学校学科整体布局确定。

第九条 设置与调整专业应当具备下列条件:

(一)符合学校办学定位和发展规划,有稳定的社会人才需求量。目录外专业、特设专业和国家控制专业由校长办公会审议集体决定。

(二)学校有可依托的相关学科专业,有科学规范的专业培养方案,有完成该专业培养方案所必需的专职教师队伍及教学辅助人员。

(三)具备该专业必需的基础实验室、稳定实习基地、教学用房、仪器设备和基本的图书资料,有持续发展的教学管理规章制度。

第十条 有下列情形之一的,不能设置与调整专业:

(一)现有专业建设不力,未达到国家、行业标准或专业评估与认证未通过的;

(二)增设与调整专业社会需求量偏低的;

(三)未达到第九条增设与设置专业基本条件的。

第十一条 增设与调整专业每年4月份组织申报。

(一)学院需提交申请表及以下申报材料(按照教育部统一制定的格式据实详细填写):

1. 增设与调整专业论证报告,论证报告含必要性和可行性、已具备的基本条件(涉及实验室的,注明已建实验室和须新建实验室基本概况)、招生就业分析、专家论证意见、存在的主要问题等;

2. 增设目录外专业、国控专业、特设专业的,须有不少于3位校外专家的论证意见;

3. 其他补充说明材料。

(二)校教学指导委员会对拟增设与调整专业进行评议。

(三)校长办公会对增设与调整专业进行审议或审批。

(四)学校教务处按规定报主管部门备案或审批。

第十二条 教学单位对新增专业应制订4年期建设规划和年度建设计划,重点加强专业基本建设和师资队伍建设。

第十三条 新增专业首届毕业生毕业当年,学校对该专业进行办学水平评估,凡达不到评估指标的,将责令停止招生。新增专业建设检查评估执行学校《新增专业评估办法》。

第三章 专业建设

第十四条 各学院应当加强专业建设。专业建设实施“学校主导、学院主体”的建设模式。各学院应当根据学校专业建设发展规划和专业建设管理办法,制定专业建设计划并组织实施。专业建设重在内涵,重在质量,重在创新,重在特色。

第十五条 专业建设的内容包括专业定位与特色,师资队伍,学科水平,教育教学研究与改革,教学基本条件,人才培养模式与质量等。

第十六条 各学院院长是专业建设第一责任人,对本学院的专业建设负总责。其基本职责是:制定专业建设计划,全面组织实施专业建设;提出专业方向的调整建议;实施专业评估和认证;拟定拟设(调整)专业的筹建计划,并配合学校教务处做好申报工作。

第十七条 专业建设实行项目负责人制,项目负责人由院长确定。专业建设项目负责人一般应当具有博士研究生学历或正高级职称、教学经验丰富、具有一定组织管理能力。

第十八条 学校加强专业建设评估检查。对建设成效显著的专业在政策上予以倾斜;对建设成效差、毕业生就业率连续2年偏低的专业(专业方向)将减少招生计划或暂停招生直至取消该专业(专业方向)。

第十九条 学校设专业建设专项经费支持新增专业建设、校级特色专业建设和校级重点专业建设,鼓励和支持各学院对专业进行综合改革。

第二十条 校级特色专业原则上每2年评审1次,建设周期为4年。校级重点专业以申报专业评估或专业认证确认时间来认定。

第二十一条 申报校级特色专业应当符合下列条件:

(一)师资队伍结构合理,专业课教师中高级职称教师比例超过40%,具有博士学位教师比例超过50%,工科类专业课教师具有工程实践锻炼教师的比例不低于25%;

(二)专业课教师教学研究成果丰富,科学研究能力强,近5年主持校级及以上教改项目和纵向科研项目人数占本专业教师总数30%以上,发表核心期刊论文人均1篇,主编(编著)本专业教材至少1部;

(三)学科专业建设体制完善,具有校级及以上重点学科支撑,具备完好的实验教学条件,至少有3个稳定的校外实质性实习基地;

(四)人才培养有创新,专业办学特色突出,办学效益显著,教学效果突出,学生基础知识扎实,科技创新实践能力强,本科生毕业生3届以上,就业率连续3年超过85%,毕业率和学位获得比例连续3年超过95%,近3年参加校外科技竞赛获奖学生比例超过25%;

(五)教学管理规范,教学文件资料完善,教师教学质量综合评价优,近2年专业课教师没有发生教学事故。

申报校级重点专业的专业,除具备前款条件外,还应当是计划1年内参加行业专业评估(复评)或专业认证的专业。

学校鼓励和支持开设专业参加行业专业评估或者专业认证。

第二十二条 申报校级特色专业和校级重点专业,按照教学单位申报、校教学指导委员会审议、校长办公会审批的程序进行。

第二十三条 校级特色专业的建设目标是对照专业建设评估指标体系,综合评价优秀。专业建设评估指标体系见附件。

校级重点专业的建设目标是通过主管部门专业评估(复评)和专业认证通过。

第二十四条 校级特色专业和重点专业建设期满,学校组织验收,验收不合格的,取消校级特色专业和重点专业建设资格,专业所属单位4年内不得申报设置或调整专业,全校通报批评专业建设项目负责人。

第二十五条 具有下列情形之一的,视为检查验收不合格:

(一)新增专业对照专业建设指标评估体系,综合评价不合格;

(二)校级特色专业:对照专业建设指标评估体系,综合评价良好以下;

(三)校级重点专业:行业专业评估或专业认证"待通过"或"不通过"。

第二十六条 学校对校级特色专业和重点建设专业实施政策倾斜。

(一)学校推荐省级及以上专业建设项目在校级特色专业或重点专业中择优遴选。

(二)专业实验设备购置优先、青年骨干教师推荐优先、教改课题立项优先、教师课程培训进修优先、学生创新创业项目立项优先。

第四章 经费管理

第二十七条 学校对专业建设按照下列标准进行经费资助:

(一)新增专业建设经费:理工类2万元/专业,非理工类1万元/专业。

(二)校级特色专业建设经费。理工类3万元/专业,非理工类2万元/专业。

(三)校级重点专业建设经费。首次专业评估与认证:理工类15万元/专业,非理工类10万元/专业;专业复评:理工类10万元/专业,非理工类8万元/专业。

第二十八条 专业建设经费分两批拨付,启动经费70%;中期检查后,视情况拨付第2批建设经费。

第二十九条 专业建设经费按照下列范围使用:

1. 新增专业建设经费用于专业建设相关调研、培养计划和教学大纲制定、教学基本文档建设等。新增专业建设经费不得用于购置笔记本电脑、摄影(相)机、空调、办公家具等设备。

2. 特色专业建设经费用于专业教学模式创新、教学基本条件建设、教材与课程建设、教学基本软件购置等。

3. 重点专业建设经费用于专业评估和认证、实践基地建设等。

第三十条 专业建设经费使用实行审批制度,专款专用,不得挪用和超支。

专业建设负责人制订并提交专业建设规划,报学校教务处备案;经费使用需按计划执行,由经手人签字、专业建设负责人审查、学院负责人审批。经费超过1万元的,由学校教务处审批;单笔经费超过1万元的,由学校教务处会签、主管校长审批。

第五章 附 则

第三十一条 本办法自印发之日起施行。

第三十二条 本办法由学校教务处负责解释。

附录七

华北水利水电大学管理与经济学院
经济学专业培养方案

一、专业名称

经济学 Economics

专业代码:020101

二、培养目标

本专业培养学生德智体美全面发展,具备西方经济学、金融学、计量经济学、水利经济等现代经济学科的基础知识,具备良好的沟通、应变以及办公软件熟练操作等基本素质,具备学习能力、实践能力、创新能力和创业能力,能在高等学校和科研机构、相关政府部门、企事业单位从事经济学教学研究和经济管理实践工作的高素质应用型人才。

三、培养要求

本专业学生主要学习经济学的基本理论和基本知识,受到经济学基础理论、科学研究方法和社会实践能力等方面的基本训练,掌握运用所学理论分析、解决实际经济问题的基本能力。毕业生应获得以下几方面的知识和能力:

1. 掌握马克思主义经济学、现代经济学的基本理论、基本知识;
2. 掌握统计学、计量经济学、信息经济学等的分析方法;
3. 具有学习能力、写作能力、语言表达能力、人际沟通和跨文化交流能力以及计算机和信息技术应用等方面的基本能力;
4. 熟悉国情、国家经济建设和经济改革等方面的方针、政策和法规;
5. 了解经济学的理论前沿和发展动态;
6. 具有一定的科学研究和实际工作能力,具有一定的批判性思维能力;
7. 具有健康的体魄和健全的心理素质,具有良好的思想道德品质、诚信意识和求实创新精神以及一定的审美能力。

四、主干学科

理论经济学、应用经济学。

五、核心课程

政治经济学、西方经济学、计量经济学、统计学、财政学、货币银行学、经济史、经济思想史、产业经济学、投资学。

六、主要实践性教学环节

实习实训、毕业论文、学年论文、科研实践等。

七、主要专业实验

财务管理案例、计量经济学实验、统计学实验、证券投资模拟、国际商务实践模拟、基础会计课程设计、经济论文写作训练。

八、毕业与学位

标准学制:4 年;实行弹性学制 3—7 年。

学生在规定学习年限内,修满本方案规定的最低 166.5 学分(其中必修不低于 112.5 学分,选修不低于 54 学分),符合学校毕业要求,颁发全日制本科毕业证书;获得毕业资格的学生,达到学校学位授予标准,经校学位委员会审议,颁发学士学位证书。

九、指导计划

(见下表)

经济学专业指导性教学计划

课程分类		考核方式	课程名称	学分	学时			学期、学分							
					合计	理论学时	实践学时	第 1 学年		第 2 学年		第 3 学年		第 4 学年	
								1	2	3	4	5	6	7	8
必修课	公共基础课	考试	思想道德修养与法律基础	3	48	30	18	3							
		考试	中国近现代史纲要	2	32	26	6		2						
		考试	马克思主义基本原理	3	48	30	18			3					
		考试	毛泽东思想和中国特色社会主义理论体系概论	6	96	60	36				6				
		考查	形势与政策(1—2)	1	32	16	16	0.5	0.5						
		思政课类课程 5 门		15	256	162	94	3.5	2.5	3	6				
		考试	英语读写译(1—3)	6	96	96		2	2	2					
		考查	英语视听说(1—4)	4	80		80	1	1	1	1				
		英语类课程 2 门		10	176	96	80	3	3	3	1				
		考试	高等数学 B(1—2)	9	144	144		4	5						
		考试	线性代数	2.5	40	40				2.5					
		考试	概率统计	3	48	48					3				
		数学物理类课程 3 门		14.5	232	232		4	5	2.5	3				
		考试	体育(1—4)	4	140	120	20	1	1	1	1				
		考查	军事理论	1	32	8	24	1							
		军体类课程 2 门		5	172	128	44	2	1	1	1				
		考查	创新创业基础(1—4)	2	32	32		0.5	0.5	0.5	0.5				
		考查	水利水电工程概论	2	32	32			2						
		通识素质类课程 2 门													
		小计	14 门	48.5	900	682	218	13	14	10	11.5				

续表

课程分类		考核方式	课程名称	学分	学时			学期、学分							
					合计	理论学时	实践学时	第1学年		第2学年		第3学年		第4学年	
								1	2	3	4	5	6	7	8
必修课	专业基础课	考试	政治经济学	3	48	48		3							
		考试	微观经济学	4	64	64				4					
		考试	宏观经济学	3	48	48					3				
		考试	基础会计学	3	48	48			3						
		考试	统计学	3	48	40	8					3			
		考试	财政学	3	48	48				3					
		考试	货币银行学	3	48	48					3				
		考试	管理学原理	2	32	32			2						
		考试	财务管理	3	48	48				3					
		考试	数据库技术(SQL)	3	48	32	16		3						
		小计	10门	30	480	456	24	3	8	10	6	3			
	集中实践教学环节			34				2	2	4	5	2	2	5	12
	必修合计			112.5	1 380	1 138	242	18	24	24	22.5	5	2	5	12
选修课	专业类选修课			46	744	716	28	1			6	15	14	10	
	文化素质选修课			8	128	128		2	2	2	2				
	选修合计			54	872	844	28	3	2	2	8	15	14	10	
	总计			166.5	2 252	1 982	270	21	26	26	30.5	20	16	15	12

选　修　课

考核方式	课程名称	学分	学时			学年、学期、周学时								备注
			合计	理论学时	实践学时	第1学年		第2学年		第3学年		第4学年		
						1	2	3	4	5	6	7	8	
专业类选修课(选修不少于46学分;加※为核心课程)														
考查	数学实践与建模	1	16	12	4				1					※
考查	计算机与信息技术	1	24	8	16	1								※
考试	计量经济学	4	64	56	8					4				※
考试	产业经济学	3	48	48							3			※
考试	投资学	3	48	48							3			※
考查	经济思想史	2	32	32					2					※
考查	区域经济学	3	48	48								3		※
考查	循环经济学	3	48	48							3			※
考查	国际金融	3	48	48						3				※
考查	经济史	2	32	32								2		※
考查	水资源经济学	3	48	48						3				
考查	国际贸易理论与实务	3	48	48						3				

续表

考核方式	课程名称	学分	学时			学年、学期、周学时								备注
			合计	理论学时	实践学时	第1学年		第2学年		第3学年		第4学年		
						1	2	3	4	5	6	7	8	
考查	当代中国经济	2	32	32					2					
考查	国际经济学	3	48	48					3					
考查	市场营销学	2	32	32					2					
考查	经济法	2	32	32					2					
考查	劳动经济学	2	32	32						2				
考查	保险学	3	48	48						3				
考查	创业学	2	32	32						2				
考查	公共经济学	2	32	32						2				
考查	制度经济学	3	48	48							3			
考查	水资源评价与管理	3	48	48							3			
考查	现代公司理论	2	32	32							2			
考查	发展经济学	3	48	48							3			
考查	环境经济学	2	32	32							2			
考查	西方经济学流派	2	32	32								2		
考查	信息经济学	3	48	48								3		
考查	经济应用文写作	2	32	32								2		
考查	经济专业英语	2	32	32								2		
考查	博弈论	2	32	32								2		
小计	30门	73	1 176	1 148	28	1	0	0	12	22	22	16		
注：专业类选修不少于46学分（第1学期必选1学分，第4—7学期理论课分别不少于6、15、14和10学分）；文化素质类选修课不少于8学分，学校统一发布选修课程（第1—4学期，每学期选2学分）。※为核心课程。														

集中实践性教学环节

序号	名称	学分	周数	学期	实习地点	实习类别	备注
1	军事训练	1	2	1	校内	集中	武装部组织实施并考核
2	社会实践	1		1—4	校外		利用假期完成，不少于4周时间，完成不少于1 500字调查报告，马克思主义学院组织实施并考核，第5学期记载成绩
3	素质拓展	1		1—7	校外校内		利用第二课堂学校指导学生自主实践，学院组织考核，第7学期记载成绩
4	创新创业训练	2		1—7	校外校内		利用第二课堂学校指导学生自主实践，学院组织考核，第7学期记载成绩

续表

序号	名称	学分	周数	学期	实习地点	实习类别	备注
5	大学英语能力训练	3		4	校内	集中	外国语学院组织实施并考核
6	工程训练	1	1	4	校内	集中	工程训练中心组织实施
7	基础会计课程设计	1	1	2	校内	集中	编制凭证、登记账簿、绘制会计报表
8	财务管理案例	2	2	3	校内	集中	了解企业财务管理实务
9	国际商务实践模拟	2	2	5	校内	集中	国际贸易流程实训
10	证券投资模拟	2	2	6	校内	集中	证券投资业务实训
11	经济论文写作训练	2	2	7	校内	集中	经济论文、学位论文写作
12	实习实训	1	1	4	本市	集中	了解企业经营实务、了解经济运行实际
13	毕业实习	3	6	7	校外	分散	
14	毕业设计(论文)	12	12	8	校内	集中	
	合计	34					
实习类别:集中实习、分散实习;实习地点:校内实习、校外实习;实践环节的考核方式为考查。实践环节可顺延安排假期期间实施。							

附录八

华北水利水电大学实践教学管理办法

华水政〔2017〕47号

第一章　总　　则

第一条　实践教学是专业培养方案的重要组成部分，是学生理论联系实际，掌握专业技能，完善知识结构，培养、提高学习能力、实践能力、创新创业能力的重要环节。为构建学生课内实验、专业实践、工程训练、社会实践、创新创业实践等实践模块的实践教学体系，保证实践教学质量，结合学校实际，制定本办法。

第二条　本办法所称的实践教学，是指课程实验、课程设计、各类实习实训等环节。军事训练、社会实践（调查）、英语能力训练、创新创业训练、素质拓展和毕业设计（论文）按学校相关规定执行。

第二章　实践教学管理与考核

第三条　实践教学应当结合专业实际编制实践教学大纲、实践教学计划和实践教学规范，并以此为依据组织教学。

实践教学大纲由教学单位组织制订，报学校教学指导委员会审定批准后组织实施；实践教学计划和实践教学规范由教研（实验）室组织制订，经教研（实验）室主任审核、学院教学委员会审定、所属学院院长（主任）审批后，报学校教务处备案。

任何单位或者个人未经学校同意不得变更实践教学大纲。确需变更调整的，由所属教研（实验）室提出、所属学院院长（主任）审核、学校教学指导委员会审定、主管校长审批后，予以调整变更。

第四条　各教学单位应当开设综合性、设计性和创新性实验，减少验证性实验，验证性实验占实验总学时的比例一般不超过60%。

第五条　实践教学的考核模式由所属学院确定，报学校教务处备案。学校鼓励创新实践教学考核模式。

第六条　学生应当完成专业培养方案规定的所有实践教学环节，并参加考核，考核合格的，记载成绩和学分。实践教学环节考核不及格、无故缺考、考核违纪作弊的，应当办理相关手续后重新参加实践环节的教学和考核。

实践教学环节原则上不办理缓考手续。确需办理缓考手续的，应当在规定学制内办理相关手续后补做实践教学环节。

第七条 实践教学成绩记载实行五级记分制，成绩评定由实践过程、实践效果、实践能力、实践报告等部分组成。各要素比例由教研(实验)室(系)确定。

第八条 学生利用课余时间以专业人才培养方案规定实践教学环节的主要内容为依托，参加校外科技竞赛并获得奖励或者国家、省、校创新创业训练计划项目(含开放实验项目)的，经学校验收通过，可申请竞赛成绩记载相应实践教学环节成绩。其中，最高奖(验收优秀)认定为优秀、次高奖(验收良好)认定为良好、第三等级(验收合格)认定为中等，集体项目前 4 名为有效成绩。

第九条 实践教学成绩评定原始材料由所属教研(实验)室保存，保存期限至学生弹性学制毕业，优秀实践成果长期保存。参加专业认证与评估专业的，按照认证与评估要求规定保存。

第十条 有下列情形之一的，学生实践教学环节考核“不及格”：

(一)未能按规定要求完成实践教学基本任务的；

(二)实践教学活动中请假超过计划学时 2/3，或者缺课超过计划学时 1/3 的；

(三)实践教学报告有明显的常识性或原则性错误的；

(四)实践教学活动中抄袭或伪造实践数据的；

(五)实践教学答辩考核时不能回答主要问题或基本问题的。

第十一条 实践教学质量监控管理工作在主管校长领导下，实施“校、院、教研(实验)室(系)”三级监控管理模式。学校教学质量监控与评价中心负责全校实践教学质量监控评估工作。

第十二条 在实践教学活动中有下列情况之一的，给予教学单位全校通报批评：

(一)挪用实践教学经费的；

(二)实践教学管理混乱，实践教学过程中发生教学安全事故，致使教师或学生受到伤害的；

(三)未经学校同意擅自变更实践教学大纲的。

第十三条 在实践教学活动中有下列情形之一的，给予指导教师或实验技术人员全校通报批评：

(一)学生出现大面积抄袭或伪造实验(实习)数据，发现后未制止的；

(二)未经学校学院同意，擅自变更实践教学大纲、实践教学计划、实践教学规范的；

(三)由于个人原因发生实践教学安全事故的；

(四)其他违反实践教学纪律的。

第三章 课程实验

第十四条 课程实验教学的基本任务是：对学生进行实验基本技能训练，深化理论知识理解，培养学生科学实验能力，增强学生创新意识、严肃认真的科学态度及求真务实的工作作风。

第十五条 课程实验教学大纲包括下列内容：

(一)实验教学在培养实验能力中的地位与作用；

(二)实验教学应当达到的基本要求；

（三）实验教学的基本方法与特点；

（四）实验项目和学时分配，规定实验项目应达到的基本要求；

（五）实验教学考核模式与成绩评定主要参考要素；

（六）实验参考资料。

第十六条 实验技术人员和实验指导教师应当做到下列要求：

（一）根据实验教学大纲规定的实验项目和实验学时开出实验，不得随意减少实验项目、实验学时，不得降低实验要求；

（二）按照学校《教师教学工作规范》认真做好课程实验的教学工作，编制实验授课计划，做好实验记录和实验总结；

（三）按照学校《教材管理办法》选用实验教材（实验指导书）；

（四）认真批改学生的实验报告，综合学生的实验态度、动手能力、实验报告等表现评定实验成绩。单独设置的实验课，其成绩单独记入学生成绩系统；非单独设课的实验成绩，应根据实验学时所占整个课程学时的比例记入课程总成绩。

学校鼓励教师按照实验教学大纲要求编写实验教材（实验指导书）。

第十七条 学生应当按照要求完成实验教学任务，做好实验记录，完成实验报告，严格遵守实验教学纪律，严格实验设备操作规程，服从实验技术人员和实验指导教师安排，保证安全。

学生因故请假未做实验的，应当在规定时间内补做，未办理相关手续未完成实验的，不得参加所属理论课程考核。

学生因违章操作或违反纪律造成损坏仪器设备的，或者未经管理人员同意将实验器材或实验材料带出实验室的，按学校有关规定处理。

第四章 课程设计

第十八条 课程设计的教学要求是：培养学生正确的设计思想与方法、严谨的科学态度和良好的工作作风；培养学生运用理论知识和技能解决问题的能力；培养学生获取和综合处理信息的能力以及团结协作精神。

第十九条 课程设计的组织管理由承担课程的教学单位负责。承担课程设计任务的教研（实验）室应当根据培养方案和课程教学的基本要求，结合专业特点，制定课程设计方案。

教研（实验）室主任负责对课程设计题目和指导书进行审定；承担课程设计教学任务的教师负责课程设计的组织实施、考核、成绩评定与总结工作。

第二十条 课程设计的选题应当有利于对所学知识的理解和综合运用，达到课程设计的目的；题目的深度、广度和难易度应适当，使学生在计划时间内经努力能够完成任务。

第二十一条 指导教师应当做到下列要求：

（一）按照课程设计大纲的要求，制定课程设计进度计划，并提前做好各项准备工作；

（二）因材施教，组织学生讨论，注重启发引导，鼓励学生提出独立见解，充分发挥学生的主体作用，注意发掘学生的创新潜能；

（三）培养和帮助学生建立正确的设计思想、严谨的科学态度和良好的工作作风，提高学生分析问题和解决问题的能力；

（四）在课程设计过程中，教师须保证每天不少于 2 个小时的具体指导，及时发现和解决问题，督促和检查课程设计的进度和质量，填写课程设计记录手册；

（五）严格要求学生，使其独立完成课程设计任务，认真审核学生课程设计的全部内容，仔细评阅，评定成绩，做好总结；

（六）按规定向教研室提交文档资料（课程设计指导书、进度计划、总结报告、学生课程设计原件等）。

第二十二条 学生应当做到下列要求：

（一）明确课程设计目的，认真领会课程设计题目，读懂课程设计指导书的要求，理解设计规范和规程，学会设计的基本方法与步骤；

（二）严格要求自己，遵守设计纪律，严禁抄袭、严禁伪造实验数据，严格接受教师的指导，树立严谨的科学作风和严肃的学风，独立思考，刻苦钻研，勇于创新，按时完成课程设计工作任务。

第五章 实习实训

第二十三条 实习实训是学生获得工程师基本训练、巩固和运用理论知识、培养学生独立分析和解决实际问题能力的实践环节。各教学单位应当对所属专业的实习内容及要求统一安排，按照相关规定拟定实习大纲，制定实习计划和实习指导书。

第二十四条 实习计划应当包括实习性质、实习地点、日程安排、各阶段的实习内容及要求、考核办法、实习纪律、经费预算等。实习计划、实习指导书和经费预算应当经教研（实验）室（系）主任初审、学院领导审核批准后，在实习实施前报学校教务处备案。

实习场所的选择应当满足教学基本要求，实行“就近就地、保证质量”的原则，发挥实习实践实训基地的作用。

第二十五条 各教学单位应当选派具有指导实习经验的教师任领队，负责整个实习阶段的全面工作，同时选派青年教师参与实习指导和实习各项管理工作。

因实习需要，与实习单位联系后，可以指派管理人员参加实习管理工作，负责实习期间教师和学生的生活后勤、安全保卫、实习指导等工作。

第二十六条 各教学单位应当做好学生实习动员教育工作，使学生明确实习的目的和要求，了解实习计划，严格实习纪律，强化安全意识。

第二十七条 指导教师应当做到下列要求：

（一）按照实习要求，组织学生学习现场实际知识和操作技能，引导学生理论联系实际，培养学生分析、解决实际问题的能力；

（二）指导学生阅读有关规程规范、图纸资料及做好实习笔记、撰写实习报告等，保证实习任务圆满完成；

（三）实习结束后，结清账目，办好图纸、资料、证件及其他物资的交还手续，做好总结，向学院全面汇报实习工作，并在 1 周内评定学生实习成绩，撰写实习工作总结报告，报学校教务处备案。

第二十八条 学生应当做到下列要求：

（一）明确实习目的和意义，了解实习内容及要求，虚心、主动向现场技术人员请教，提高观察、分析和解决问题的能力；

（二）认真做好实习笔记，按各阶段实习内容做好实习小结，实习结束时按要求写出实习总结报告；

（三）遵守实习纪律及所在单位的各项规章制度，严格遵守安全操作规程和保密规定，服从指导教师及现场工作人员的指挥，尊重教师，尊重工程技术人员，尊重当地的风俗习惯，维护学校声誉；

（四）实习期间原则上不得请假，未经批准不得提前离队，情况特殊确需提前离队的，应当提供相关证明，经实习指导教师签署意见同意后方可离队，否则按旷课处理。

第二十九条 实习期间，因个人原因造成责任事故或者经济损失的，由责任人承担赔偿责任。违反实习纪律不服从管理者，应立即中止其实习，并责令其作出书面检讨，情节严重的，按学校相关规定给予纪律处分。

第三十条 实习结束时，学生应当根据实习指导书的内容和要求，提交实习报告，方可参加考核。

指导教师会同有关人员，对学生实习成绩进行考核。考核内容应能反映学生对现场实际知识的掌握情况，理论联系实际和分析、解决问题的能力。

第三十一条 实习期间不得安排与实习内容和要求无关的参观活动。确需安排时，应当按照教育部和河南省相关规定，须在实习前经学生所在学院批准，并报学校教务处备案后，列入实习计划。

第三十二条 实践教学经费（以下简称“实习经费”）是各专业人才培养方案规定的实验与实践教学环节的专项经费，学校将实习经费划拨到各学院，其中，工程训练（金工实习）经费划拨到工程训练中心，测量实习经费划拨到资源与环境学院。

（一）学院院长（主任）根据本单位各专业人才培养方案和学校规定，负责编制实习经费预算方案，于上一年度 11 月份前报学校教务处，教务处审核汇总后提交财务处，由财务处提出实习经费年度预算。

（二）学院教学院长（主任）按照“统一计划、统筹分配、勤俭节约、专款专用”的原则，根据学校下达的经费预算额度，全面负责编制实习经费执行预算方案，并经学院党政联席审议通过后，报学校教务处、财务处备案。

（三）实习经费专款专用，不得挪作他用。凡发现挪用实习经费的，按照本办法第十二条规定处理。情节严重的，按学校有关规定处理。

（四）实习经费的使用应当遵守学校财务制度，取得合法、真实、有效票据，由经办人、参加实践学生代表签字、教研（实验）室主任初审、学院院长（主任）审核、财务院长（主任）审批后办理报销手续。单笔经费超过 5 万元的，由教务处会签。

（五）指导教师和学生实习出行工具和住宿标准按照学校规定执行，超标准乘坐交通工具或住宿的，个人承担超标部分费用。

（六）教务处应当开展实习经费预算方案审核和执行情况检查工作，保证实践质量和经费使用效益。

第三十三条 实习经费列支内容与标准按照下列规定执行：

（一）校外实习期间的差旅费，包括师生的交通费、住宿费。

分散实习学生的交通费按学生人数以直补的形式办理报账手续（须提供每位学生领款签字原始凭证），补贴标准按每生每周 20 元核算。

（二）校外实习单位管理费。

实习单位收取管理费用按学院与实习单位共同商定的标准支付，凭实习单位开具的税务票据，办理报账手续。

（三）校外实习单位专业技术人员的讲课课时费。

聘请实习单位的技术人员为学生授课的，应当提前在实习经费执行预算中说明。外聘人员讲课课时每学分一般不超过 10 学时。授课酬金：高级职称人员或相当于高级职称人员每学时不超过 400 元，中级职称人员或相当于中级职称人员每学时不超过 200 元。报账手续按学校财务规定办理。

（四）实习资料印制费、实习实验材料与耗材购置费、学生实验实习使用的小型软件与小型实验设备购置费等。

第三十四条 学生科技创新竞赛专项经费主要用于支持举办大学生科技创新竞赛和支持本单位学生参加校外竞赛，包括竞赛报名费、学生与指导教师参加竞赛差旅费、竞赛材料费、专家评审费及院内举办科技创新竞赛的奖励（学校有奖励的，学院不再重复奖励）等。

第三十五条 毕业设计（论文）答辩专项经费主要用于学生毕业设计（论文）成果的制作印制费、毕业答辩、办公耗材费和答辩委员、秘书加班补助等。加班补助标准按学校规定执行。

第三十六条 学校每年 3 月底对各学院上一年度实习经费执行情况进行总结算，经费未完成比例超过 10% 的，取消本单位教学评优资格。

第三十七条 因情况特殊造成实习经费不足需增加实习经费的，由学院提出书面报告，提交校长办公会研究。

第六章 附 则

第三十八条 本办法由学校教务处负责解释。

第三十九条 本办法自印发之日起施行，原《华北水利水电大学实践教学管理办法》（华水政〔2013〕58 号文）同时废止。

附录九

华北水利水电大学
关于修订全日制本科生人才培养方案的指导意见

华水政〔2016〕16号

人才培养方案是学校办学思想和办学理念的集中体现，是实现人才培养目标的总体实施方案，是组织和管理教育教学过程的基本依据和基础性文件。为实现人才培养目标，保证人才培养质量，现提出修订全日制本科专业人才培养方案的指导性意见。

一、指导思想

全面贯彻党和国家的教育方针，坚持立德树人的根本任务，确立“厚基础、宽专业、重实践、强能力、高素质、能创新”的人才培养理念，秉承学校“下得去、吃得苦、留得住、用得上、干得好”的人才培养特色，实现基础理论与生产实践相结合，专业教育与创新创业教育和素质教育相结合，第一课堂与第二课堂相结合，以区域经济社会发展和水利电力事业需求为导向，以学生为主体，促进学生全面发展，尊重学生个性和特长，培养学生具有民族责任感和社会责任感，具备学习能力、实践能力、创新能力和创业能力，成为德智体美全面发展的社会主义建设者和接班人。

二、基本原则

（一）坚持遵循教育教学规律和学生成长规律的原则；

（二）坚持以人为本、德智体美全面发展的原则；

（三）坚持因材施教、注重个性发展、整体优化的原则；

（四）坚持符合专业规范、专业认证（评估）标准的原则；

（五）坚持知识、能力、素质协调发展和共同提高的原则；

（六）坚持支撑学校办学定位、办学理念的原则。

三、基本要求

（一）培养方案应当按照教育部的相关规定，保证基础课程、通识课程、核心课程和主要实践（实验）教学方案，保证专业实验和集中实践学时学分比例（理工科类各专业不低于25%，非理工类各专业不低于20%）。列入工程教育认证和专业评估的工科专业，必须符合专业认证（评估）标准。

（二）培养方案应当注重文理渗透、理工融合，有利于学生科学文化素质、人文素质和工程素质的提高，构建科学精神与人文精神相统一。

（三）培养方案应当为学生提供更多的自主学习时间和空间，处理好理论教学与实践教学的关系，处理好第一课堂和第二课堂的关系，使课内与课外、校内与校外的教育活动形成有机整体。

（四）学分学时要求：

1. 四年全日制理工科专业总学分不超过 180 学分，非理工科专业不超过 170 学分；五年全日制本科理工科专业总学分不超过 220 学分；两年全日制专升本专业总学分不超过 75 学分；二学位专业不超过 70 学分。

2. 理论课程 16 学时计 1 学分，集中实验类课程 20 学时计 1 学分。最小学分单位为 0.5 学分。集中实践教学环节每周计 1 学分（按 20 学时计），分散进行的实践教学环节每周计 0.5 学分（按 10 学时计）。学期的理论教学周一般为 16 周。

（五）专升本各专业的培养方案原则上参照四年制相应专业的培养目标及培养规格制订。

（六）理论课程的设置应当体现“厚基础、宽专业”的原则，突出基础性和原理性，突出宽广的专业视野和专业口径；实践环节的设置应当体现“重实践、强能力”的原则，突出科学实践体系构建和综合运用理论知识解决实际问题的能力；课外实践的设置应当体现“高素质、能创新”的原则，突出适应社会发展的综合素质训练和创新创业基础教育。

四、结构框架

培养方案整体结构框架包括必修部分和选修部分（见表 1）。

表 1　培养方案整体结构框架

类型	课程结构	内容	要求
必修部分（70%）	公共基础课	思政类：思想政治理论课程	全校统一设置，英语课程不包括英语和俄语专业，文学欣赏与文学写作不包括汉语国际教育专业
		军体类：体育、军事理论	
		英语类：大学英语	
		通识类：创新创业基础、文学欣赏与写作、水利水电工程概论、大学生心理健康	
		自然科学类：数学、物理、化学（建筑类、公共管理类专业统筹设置）	
	专业基础课	教育部规定的基础课程或专业认证（评估）规定的基础课程，以及工程图学类和计算机类课程	
	实践教学	公共实践教学（含军训、工程训练、社会实践、素质拓展、创新创业、英语能力训练、毕业实习、毕业设计（论文）等）	
		专业实践教学（按专业设置）	
选修部分 30%	专业核心选修课	教育部规定的核心课程或专业认证（评估）规定的核心课程、专业特色课程；各专业按最低学分的 2 倍设置课程	
	专业选修课	各专业按最低学分的 3 倍设置课程	
	文化素质选修课	不少于 6 学分，划分 8 个课组	

五、课程与集中实践环节

（一）公共基础课程

1. 思政类课程全校统一安排（见表 2），各专业必修。由马克思主义学院组织教学。

表 2 思政类课程教学计划安排

序号	课程名称	学分	总学时	理论学时	实践学时	考核方式	开设学期
1	思想道德修养与法律基础	3	48	30	18	考试	1—4
2	毛泽东思想和中国特色社会主义理论体系概论	6	96	60	36	考试	1—4
3	中国近现代史纲要	2	32	26	6	考试	1—4
4	马克思主义基本原理概论	3	48	30	18	考试	1—4
5	形势与政策	1	32	16	16	考查	1—4

2. 军体类课程全校统一安排(见表 3),各专业必修。课程包括体育课(由体育教学部组织教学)和军事理论课(由军事理论教研室组织教学)。

3. 英语类课程含英语读写译和英语视听说,全校统一安排(见表 4),各专业必修(英语和俄语专业除外)。由外国语学院组织教学。

4. 通识类课程包括创新创业基础(各学院组织教学)、水利水电工程概论(水利学院组织教学)、文学欣赏与写作和大学生心理健康(人文艺术教育中心组织教学)等课程(见表 5)。

表 3 军体类课程教学计划安排

序号	课程名称	学分	总学时	理论学时	实践学时	考核方式	开设学期
1	体育(1—4)	4	140	120	20	考查	1—4
2	军事理论	1	32	8	24	考查	1

表 4 英语类课程教学计划安排

序号	课程名称	学分	总学时	理论学时	实践学时	考核方式	开设学期
1	英语读写译(1—3)	6	96	96		考试	1—3
2	英语视听说(1—4)	4	80		80	考查	1—4

注:1. 专业英语各学院自行安排开设学期、学时、学分,并组织教学;

2. 学校每年设本科生英语能力考试作为非英语和非俄语专业英语水平考试,其成绩作为在校生校外交换和校内推荐免试研究生的必要参考依据(大学三年级自愿申请参加);

3. 学校在第 4 学期设集中实践“大学英语能力训练”,设 3 个学分,学生必修,外国语学院组织。

表 5 通识类课程教学计划安排

序号	课程名称	学分	总学时	理论学时	实践学时	考核方式	开设学期
1	创新创业基础(1—4)	2	32	32	—	考查	1—4
2	水利水电工程概论	2	32	32	—	考查	1
3	大学生心理健康	2	32	32	—	考试	1—2
4	文学欣赏与写作	2	32	32	—	考试	1—2

5. 自然科学类课程全校统一设置(见表 6),课程包括高等数学、大学物理、物理实验和数学技能类课程,由数学与信息科学学院组织教学。

表 6 自然科学类课程教学计划安排

序号	课程名称	学分	合计	理论学时	实践学时	考核方式	开设学期	备注
1	高等数学 A	9	144	144	—	考试	1—2	理工类
	高等数学 B	9	144	144	—	考试	1—2	管理经济类
	数学文化	3	48	48	—	考查	1	文、法、艺类
2	线性代数	2.5	40	40	—	考试	3	理工类；管理经济类
3	概率统计	3	48	48	—	考试	3	
4	数学实践与建模	1	16	12	4	考查	4	
5	大学物理 A	6	96	96	—	考试	2—3	理工类
	大学物理 B	5	80	80	—	考试	2—3	
6	物理实验	2	40	—	40	考查	2—3	理工类
7	复变函数与积分变换	3	48	48	—	考试	4	理工类专业
	数理方程	3	48	48	—	考试	4	
	运筹学	3	48	48	—	考试	4	
	线性规划	3	48	48	—	考试	4	
	数值分析	3	48	48	—	考试	4	
	Matlab 软件	1	16	8	8	考查	4	
	离散数学	4	64	64	—	考试	4	
	动态规划	1	16	16	—	考试	4	

（二）专业基础课

专业基础课包括工程图学（机电类和土建类）、计算机类、力学类（不含工程力学专业）和专业认证（评估）与专业规范规定的基础课程（见表 7）。其中工程图学课程分别由机械学院和土木与交通学院组织教学，计算机类课程由信息工程学院组织教学，力学类课程由土木与交通学院组织教学。

表 7 专业基础课程教学计划安排

序号	课程名称	学分	合计	理论学时	实践学时	考核方式	开设学期	备注
1	计算机与信息技术	1	24	8	16	考查	1	非计算机专业
	高级程序语言（C 语言）	3	48	24	24	考试	2	
	高级程序语言（VB 语言）	3	48	24	24	考试	2	
	高级程序语言（Java 语言）	3	48	24	24	考试	2	
	网络技术	3	48	24	24	考试	2	
	数据库技术（VF）	3	48	24	24	考试	2	
	数据库技术（SQL）	3	48	24	24	考试	2	

续表

序号	课程名称	学分	合计	理论学时	实践学时	考核方式	开设学期	备注
2	工程图学概论（土建类）	3	48	48	—	考试	1	土建类
	工程图学概论（机电类）	3	48	48	—	考试	1	机电类
3	理论力学 A	4	64	60	4	考试	3	理工科类专业根据专业认证（评估）和专业规范选定
	理论力学 B	3	48	48	—	考试	3	
4	材料力学 A	5	80	72	8	考试	4	
	材料力学 B	4	64	58	6	考试	4	
5	结构力学 A	4	64	64	—	考试	5	
	结构力学 B	3	48	48	—	考试	5	
6	工程力学 A	4	64	64	—	考试	3	
	工程力学 B	3	48	48	—	考试	3	

（三）选修课程

选修课程包括专业核心选修课、专业选修课和文化素质选修课程，比例不低于 30%。其中，文化素质选修课不少于 6 学分，包括 8 个课组：(1) 哲学与伦理；(2) 艺术与审美；(3) 历史与文化；(4) 健康与发展；(5) 创业与就业；(6) 管理、经济与法律；(7) 工程规范与论文写作；(8) 环境、科技与社会。课组(1)～(4)由人文艺术教育中心组织教学，课组(5)由创新创业学院组织教学，课组(6)由管理与经济学院和法学与公共管理学院组织教学，课组(7)～(8)由各学院组织教学。

（四）集中实践教学环节

集中实践环节各专业必修（见表 8）。

表 8　集中实践教学环节教学计划安排

序号	实践项目	学分	周数	考核方式	开设学期	备注
1	军事训练	1	2	考查	1	校武装部组织实施
2	社会实践	1	—	考查	2—4	利用假期实施，不少于 4 周时间，完成不少于 1 500 字的实践报告，马克思主义学院组织实施
3	素质拓展	1	—	考查	1—6	学院组织实施
4	英语能力训练	3	—	考查	4	外国语学院组织实施
5	工程训练	1—2	—	考查	2—3	工程训练中心组织实施
	金工实习	1—4	—	考查	2—5	工程训练中心组织实施
6	创新创业	2	—	考查	2—7	学生 4 年自主实践，学院组织实施并考核
7	课程设计	—	—	考查	5—7	各专业自行确定并组织实施
8	实训实习	—	—	考查	5—7	
9	毕业实习	2—4	2—4	考查	7	各学院组织实施
10	毕业设计（论文）	12—15	12—15	答辩	8	

六、培养方案的主要内容

（一）学科门类、专业名称、专业代码。

（二）学制：各专业的标准学制执行国家规定。学校实行弹性学制，4 年制、5 年制和 2 年制各专业学生在校学习时间最多分别不超过 7 年、8 年和 3 年。

（三）毕业资格与授予学位标准：

1. 具有正式学籍的全日制本科学生在允许学习年限内，修满专业培养方案规定的规定学分并考核合格后，取得毕业资格准予毕业；已满规定学习年限而未修满规定学分者，按结业或肄业办理。

2. 品学兼优的全日制本科生在标准学制内，修满主修专业培养方案规定的最低学分并考核合格后，可提前毕业，最多提前年限不超过 1 年。

3. 学生取得本科毕业资格，并符合学校学士学位授予条例的，授予相应学科的学士学位。

4. 第二学士学位的专业培养方案由各学院按照有关规定和专业实际制订。

（四）培养目标与培养规格。

（五）教学指导计划。

（六）其他说明（含主干学科、核心课程、主要实践与实验等）。

七、培养方案通用标准

（一）人才培养类型

培养基础扎实，勤奋务实，具有创新能力、实践能力和创业能力的高素质应用型（复合型）人才。

卓越计划类和中外合作类按照相关规定或合作协议确定培养类型。

（二）学生

1. 具有吸引优质生源的制度和措施。

2. 具有完善的学生学业指导、创新创业与职业规划、就业指导、心理辅导等方面的措施并能够很好地执行落实。

3. 对学生的整个学习过程有跟踪与评估，通过形成性评价保证学生毕业时达到毕业要求。

4. 有明确的规定和相应认定过程，认可转专业、转学学生的原有学分。

（三）培养目标

1. 培养目标清晰、明确，符合学校定位，适应社会经济发展需要，符合学院自身实际。

2. 培养目标能反映学生毕业后 5 年左右在社会与专业领域预期能够取得的成就。

3. 定期评价培养目标的合理性并根据评价结果对培养目标进行修订，评价与修订过程有行业或企业专家参与。

（四）毕业要求

专业必须有明确毕业要求，毕业要求应能支撑培养目标的达成。专业应通过第三方评价证明毕业要求的达成。专业制定的毕业要求应完全覆盖以下内容：

1. 工程知识：理工类专业能够将数学、自然科学、工程基础和专业知识用于解决复杂工程问题，非理工类专业能够具备基本的数学素养和工程素养。

2. 问题分析：能够应用数学素养、工程素养、科学文化素养，识别、表达、分析研究实践问题，以获得有效结论。

3. 设计/开发解决方案：能够针对实际问题的解决方案，设计满足要求的解决方案，并能够在设计环节中体现创新意识，考虑社会、健康、安全、法律、文化以及环境等因素。

4. 研究：能够基于科学原理、社会规律并采用科学方法对实际问题进行初步研究，包括设计实验、分析与解释数据、并能够针对实际问题，开发、选择与使用恰当的现代技术、资源和信息技术，通过信息综合得到合理有效的结论。

5. 环境和可持续发展：能够理解和评价针对复杂问题的专业实践对环境、社会可持续发展的影响。

6. 职业规范：具有人文社会科学素养、社会责任感，能够在生产实践中理解并遵守职业道德和规范，履行社会责任。

7. 个人和团队：能够在多学科背景下的团队中承担个体、团队成员以及负责人的角色。

8. 沟通：能够就生产实践问题与同行及社会公众进行有效沟通和交流，包括撰写报告和设计文稿、陈述发言、清晰表达或回应指令。具备一定的国际视野，能够在跨文化背景下进行沟通和交流。

9. 项目管理：理解并掌握工程管理原理与经济决策方法，并能在多学科环境中应用。

10. 终身学习：具有自主学习和终身学习的意识，有不断学习和适应发展的能力。

（五）持续改进

1. 建立教学过程质量监控机制。各主要教学环节有明确的质量标准和要求，通过教学环节、过程监控和质量评价促进毕业要求的达成；定期进行课程体系设置和教学质量的评价。

2. 建立毕业生跟踪反馈机制以及有高等教育系统以外有关各方参与的社会评价机制，对培养目标是否达成进行定期评价。

3. 能证明评价的结果被用于专业的持续改进。

（六）课程体系

课程设置能支持毕业要求的达成，课程体系设计有企业或行业专家参与。课程体系必须包括：

1. 理工科各专业数学与自然科学类课程至少占总学分的15%；管理经济类各专业数学类课程至少占总学分的10%；文学法学艺术类各专业至少选定1门数学课程。建筑学类和公共管理类专业执行教育部专业规范。

2. 工程基础类课程、专业基础类课程与专业类课程至少占总学分的30%。

3. 理工科类各专业工程实践与毕业设计（论文）至少占总学分的25%（非理工科类各专业至少占总学分的20%）。设置完善的实践教学体系，并与企业合作，开展实习、实训，培养学生的创新能力、实践能力和创业能力。毕业设计（论文）选题要结合本专业的实际问题，培养学生的工程意识、社会意识、协作精神以及综合应用所学知识解决实际问题的能力。对毕业设计（论文)的指导和考核有企业或行业专家参与。

4. 人文社会科学类通识教育课程至少占总学分的15%,使学生在解决实际问题时能够考虑经济、环境、法律、伦理等各种制约因素。

(七) 师资队伍

1. 教师数量能满足教学需要,结构合理,并有企业或行业专家作为兼职教师。

2. 教师具有足够的教育教学能力、专业水平、工程经验、沟通能力、职业发展能力,并且能够开展生产实践问题研究,参与学术交流。教师的工程背景应能满足专业教学的需要。

3. 教师有足够时间和精力投入到本科教学和学生指导中,并积极参与教学研究与改革。

4. 教师为学生提供指导、咨询、服务,并对学生职业生涯规划、职业从业教育有足够的指导。

5. 教师明确在教学质量提升过程中的责任,不断改进工作。

(八) 支持条件

1. 教室、实验室及设备在数量和功能上满足教学需要。有良好的管理、维护和更新机制,使得学生能够方便地使用。与企业合作共建实习和实训基地,在教学过程中为学生提供参与工程实践的平台。

2. 计算机、网络以及图书资料资源能够满足学生的学习以及教师的日常教学和科研所需。资源管理规范、共享程度高。

3. 教学经费有保证,总量能满足教学需要。

4. 学校能够有效地支持教师队伍建设,吸引与稳定合格的教师,并支持教师本身的专业发展,尤其对青年教师的指导和培养。

5. 学校能够提供达成毕业要求所必需的基础设施,包括为学生的实践活动、创新活动提供有效支持。

6. 学校的教学管理与服务规范,能有效地支持专业毕业要求的达成。

八、培养方案的制订、修订与微调

(一) 培养方案的制订、修订

1. 教务处提出制订、修订培养方案的原则和指导意见,经学校教学指导委员会审定后,学校发文。

2. 各教学单位根据规定要求,组织本单位各专业教研室(系),拟定专业人才培养方案初稿。对于按学科大类培养的包括若干专业的宽口径教学计划,由教学单位主管教学的领导直接主持,有关专业教研室(系)选派人员参加拟定。拟定培养方案初稿务要邀请行业专家、校外专家参与。

3. 各教学单位应对本单位各专业人才培养方案组织审议和修改,由教学单位领导审定签字并加盖公章后报送教务处。

4. 教务处对各教学单位报送的人才培养方案,组织校内外专家进行审查并交校教学指导委员会讨论通过,报主管校长签批后生效执行。

（二）培养方案的微调

1. 学校各级部门要确保培养方案的严肃性和相对稳定性，对批准执行的培养方案，不得随意更改。

2. 对批准执行的培养方案，增开、减开、更换课程或实践教学环节而导致课程结构变更的，均属教学事故，按照相关程序给予纪律处分。

3. 为适应经济社会发展和工程实践的需要，对执行的人才培养方案可以进行必要的修订。教学单位需提出修订培养方案的报告和修订方案，报学校教学指导委员会审查通过后执行。

九、本方案自2016级全日制本科生开始实施。

参考文献

中文图书

[1] 安迪·格林. 教育全球化与民族国家[M]. 朱旭东,徐卫红,译. 北京:教育科学出版社,2004.

[2] 陈琦,刘儒德. 当代教育心理学[M]. 北京:北京师范大学出版社,1997.

[3] 陈学飞. 西方怎样培养博士:法、英、德、美的模式与经验[M]. 北京:教育科学出版社,2002.

[4] 黄达人. 大学的转型[M]. 北京:商务印书馆,2015.

[5] 柳国梁. 服务型区域教育体系的地方高校转型研究[M]. 北京:高等教育出版社,2014.

[6] 罗伯特·M. 戴尔蒙德. 课程与课程体系的设计和评价实用指南(修订版)[M]. 黄小苹,译. 杭州:浙江大学出版社,2006.

[7] 彭晓琳,刘吕高. 转型与嬗变:地方本科院校学生工作创新实践[M]. 北京:中国文史出版社,2015.

[8] 乔治·M. 马斯登. 美国大学之魂[M]. 徐弢,程悦,张离海,译. 北京:北京大学出版社,2009.

[9] 曲振国. 大学生就业创业指导[M]. 北京:北京燕山出版社,2012.

[10] 许云昭,石欧. 差距与超越:中美教育管理比较研究[M]. 长沙:湖南师范大学出版社,2000.

[11] 张斌贤,李子江. 大学:自由、自治与控制[M]. 北京:北京师范大学出版社,2005.

[12] 周清明. 创新型地方高校发展研究[M]. 北京:经济管理出版社,2013.

[13] 周三多. 管理学:原理与方法(第四版)[M]. 上海:复旦大学出版社,2007.

中文期刊

[1] 陈德静,禾平,王素华,等. 构建大学生科技创新能力培养机制[J]. 江苏高教,2007(1).

[2] 陈向军,索凯峰. 经管类应用型本科人才培养模式探讨[J]. 教育与教学研究,2009(12).

[3] 陈小虎. “应用型本科教育”:内涵解析及其人才培养体系建构[J]. 江苏高教,2008(1).

[4] 陈新民. 应用型本科的课程改革:培养目标、课程体系与教学方法[J]. 中国大学教育,2011(7).

[5] 陈永斌. 地方本科院校转型发展之困境与策略[J]. 中国高教研究,2014(11).

[6] 陈治仁. 应用型地方高校大学生创新思维培养的思考[J]. 铜仁学院学报,2016(5).
[7] 崔元全. 学习型组织与学习型学校[J]. 信息技术,2006(10).
[8] 董立平. 地方高校转型发展与建设应用技术大学[J]. 教育研究,2014(8).
[9] 段晓明. 学校变革视域下的专业学习共同体[J]. 比较教育研究,2007(3).
[10] 樊平军. 论大学学科文化的知识基础[J]. 江苏高教,2007(6).
[11] 冯宁. 工科院校经济管理类专业开放性试验教学探索[J]. 教育与职业,2011(18).
[12] 阚中华. 工科应用型本科院校经管专业实践教学存在问题与对策研究[J]. 中国成人教育,2009(23).
[13] 李娟娟. 工科院校经济类专业人才培养模式及质量保障研究[J]. 中国冶金教育,2007(1).
[14] 梁周扬,吴菊华,陈恩孝. 工科院校经管类专业实验教学体系建设研究——以广东工业大学为例[J]. 广东科技,2012(13).
[15] 刘国莲. 工科背景高职院校经济管理人才行业特色培养实践[J]. 湖南工业职业技术学院学报,2013(6).
[16] 刘咏. 办学特色:大众化背景下地方高校的必然选择[J]. 中国成人教育,2009(16).
[17] 刘友金,廖湘岳,向国成. 经管类本科创新型应用人才培养模式研究[J]. 教育研究,2010(3).
[18] 刘宇陆,袁翔,张金福. 地方本科院校主动融入现代职业教育体系的实践与创新——以上海应用技术学院为例[J]. 中国高教研究,2015(5).
[19] 刘在洲. 地方本科院校转型发展的背景与思路[J]. 中国高等教育,2014(20).
[20] 卢巧玲. 地方本科高校转型发展背景下的协同创新研究[J]. 大学教育,2015(2).
[21] 陆锦冲. 大学生科技创新能力培养体系的构建与实现[J]. 中国高等教育,2012(23).
[22] 潘懋元,车如山. 略论应用型本科院校的定位[J]. 高等教育研究,2009(5).
[23] 潘懋元. 什么是应用型本科?[J]. 高教探索,2010(1).
[24] 彭钢. 校本研究:基本规范与价值取向[J]. 教育研究,2004(7).
[25] 蒲明. 应用型本科院校创新创业人才培养模式构建研究[J]. 成人教育,2012(6).
[26] 乔连全,吴薇. 大学教师发展与高等教育质量——第四次高等教育质量国际学术研讨会综述[J]. 高等教育研究,2006(11).
[27] 秦建成,张兆福. 地方工科院校公共管理类专业教学体系工科化改革——以土地资源管理专业为例[J]. 重庆理工大学学报:社会科学版,2013(11).
[28] 屈书杰. 培养研究生助教的教学能力:美国大学的经验[J]. 学位与研究生教育,2004(7).
[29] 饶从满,付轶男. 中国比较教育的问题与出路[J]. 外国教育研究,2005(2).
[30] 沙彦飞. 工科院校经管类校内实践教学体系与资源集成研究[J]. 中国管理信息化,2010(2).

[31] 邵波．论应用型本科人才[J]．中国大学教学,2014(5)．

[32] 孙泽文,刘文帆．地方本科院校向应用技术大学转型研究[J]．教育与职业,2015(5)．

[33] 汪涛,冯沈萍．工科教育现状分析及改革建议[J]．西南农业大学学报(社会科学版),2012(4)．

[34] 汪张林．地方工科院校经管专业应用型人才培养模式的思考——以安徽工程大学为例[J]．中国轻工教育,2011(6)．

[35] 王稼琼．培养有理工特色的经管类人才[J]．中国高等教育,2005(17)．

[36] 王军．理工科高校大学生经济管理素质教育存在的问题及对策[J]．教育探索,2011(1)．

[37] 王宁宁,吴涛．日本技术科学大学人才培养:经验与启示[J]．教育探索,2015(7)．

[38] 王天利,田育耕,曾苏玲．大学生科技创新能力培养体系的探索与实践[J]．辽宁工业大学学报(社会科学版),2009(2)．

[39] 韦宗发．论应用型本科人才的本质特征与规格定位[J]．高教论坛,2012(11)．

[40] 吴康宁．知识社会中“工作成人”学习的基本特征[J]．教育科学,2002,18(3)．

[41] 吴康宁,程晓樵,吴永军,等．教学的社会学模式初探[J]．教育研究,1995(7)．

[42] 夏建国,周太军．中国制造 2025 和应用型大学发展[J]．中国高等教育,2015(9)．

[43] 邢智强．制约大学生科技创新能力培养的因素及对策探讨[J]．科学管理研究,2009(5)．

[44] 徐理勤,顾建民．应用型本科人才培养模式及其运行条件探讨[J]．高教探索,2007(2)．

[45] 张庆久．德国应用科技大学与我国应用型本科的比较研究[J]．黑龙江高教研究,2004(8)．

[46] 张一纯．行列院校非行列特征专业特色建设探讨[J]．桂林航天工业学院学报,2010(2)．

[47] 张元宝,宋瑾瑜．应用技术大学背景下新建地方本科院校转型发展研究[J]．中国成人教育,2015(6)．

[48] 赵华,贾厚光．理工科院校经管类专业柔性实验内涵研究[J]．长沙理工大学学报(社会科学版),2012(6)．

[49] 赵琳,程建华,陈子谦．质量工程背景下的高校精品开放课程建设探索与实践[J]．黑龙江教育学院学报,2015(3)．

[50] 朱科蓉．从学术型向应用型转变的专业改革策略[J]．现代教育管理,2010(9)．

中文学位论文

[1] 姜运生．地方院校应用型本科人才培养模式研究与实践[D]．东北师范大学,2006.

英文期刊

[1] Arimoto A. Market and Higher Education in Japan[J]. *Higher Education Policy*,1997,10(3-4):199-210.

[2] Boucher B A, Chyka P J, Fitzgerald W L, et al. A Comprehensive Approach to Faculty Development[J]. *American Journal of Pharmaceutical Education*,2006,70(2):27.

[3] Dilorenzo T M, Heppner P P. The Role of An Academic Department in Promoting Faculty Development:Recognizing Diversity and Leading to Excellence[J]. *Journal of Counseling & Development*, 1994,72(5):485-491.

[4] Eddy P L, Mitchell R L G. Faculty as Learners: Developing Thinking Communities [J]. *Innovative Higher Education*,2012,37(4):283-296.

[5] Gautreau C. Motivational Factors Affecting the Integration of a Learning Management System by Faculty[J]. *Journal of Educators Online*,2011,8(1):25.

[6] Korin T. Problem-based Learning Faculty Development: A Comprehensive Approach [J]. *Medical Education*,2007,41(11):1086-1087.

[7] Ogasawara M. Strategic Planning of the Graduate and Undergraduate Education in a Research University in Japan[J]. *Higher Education Policy*,2002,15(1):55-60.

索　　引

* 词条后的页码系该词条在书中首次出现的页码

后　记

笔者怀着对教育工作的无限热爱，承载着对无数家庭、学生的责任与担当，以华北水利水电大学管理与经济学院为载体，总结多年的教学及教学管理经验，对学院人才培养模式中存在的问题、成因、调整与改革进行系统研究与分析，以此回报学校领导及师生长期以来对笔者的支持和关心。

在本书交稿之时，笔者心境如激战后的战场，心里不再是冲锋搏杀的焦虑苦思，但也没有多少胜利后的喜悦，闪现在脑海中的是一幅幅孤灯寂寥的场景，是家人、朋友、同事的声声鼓励与关怀。在艰苦的潜心研究中，笔者获得的不仅是一本书或一个项目成果，更重要的是获得了人间亲情，领会了人生真谛。虽然在这个过程中欠下了一身的人情“债务”，但这种还“债”的压力将使我更加珍惜生活，增加继续前进的动力。

在精心耕耘于教坛、取得一些成绩的同时，深入钻研教育问题，是一件非常令人欣慰的事。感谢为本书提出宝贵意见的管理与经济学院王笃波书记、王延荣院长，人文艺术学院的杨华柯老师。感谢为本书提供出版机会的高等教育出版社刘清田老师。感谢陪我度过酷暑、孜孜不倦整理稿件的陈佳宁、李雪媛同学。感谢所有关心、支持、爱护我的人。

何　楠

2019 年 1 月 16 日